Gute Antwort, Tasse Kaffee hinterher

AF237802

Helmut Schweckendieck

Gute Antwort, Tasse Kaffee hinterher

- Geschichten aus meinem Leben -

Bibliografische Information der Deutschen Nationalbibliothek:
Die Deutsche Nationalbibliothek verzeichnet diese Publikation in der
Deutschen Nationalbibliografie; detaillierte bibliografische Daten sind im
Internet über dnb.dnb.de abrufbar.

© 2021 **Helmut Schweckendieck**
Satz, Umschlaggestaltung, Herstellung und Verlag:
BoD – Books on Demand, Norderstedt
ISBN 978-3-7543-9418-2

Inhalt

Vorwort

Kleine Geschichten habe ich schon immer gerne erzählt, mitunter mehrfach, wie manche meiner Mitmenschen behaupten. Eines Tages meinte mein Sohn Robert zu mir, ich sollte diese Geschichten doch mal aufschreiben, dann hätte ich eine sinnvolle und mir zudem Spaß machende Beschäftigung. Im Coronajahr II habe ich begonnen, diese Anregung in die Tat umzusetzen. Und Schritt für Schritt ist aus dieser Idee ein Buch geworden, das nicht nur Begebenheiten aus meinem inzwischen rund siebzig Jahre währenden Leben enthält. Ich habe mich auch mit bedeutsamen Phasen aus dem Leben meiner Eltern beschäftigt; dafür konnte ich auf vielfältige schriftliche Unterlagen meines Vaters und meiner Mutter zurückgreifen. Diese Generation hat mit der Weimarer Republik, der Nazizeit, Krieg und Nachkriegszeit weit mehr historische und persönliche Umbrüche erlebt als ich als Kind der Nachkriegsgeneration und des Wirtschaftswunders. Herausgekommen ist ein nicht nur persönliche, sondern auch zeitgeschichtliche Episoden von mehr als einhundert Jahren umfassendes Kaleidoskop. Es enthält überwiegend amüsante und unterhaltsame Begebenheiten, da aber ein Leben auch aus ernsten, schwierigen und belastenden Phasen besteht, habe ich mich auch diesen gewidmet. Ich könnte mir vorstellen, dass dieses Buch über den engen Kreis meiner Familie und meiner Freunde hinaus eine Leserschaft finden kann.

I.

Knautschke macht futtfutt

Die ersten acht Jahre meines Lebens, das am 18. März 1952 begann, verbrachte ich in der Buggestraße 12. Das dortige Haus gehörte meiner Oma, der Mutter meines Vaters. Meine Oma behauptete immer, ihre Villa liege in Dahlem, tatsächlich gehörte sie aber zu Steglitz, weniger vornehm. In der Nachkriegszeit war im zerbombten Berlin Wohnraum knapp. Und so waren die beiden Söhne meiner Oma, mein Vater Ulrich und sein jüngerer Bruder Jochen (der jüngste Bruder Heinz war als 18-jähriger Leutnant in Russland gefallen) froh, dort wohnen zu können. Nicht ganz so froh waren die Frauen der beiden Brüder; von meiner Mutter weiß ich jedenfalls, dass sie in der Buggestraße unzufrieden, wenn nicht gar unglücklich war. Aber für mich und meinen nahezu gleichaltrigen Cousin Uwe war es dort toll. In dem großen Einfamilienhaus, das aufgrund seiner Bauweise für drei Parteien eigentlich ungeeignet war, hatten im Erdgeschoss Oma und Therese, genannt Hesi, die Frau von Onkel Jochen, gemeinsam eine Küche. Oma hatte auf derselben Ebene auch ihr Wohnzimmer, daran angrenzend den Wintergarten, der mit einem „Scherengitter" (von mir „Rummstür" genannt) zum Wohnzimmer hin gesichert war. Die insgesamt drei Flure bzw. Dielen im Erdgeschoss nahmen extrem viel Platz weg, desgleichen die in der Hausmitte angelegte, in Längsrichtung gerade nach oben verlaufende Treppe. Auf der anderen Seite des Erdgeschosses hatte die zunächst drei-, später vierköpfige Familie von Onkel Jochen ihre drei Zimmer. Oben gleich rechts am Ende der Treppe hatte Oma ihr Schlafzimmer, daneben lag unsere Küche, dann gab es einen langen Flur, von dem rechts zwei Bäder abgingen, eines für uns, eines für Familie Jochen. Am Ende des Flures befanden sich unsere Zimmer, ein Schlafzimmer, ein Wohnzimmer, ein Kinderzimmer für Ingrid (meine fast sieben Jahre ältere Schwester) und mich, und dann gab es noch ein ganz kleines Arbeitszimmer für meinen Vater. Ich kann mich nicht daran erinnern, aber zu Beginn der 50-er Jahre gab es wegen der Wohnungsnot wohl noch eine Einquartierung einer fremden Familie in einem oder zweien der oben befindlichen Zimmer; vielleicht weiß meine Schwester mehr. Von der entgegen der Küche gelegenen Seite des Flures ging, ebenfalls in Längsrichtung, eine gerade Treppe auf den Dachboden. An deren Ende lag das durch Kriegseinflüsse beeinträchtigte und nur als Rumpelkammer genutzte ehemalige Mädchenzimmer (nicht für Töchter, sondern für Dienstmädchen - ja, so was gab es damals). Der nach meiner Erinnerung riesige Dachboden (da hätte man heutzutage Raum für mindestens zwei Eigentumswohnungen gefunden) wurde nur als überdimensionale Abstellkammer genutzt, außerdem als Abenteuerspielplatz von uns Jungs.

Für Uwe und mich bot die Buggestraße mitsamt dem ziemlich großen Garten viele Spielmöglichkeiten. Wir wuchsen dort - quasi als Zwillinge - recht frei auf. Ich glaube, wir haben ziemlich viel Unsinn gemacht, jedenfalls ist mein Sohn Robert der Auffassung, er sei im Gegensatz zu Uwe und mir geradezu ein Musterknabe gewesen. Das eine oder andere fällt mir ein. Im Garten (für den war Onkel Jochen zuständig - mein Vater hatte die Aufgabe, die im Keller befindliche Koksheizung zu bedienen) machten wir gerne mal eine Überschwemmung; wir ließen die Wasserleitung vor dem Rosenbeet so lange laufen, bis die herumführenden Plattenwege gänzlich unter Wasser standen. Ob wir dann da Schiffchen drauf fahren ließen, weiß ich nicht mehr. Wasser schien uns überhaupt zu faszinieren. Eines

Tages wollten wir einen Wasserfall schaffen. Dafür schien uns die vom rumpelkammerähnlichen Mädchenzimmer hinunter auf den Flur der ersten Etage führende Holztreppe sehr geeignet. Wir wuchteten nacheinander bestimmt zehn Eimer voller Wasser nach oben und kippten die dort aus. Mit dem Ergebnis waren wir sehr zufrieden, es war tatsächlich ein schöner Wasserfall geworden. Irgendwann wurde es wohl in dem darunter gelegenen Erdgeschoss an der Decke feucht und die Erwachsenen waren alarmiert. Wir haben bestimmt „Mecker" bekommen, aber unseren Spaß hatten wir gehabt.

Ich glaube, insgesamt waren unsere Eltern und insbesondere auch unsere Oma uns gegenüber ziemlich tolerant, obwohl das grundsätzlich in den 50-er Jahren des vorigen Jahrhunderts doch noch ganz anders war. Oma hatte zum Beispiel nichts dagegen, dass Uwe und ich uns in ihrem Wohnzimmer eine Höhle bauten. Wir nahmen uns einige Decken, rückten das Sofa ein wenig von der Wand ab, desgleichen den Ohrensessel, in dem Oma Mittagsruhe hielt und nach wenigen Minuten mitunter laut schnarchte; einige Bilder wurden ebenfalls von den Nägeln genommen, die Decken auf die Nägel gedrückt (besser wurden die davon auch nicht) und über Sofa und Ohrensessel gehängt, und schon war die Höhle, von uns „Küssuleck" genannt, fertig. Wir krochen da rein und nahmen noch ein paar Kissen dazu, damit es auch schön gemütlich wurde; uns gefiel es dort gut. Die Höhle blieb mitunter mehrere Tage erhalten.

Einmal war Oma aber doch sauer. Wir hatten beobachtet, wie Onkel Jochen im Garten Pflanzenreste auf dem Komposthaufen entsorgte (das Wort „entsorgen" gab es damals noch nicht). Das wollten wir ihm gleich tun; ich schätze, wir waren vielleicht fünf oder sechs Jahre alt. Kurz entschlossen rissen wir einen frisch gepflanzten Stachelbeerstrauch aus und warfen ihn auf den Komposthaufen. Das hatte unsere Oma mitbekommen und hielt uns eine Strafpredigt. Zufällig auch anwesend war Onkel Zipp, der jüngere Bruder meiner Mutter, der damals vielleicht so Anfang/Mitte dreißig war. Als der über unseren Streich lachte, bekam er von Oma, die ziemlich resolut sein konnte, auch gleich einen Einlauf.

Bei schönem Wetter waren Uwe und ich ziemlich viel im Garten. Ich hatte ein aufblasbares Gummikrokodil, das insgesamt bestimmt 1,5 m lang war. Ich kann mich an ein Foto erinnern, auf dem ich das Krokodil stolz im Rumpfbereich festhalte, während Uwe, etwas missmutig dreinschauend, nur den Schwanz halten darf. Mit diesem Krokodil gingen wir eines Tages an den Zaun zum Grundstück des Nachbarn Piwotti, wo dessen etwas jüngerer Sohn spielte. Zu dem sagten wir beide drohend „dis beisst!", woraufhin der heulend abhaute. Der Nachbar Piwotti hatte nach übereinstimmender Meinung der erwachsenen Bewohner des Hauses Buggestraße 12 eine „Macke", die darauf zurückzuführen war, dass er im Krieg verschüttet war. Uwe und ich wussten zwar nicht, was „verschüttet" bedeutete, gaben uns aber mit dieser Erklärung zufrieden.

Wir waren wohl sechs Jahre alt, als wir beide jeweils einen Roller mit dicken Ballonreifen geschenkt bekamen. Uwes war blau, meiner rot. Mit diesen Rollern sausten wir viel in der Gegend rum. Einmal - ich glaube, es war zu Omas Geburtstag am 10. Dezember, den sie stets groß feierte - sind wir, weil uns die Feier mit den vielen Erwachsenen langweilig war, im Dunkeln losgerollt und bis in die Steglitzer Schloßstraße gefahren. Irgendwann wurden wir vermisst, und es herrschte bereits helle Aufregung, als wir vergnügt und unbeschadet von unserer Spritztour zurückkehrten.

Ganz wichtig und geradezu ritualisiert waren unsere Zoobesuche. Diese begannen, als wir noch nicht die Schule besuchten; wir waren vielleicht vier oder fünf Jahre alt. Jeden Mittwoch gingen unsere Oma und ihre ältere Schwester, Tante Erna, die in der Nähe wohnte, mit Uwe und mir in den Zoo. Oma hatte - wie sich das für eine alteingesessene Berliner Familie gehört - eine Zooaktie, die kostenlose Besuche im Zoo ermöglichte. Diese Aktie habe ich geerbt, ich nutze sie auch heute noch gerne.

Unmittelbar neben dem Zoogelände befanden sich noch in den 50-er Jahren die stattlichen Reste des dortigen großen Flakbunkers, den die Alliierten nach 1945 nur mit Mühe und auch nicht vollständig zu sprengen in der Lage waren. Bei unseren Zoo-Besuchen ab etwa 1956 ertönte von Zeit zu Zeit eine laute Warnsirene; dann mussten alle im Bereich nahe dem Hardenbergplatz befindlichen Zoobesucher in einen weiter entfernten Zoobereich ausweichen, weil am Bunker wieder „gesprengt" wurde. Ich kannte „sprengen" nur von Onkel Jochen im Garten mittels Gartenschlauch und dachte demgemäß, es würde ein scharfer Wasserstrahl so lange auf eine Stelle des Bunkers gehalten, bis wieder ein Stück herausbrechen würde. Bei dieser Methode würde der Bunker wohl jetzt noch stehen.

Dicht an dem Zooeingang, der jetzt Löwentor heißt, war und ist auch heute noch das Elefantenhaus. Der erste Nachkriegselefant im Zoo war Shanti, eine indische Elefantendame mit kleinen, teilweise vergoldeten Stoßzähnen. Einige Zeit später kamen Salim und Mondula hinzu, zwei noch ziemlich junge afrikanische Elefanten. Damals durfte man im Zoo noch die Tiere füttern, was später wegen der Unvernunft einiger Besucher verboten wurde. Dementsprechend kamen Oma und Tante Erna immer mit Taschen voll von Gemüseresten, Kartoffelschalen, altem Brot und ähnlichen Dingen in den Zoo. Salim, der junge Bulle, hinderte nun durch sein dominantes

Verhalten seine kleinere Schwester Mondula daran, in Ruhe unsere Gaben zu kosten. Aber wir waren ja clever; während einer von uns Salim mit besonders wohlschmeckenden Köstlichkeiten ablenkte, lief der andere mit Kohlrabiresten am Gehegezaun entlang in eine andere Ecke, Mondula jenseits des Zaunes immer hinterher, und so konnte sie schließlich auch in den Genuss unserer Küchenreste kommen. Der Bulle Salim hat Jahre später, im August 1963, übrigens seinen Pfleger getötet; Elefantenbullen sind mit Vorsicht zu genießen.

Uwe und ich waren Freunde der größeren Tiere (das ist bei mir bis heute so geblieben). Und so verwundert es nicht, dass wir Knautschke, den Flusspferdbullen, besonders in unser Herz geschlossen hatten. Knautschke, geboren 1943 (wie der Bruder meiner Frau Gesa), war eines von nur 91 Tieren, das den Bombenhagel des zweiten Weltkrieges im Berliner Zoo überlebt hatte. Ich kann mich noch an das alte, im Krieg teilweise zerstörte Flusspferdhaus erinnern. Innen war es ganz dunkel und feucht, und durch enge Gitterstäbe konnte man in kleinen Becken die beiden Flusspferde (wir sagten damals Nilpferde), Knautschke und seine Tochter Bulette, die dann später aber auch die Mutter seiner vielen Kinder wurde (Flusspferde nehmen das wohl nicht so genau), mehr ahnen als wirklich sehen. Draußen gab es ein kreisförmiges Freiluftbecken. Ich weiß nicht, ob ich das nur geträumt habe oder ob Knautschke wirklich mal aus diesem Becken ausgebrochen ist; eigentlich konnte er da nicht rüberklettern. In den 60-er Jahren ist dann ein neues Flusspferdhaus gebaut worden, im typischen Stil dieser Zeit, hell und alles gefliest, ähnlich wie damals die Schwimmbäder für Menschen. Inzwischen ist dieses Haus schon wieder abgerissen und durch einen weiteren Neubau ersetzt worden. Knautschke und Bulette fühlten sich in dem gefliesten Haus offensichtlich wohl; beide waren sehr aktiv im Produzieren von Nachwuchs. Die beiden ersten von insgesamt weit über zwanzig Nachfahren hießen Jette und Klops, echte Berliner Namen. Ich habe ja schon erzählt, dass man damals im Zoo noch füttern durfte; in diesen Genuss sollte auch Knautschke kommen. Oma hatte, auf einer Bank im Nilpferdhaus sitzend, mehrere Äpfel für uns geschält und die Schalen und das herausgeschnittene Kerngehäuse auf einer auf ihrem Schoß befindlichen großen weißen Serviette gesammelt. Mit dieser Serviette gingen wir zum Beckenrand, Knautschke kam an und riss sein riesiges Maul auf, wir schüttelten die Serviette mit Apfelinhalt über seinem Maul aus, und Knautschke klappte selbiges zu; unglücklicherweise erwischte er dabei auch eine Ecke der Serviette, die ließ er nicht mehr los, sondern verspeiste sie zusammen mit den Apfelresten. Er scheint aber alles gut verdaut zu haben.

Trotz dieser eher außerplanmäßigen Fütterung konnten Uwe und ich uns aber doch als Flusspferdexperten betrachten; wir wussten, dass Nilpferdbullen ihr Revier markieren. Aber die Masse der überwiegend aus Wessis und anderen Touristen bestehenden Besucher war diesbezüglich völlig ahnungslos. Wenn Knautschke an die zu den Besuchern hin gelegene Beckenseite kam und sein Hinterteil verdächtig hochreckte, verzogen Uwe und ich uns, während die Touristen in „ah" und „oh" ausbrachen. Das verging ihnen aber schnell, während Knautschke sein großes Geschäft verrichtete und dabei seinen Stummelschwanz propellerähnlich kreisen ließ, dadurch seine Hinterlassenschaften im Umkreis von mehreren Metern verteilte und so auch einige der neugierigen Touristen befleckte. Wir Jungs nannten diesen Vorgang „Knautschke macht Futtfutt".

Im Sommer 1988 starb der 45-jährige Berliner Publikumsliebling. Eine lebensgroße Bronzeskulptur steht vor dem neuen Flusspferdhaus.

II.

Mensch, ick schiele

Im Frühjahr 1960 zogen meine Eltern mit meiner Schwester und mir nach Schlachtensee. Wir bezogen eine Fünfeinhalb-Zimmer-Maisonette-Wohnung in der Niklasstraße 68. Das muss man sich mal vorstellen: nach zwanzig Jahren Ehe (meine Eltern haben 1940 geheiratet) bezogen die Eheleute ihre erste wirklich eigene abgeschlossene Wohnung! Heutzutage erwarten Studenten eine eigene - von Papa und Mama oder vom Staat finanzierte - Wohnung bereits ab dem ersten Semester; und dass Flüchtlinge eine Zeit lang in Container-Wohnungen unterkommen müssen, grenzt an eine Menschenrechtsverletzung. Während mein Vater sich - unbegründete - Sorgen machte, ob seine Kinder in einer gemieteten Etagenwohnung würden gedeihen können, lebte meine Mutter, vom Joch der doch etwas herrschsüchtigen Schwiegermutter und von der mitunter für sie unangenehmen Nähe zu Schwager/Schwägerin befreit, regelrecht auf. In den ersten Monaten stand sie so manches Mal oben an der Treppe und rief mit lauter Stimme (Sorry, Uwe) „Jochen, Therese, Arsch" durch die Wohnung. So sehr fühlte sie sich befreit! Die unbeschwerte Zeit für meine Mutter währte leider nur sechs Jahre; 1966 erkrankte mein Vater an Krebs und verstarb im Juni 1969 im Alter von nur 54 Jahren.

Vermieter der Wohnung in Schlachtensee war der Wohnungsbau-Verein Neukölln, eine bereits 1902 gegründete Genossenschaft. Meine Oma hatte mit ihrem Mann und den drei Söhnen bis zur Fertigstellung der Villa in der Buggestraße Mitte der dreißiger Jahre des vorigen Jahrhunderts auch schon in einer WBV-Wohnung in der Haderslebener Straße gewohnt. Seit dem Einzug in die Niklasstraße 68 im Jahre 1960 wohne ich - mit kurzen Unterbrechungen während des Studiums und meiner Referendarzeit - ununterbrochen in Wohnungen dieser Genossenschaft; ich bin nicht nur Schlachtensee, sondern sogar meinem engeren Wohnumfeld, in dem ich mich sehr wohl fühle, treu geblieben. Seit einigen Jahren bin ich dem Wohnungsbau-Verein Neukölln als Aufsichtsratsmitglied noch enger verbunden.

Aber ich greife weit vor. 1960 war ich acht Jahre alt und hatte nun erstmals in der oberen Etage ein eigenes Zimmer; meine fast 15-jährige Schwester wird diesen Luxus vermutlich noch weit mehr geschätzt haben. In dem Mietshaus gab es insgesamt fünf Parteien. Gegenüber unserer oberen, mit einem eigenen Eingang zum Treppenhaus versehenen Etage wohnte Frau Heinrich, eine ältere Dame, die zeitweilig auch Untermieter (Lohrmännchen, der nach Ansicht meines Vaters wie ein Embryo aussah) hatte. Auf der Beletage uns gegenüber wohnte das kinderlose Ehepaar Kaethner. Im Erdgeschoss schräg unter uns wohnte „die Baaschen", eine alte Frau, die etwas scheu war und beim Grüßen immer weg sah. Für mich am wichtigsten war die direkt unter uns wohnende Familie Rosche. Das Ehepaar hatte vier Kinder, wobei der älteste Sohn im Krieg gefallen war und der zweite Sohn - der war Pfarrer, von meiner spitznamenfreudigen Mutter „der lachende Pastor" genannt - bereits verheiratet war und in Britz lebte. Die beiden Töchter (Marianne, ziemlich hübsch, und Bärbel, nicht ganz so hübsch) wohnten noch bei ihren Eltern. Mit Familie Rosche freundete ich mich schnell an; sie hatten einen freundlichen Hund namens Asbach, einen Schäferhund, mit dem ich oft „Gassi" ging. Herr Rosche unternahm mit Uwe, der uns öfter besuchte und dann auch über Nacht blieb, und mir von Zeit zu Zeit etwas; so ist er im

Laufe der Jahre mehrfach mit uns in die Deutschlandhalle zu „Menschen, Tiere, Sensationen" gegangen und war immer sehr begeistert von den Vorführungen. Wir drei haben auch noch ein weiteres gemeinsames Hobby gefunden. Uwe und ich waren vielleicht zehn oder elf Jahre alt, als wir mit Walter „Emil" Rosche in der dortigen Wohnung um den Esstisch herum saßen und gemeinsam rauchten, Peer Export. Wir fanden das „cool" (auch dieses Wort gab es damals noch nicht) und unsere Eltern, vor denen wir diese Freizeitbeschäftigung keineswegs verheimlichten, fanden das ziemlich normal.

Herr Rosche, geboren noch gegen Ende des 19. Jahrhunderts und pensionierter Eisenbahner, hatte feste Ansichten; politisch war er nach Einschätzung meiner Eltern ein kaisertreuer Sozialdemokrat (ich wusste damals nicht so recht, was sich dahinter verbarg). Ob diese Einstellung zu seiner drastischen Bewertung der Person des Wernher von Braun (Erfinder der V-Waffen in Peenemünde und später der Hauptverantwortliche für die Mondlandung der Amerikaner 1969) als „verräterische Sau" führte, entzieht sich meiner Kenntnis. Unser Nachbar konnte auch nicht verstehen, warum seine Töchter ausländische Freunde (Marianne einen Ami, Bärbel einen Perser) hatten. „Gibt es nicht genug deutsche Jungs?" fragte er leicht verzweifelt.

Ich hatte nicht nur zu Vater Rosche, sondern auch zu der hübschen Marianne (so ungefähr 15 Jahre älter als ich) eine nette persönliche Beziehung. Eines warmen Sommertages - ich war vielleicht 10 Jahre alt - gingen wir zusammen zum Schlachtensee schwimmen; ich war damals (wie auch jetzt noch, wenngleich inzwischen aus anderen Gründen) Brillenträger. Es entspann sich folgender Dialog zwischen der fragenden Marianne und mir:

„Bist du kurzsichtig?" - „nein" - „bist du weitsichtig?" - „nein" - „na, was bist du dann?" - „Mensch, ick schiele!"

Eines Tages wurden wir von den Eltern Rosche informiert, dass Marianne in die USA gehen und dort heiraten würde; Mutter Rosche legte besonderen Wert auf die Feststellung „Gary hat ein abgeschlossenes Hochschulstudium!" Wir wurden zu einer netten kleinen Abschiedsfeier eingeladen; als wir wieder in unserer Wohnung waren, meinte ich - völlig arg- und ahnungslos - zu meinen Eltern „Marianne hat einen ziemlich dicken Bauch bekommen". Das lag nicht am exzessiven Essen, wie wir einige Zeit später erfuhren.

Als die Töchter Rosche aus dem Haus waren und dann erst Herr Rosche und später auch seine Frau starben, zog zu einem mir nicht mehr erinnerlichen Zeitpunkt Familie St. unten ein, ein Ehepaar mit einem Sohn Uli, der ein oder zwei Jahre älter als ich war. Uli studierte auch Jura, ging aber nicht zum Repetitor (mit seiner stets leicht feuchten Aussprache äußerte er ziemlich verächtlich „das ist die unwissenschaftliche Methode") und sprach von seinem „väterlichen Freund Professor Esser" aus Tübingen. Er (Uli, nicht der Professor) erinnerte mich ein bisschen an den „Heimscheißer" aus dem Film „American Pie". Insgesamt war die Familie aber auch ganz nett.

Auch nach unserem Umzug in die Niklasstraße bestand der Kontakt zur Buggestraße natürlich weiterhin, nicht nur zu Uwe, sondern auch zu Oma. Die in Kapitel I geschilderten Zoobesuche fanden nicht mehr ganz so regelmäßig statt, dafür unternahm Oma mit Uwe und mir andere Dinge, die möglicherweise nicht ganz typisch für eine Großmutter sind. So ging sie mit uns von Zeit zu Zeit auch ins Kino. Im Sommer 1966, wir waren also vierzehn Jahre alt, gab es den Gangsterfilm „Rififi in Paris" im Zoopalast. Wir wollten Oma überreden, mit uns da hinzugehen; wir lockten sie damit, dass Jean Gabin und Gerd Fröbe, also zwei bekannte Stars, mitwirkten. Oma war einverstanden. Es gab lediglich ein kleines Problem, der Film war erst ab 16 freigegeben. Bei der Einlasskontrolle fragte der dort tätige Angestellte „sind die jungen Herren denn schon sechzehn?". Da war er aber bei unserer Oma an die Falsche geraten! Sie herrschte ihn an „wenn ich mit meinen Enkeln ins Kino gehe, dann sind die natürlich sechzehn, verstanden!" Der Kontrolleur zuckte zusammen, diesen Ton kannte er von seiner Ehefrau oder aus alten Zeiten, und ließ uns rein. Von dem Film habe ich nicht mehr viel in Erinnerung, nur, dass da auch einige barbusige Frauen drin vorkamen, was Uwe und mir, neben unserer Oma sitzend, ein bisschen peinlich war.

Nicht nur in demselben Jahr, sondern auch in einer ähnlichen Kategorie, trug sich eine Begebenheit auf dem Oktoberfest zu. Das besuchte Oma mit uns beiden auch regelmäßig. Sie setzte sich ins Festzelt und gab uns beiden Geld, das wir in den „Zusammenstoßautos", in der Achterbahn und beim Schießen verjubelten. Nach etwa 30 min. kehrten wir ins Bierzelt zurück „Oma, das Geld ist alle!". Dann bekamen wir einen finanziellen Nachschlag. In diesem Jahr hatten wir bei unseren Streifzügen über das Festgelände ein Striptease-Zelt entdeckt und waren der Meinung, mit vierzehn Jahren sei es nun an der Zeit, eine solche Vorführung zu besuchen. Am Kassenhäuschen saß eine Frau etwa im Alter unserer Oma (die war damals 78), die uns fragte „Seid ihr denn schon achtzehn?", woraufhin wir antworteten „na, ja, fast" und sie uns mit einer durchwinkenden Handbewegung rein ließ. Drinnen befand sich eine Handvoll Männer mittleren Alters; einer fragte „seit wann ist denn hier Kindervorstellung?" Die Show, wenn man das Busengewackel so nennen will, entsprach dann sowohl dem (niedrigen) Preis als auch den eher etwas schäbigen Örtlichkeiten, wobei die „Tänzerin" nicht ganz so alt wie die Kassiererin war. Unserer Oma haben wir von dieser Art der Geldausgabe nichts erzählt.

Ein weiteres Ereignis aus dem Jahr 1966 ist mir im Gedächtnis haften geblieben. Meine Schwester und Roland hatten sich kurz zuvor verlobt. Das junge Paar war zusammen mit meinen Eltern und mir von Oma zu einem ihrer gefürchteten Dia-Abende eingeladen. Bei einem derartigen Abend gab es die Gelegenheit, die Berge von Omas letzter Reise nach Meran - von jeder Seite und zu jeder Tageszeit mehrfach fotografiert - ausgiebig zu bewundern. Meine Mutter schlief bei diesen Gelegenheiten immer ein. Ingrid und Roland waren auch nicht wirklich auf die - mitunter über- oder unterbelichteten - Dias konzentriert, was Oma bemerkte und die beiden mit den Worten „hier wird jetzt nicht geküsst, hier werden Dias angesehen" anherrschte.

Im Sommer 1967 verreisten mein Vater, Oma und ich gemeinsam nach Lunz am See in Österreich. Meine Mutter war froh, dass sie nicht mitfahren musste; sie fand verreisen doof, zumal mein Vater aus ihrer Sicht zu primitive Quartiere bevorzugte und im Urlaub immer „alles herrlich" fand. Die damals 79-jährige Oma, mein Vater und ich spielten im Urlaub manchmal Skat; dabei zogen wir sie manchmal ziemlich über den Tisch, und das gefiel ihr nicht so recht. Es gab aber noch wichtigere Begebenheiten als Skat. Einmal verbrachte Oma eine schlaflose Nacht, weil sie intensiv darüber nachdachte, ob sie es riskieren sollte, mit einem Sessellift zu fahren. Übermüdet, aber mutig wollte sie sich dieser Gefahr aussetzen. Ich habe keine Ahnung mehr, von wo nach wo dieser Lift führte; ich weiß aber noch, dass es ein Sessellift mit nur jeweils einem Sitz war (später habe ich einen derartigen Lift nur noch an der Marmolada in den Dolomiten kennengelernt). Ich bestieg also den ersten Sessel, Oma wurde mithilfe des Liftangestellten in den zweiten Sessel gewuchtet und mein Vater fuhr als Letzter. Erst ging alles gut, aber dann stoppte der Lift plötzlich. Ich hielt in der Nähe eines Stützpfeilers an, mein Vater in der Nähe des nächsten Pfeilers;

Oma aber befand sich über einem ziemlich tiefen Abgrund mitten zwischen zwei Pfeilern und ihr Sessel wippte durch den plötzlichen Stopp mehrere Meter auf und ab. Sie schrie „Ulrich, was ist los? Ich ängstige mich!" Mein Vater rief daraufhin beruhigend „Oma, Du brauchst Dir keine Gedanken zu machen! Es ist alles in Ordnung und es geht gleich weiter!" Ich fand die ganze Angelegenheit ziemlich amüsant. Tatsächlich ging die Fahrt bald weiter und auch Oma hat sie gut überstanden. Sie konnte von ihrer „Heldentat" auch auf den Ansichtskarten an ihre Freundinnen berichten, deren Wortlaut ansonsten in etwa wie folgt lautete: „Liebe Claire, viele Urlaubsgrüße aus Lunz am See. Meine beiden Männer machen täglich große Wanderungen, aber ich gehe auch noch recht gut. Herzlichst, Deine Käthe". Oma lobte sich ganz gerne selbst. Insgesamt war es eine nette Reise, die letzte, die ich gemeinsam mit meinem Vater und meiner Oma machen konnte.

Am 10. Dezember 1967 feierten wir den 80. und zugleich letzten Geburtstag meiner Oma - sie starb im Sommer 1968 - bei ihr in dem Haus in der Buggestraße, wie üblich mit vielen Gästen. Dieser Abend war insofern für mich eine Premiere, als ich mit 15 Jahren meinen ersten und zugleich extrem heftigen Rausch hatte. Uwe und ich hatten uns eine Flasche „Schwarzer Kater", das ist ein süß-klebriger Kirschlikör, gegriffen. Entweder habe ich mehr davon getrunken oder Uwe hat dieses Getränk besser vertragen. Jedenfalls argwöhnte mein Vater nach einiger Zeit, dass ich womöglich nicht mehr so ganz Herr meiner Sinne sei. Um dies zu testen, forderte er mich auf, einigen im Wintergarten sitzenden Gästen Kaffee einzuschenken, was ich wohl nur noch so halbwegs hinbekommen habe. Um mir eine Blamage vor den Gästen - überwiegend Damen im gesetzten Alter - zu ersparen, bedeutete mein Vater meiner Schwester und meinem Schwager, mich aus dem Wintergarten weg und an einen geschützten Ort zu führen, was sie auch taten. Von diesem Augenblick an lässt mich mein Gedächtnis für mehrere Stunden im Stich, ich hatte einen totalen Filmriss, aber Ingrid und Roland haben mir alles mehrfach haarklein erzählt. Sie zerrten mich zunächst, mich rechts und links unterhakend, in die untere Diele. Als sie mich dort kurz losließen, bin ich auf der Stelle zusammengesackt und zu Boden gegangen. Sie hievten mich wieder hoch und schleppten mich die Treppe nach oben in Omas Schlafzimmer, wo sie mich am dort befindlichen Doppelwaschbecken auf einem Stuhl absetzten; nach ihrer Schilderung - und die wird wohl stimmen - habe ich mich dort in das Waschbecken hinein übergeben und bin dann, einen Arm im Waschbecken nebst Inhalt abgelegt, eingeschlafen. Ob ich dann später in ein Bett gelegt wurde und dort weitergeschlafen habe, weiß ich nicht. Jedenfalls ging es mir am nächsten Morgen, einem Montag, so schlecht, dass ich nicht in die Schule gehen konnte. Meine Eltern schrieben mir einen Entschuldigungszettel folgenden Inhalts: „Helmut konnte am Montag die Schule nicht besuchen, weil er sich den Magen verdorben hatte." Auf die Frage meiner Lehrerin, ob ich zu viel gegessen habe, meinte ich „na, gegessen eher nicht!". So blau bin ich später nie wieder gewesen.

Die Zeit in der schönen Maisonette-Wohnung in der Niklasstraße war nach rund 17 Jahren beendet. Nachdem meine Schwester ja schon ziemlich lange aus dem Haus war (ich glaube, seit 1965), nachdem mein Vater 1969 verstorben war und ich mit Beginn der Referendarzeit 1976 auch nicht mehr zu Hause wohnte, zog meine Mutter im Februar 1977 im Tausch mit einer anderen Familie (den von der „Baaschen" so genannten „Deutschleuten" - sie hießen Deutschmann) in eine Drei-Zimmer-Neubauwohnung direkt gegenüber in die Niklasstraße 71. Finanziell lohnte sich der Tausch für sie kaum, denn sie musste eine nicht unerhebliche (Juristendeutsch!) „Fehlbelegungsabgabe" zahlen; aber die kleinere Wohnung machte weniger Arbeit.

III.

Es gilt das Datum des Poststempels

Schon ab unserem Umzug in die Niklasstraße 68 im Frühjahr 1960 musste ich eine längere Anfahrt zu der damals von mir besuchten Grundschule am U-Bahnhof „Dahlem Dorf" in Kauf nehmen. Meine Eltern, wohl hauptsächlich oder ausschließlich mein Vater, hielten eine Umschulung für untunlich. So fuhr ich also an sechs Tagen in der Woche (wir hatten auch Sonnabend Schule) erst mit dem Bus A 3 bis zum U-Bahnhof „Krumme Lanke", dann weiter mit der U-Bahn bis „Dahlem Dorf". Bis zu ihrem Abitur im Frühjahr 1964 ging ich oft zusammen mit meiner Schwester morgens zur Bushaltestelle, denn sie hatte einen weitgehend identischen Schulweg bis zur Gertraudenschule. An der Bushaltestelle in der Spanischen Allee standen jeden Tag dieselben Leute; man kannte sich vom Sehen, aber nicht namentlich. Eines Tages sagte ich dort zu meiner Schwester, die mit einer der damals modernen hellbraunen Lastexhosen (mit Steg unter den Füßen) bekleidet war, so laut, dass es alle Wartenden hören konnten: „Ach, du hast ja wieder deine SA-Hose an!" Ich konnte gar nicht verstehen, dass Ingrid rot wurde und ihr meine Äußerung offensichtlich peinlich war. Dass die häufig drastische Ausdrucksweise meiner Mutter - darauf werde ich später noch ausführlich zu sprechen kommen - mitunter für die Öffentlichkeit nicht ganz so geeignet war, war mir als einem damals vielleicht neunjährigen Jungen noch nicht klar.

Die westlichen Alliierten hatten nach 1945 in Berlin (West) eine sechsjährige Grundschulzeit eingeführt, während in Westdeutschland weiterhin eine nur vierjährige Grundschulzeit galt.

Hintergrund für die Entscheidung der Alliierten war möglicherweise die Auffassung, durch eine längere gemeinsame Schulzeit aller Schüler einem elitären Denken vorzubeugen und damit die Demokratiefreudigkeit der Berliner Jugend zu fördern. Es gab in Berlin (West) nur vier Oberschulen, die weiterhin mit der fünften Klasse (der „Sexta") begannen, allesamt altsprachliche Gymnasien. Eines dieser Gymnasien war das Goethe-Gymnasium in der Gasteiner Straße in Wilmersdorf, vormals das Bismarck-Gymnasium, das mein Vater besucht hatte. Mein Vater war nun der Auffassung, dass es für einen gebildeten Menschen (ich muss präzisieren: für einen gebildeten Mann, denn meiner Schwester blieb dieser Kelch erspart) unabdingbar sei, Latein und Altgriechisch zu beherrschen; außerdem seien zwei weitere Jahre auf der Grundschule eine vertrödelte Zeit. Also meldete er mich zum Beginn des Schuljahres 1962/1963 auf dem Goethe-Gymnasium an. Mich hat er vor dieser Entscheidung nicht gefragt, ich hätte im Übrigen mit 10 Jahren dazu auch gar keine Meinung gehabt. Ausnahmsweise hat sich mein Vater auch gegenüber den hinsichtlich dieser elitären Schule geäußerten Bedenken seiner eigenen Mutter (auf die er sonst eigentlich immer gehört hat) durchgesetzt. Also verlängerte sich mein Schulweg von nun an noch einmal beträchtlich, denn ich musste jetzt jeden Tag mit der U-Bahn bis zum Fehrbelliner Platz fahren und von dort noch mal ca. 10 min zu Fuß gehen. Das waren an jedem Tag insgesamt für Hin- und Rückweg bei guter Verbindung fast zwei Stunden; ich habe es unterlassen, auszurechnen, wie viele Tage oder sogar Wochen ich in den neun Jahren meines dortigen Schulbesuches (sitzengeblieben bin ich nicht!) im Bus und der U-Bahn verbracht habe.

In der fünften Klasse waren wir zunächst deutlich mehr als dreißig Schüler, die weit verstreut wohnten und aus dem gesamten Stadtgebiet kamen, Rudow war ebenso vertreten wie

Tegel, ich hatte also beileibe nicht den weitesten Weg. In den neun Jahren bis zum Abitur wurde erbarmungslos ausgesiebt; von den mehr als dreißig Schülern in der 5. Klasse waren bis zum Abitur neun übrig geblieben, angereichert durch drei Sitzenbleiber und einen Neuzugang. Kinder aus einfacheren Schichten waren nicht mehr vertreten, nur noch der Nachwuchs des Bildungsbürgertums. Sich mit Schulfreunden nachmittags zu treffen, bedeutete wegen der weiten Entfernungen auch wieder eine zeitraubende Fahrerei. Bei Robert haben wir das anders gemacht; er besuchte die Tews-Schule und ab der siebenten Klasse das Siemens-Gymnasium und damit Schulen, die von unserer Behausung in der Niklasstraße bzw. dem Ilsensteinweg in sieben Minuten zu Fuß und in drei Minuten mit dem Fahrrad erreichbar waren.

Von der fünften bis einschließlich zur zehnten Klasse war unsere Klassenlehrerin Frau Huhn, bald genannt „die Henne", eine kinderlos verheiratete Frau von geschätzt Mitte vierzig (mir als einem zunächst zehnjährigen Jungen kam sie alt vor). Wir hatten bei ihr in diesen sechs Jahren Latein und ab der achten Klasse bis zum Abitur Alt-Griechisch, also die beiden einzigen Fächer, die an dieser Schule wirklich relevant waren. Die „Henne" war starke Raucherin, bekam ab und zu Hustenanfälle, musste dann auf den Flur laufen und einen Schluck Wasser trinken, behalf sich ansonsten mit „Rachengold". Mitunter bekam sie Wutanfälle, wenn eine Klassenarbeit schlechter als von ihr erwartet ausgefallen war. Sie knallte dann die mit roten Umschlägen versehenen Klassenarbeitshefte aufs Katheder und schrie „Es ist doch ein Skandal, diese penetrante Faulheit!". Vor Ärger verrutschte ihr der Träger ihres BH, den sie dann durch einen kunstvollen Griff wieder an die richtige Stelle rücken musste. Wir alle hatten mehr oder weniger Angst vor ihr. Obwohl ich bis etwa zur achten oder neunten Klasse ein wirklich guter Schüler war und in dieser Zeit oft das beste Zeugnis der Klasse hatte (das änderte sich später), habe ich noch lange nach der Schulzeit häufiger von dieser pädagogisch besonders begabten Lehrerin geträumt, angenehme Träume waren das nicht.

Einer meiner Schulfreunde in dieser Zeit war Stefan Sennewald. Sein Vater war Arzt, die Familie lebte in der Helmstedter Straße in Wilmersdorf. Stefan, genannt „Senne", hatte drei Schwestern. Ich war mit ihm über die Schulzeit hinaus befreundet, wir haben einige schöne Reisen zusammen gemacht. Etwa ab meiner Eheschließung im Jahre 1982 ist die Verbindung eingeschlafen und schon seit Jahrzehnten habe ich nichts mehr von ihm gehört. Stefan war in jungen Jahren ein bisschen verpennt oder auch trottelig. Ein Lehrer äußerte einmal über ihn „Stefanchen, du hoffnungsloses Dusselchen". Ich weiß nicht mehr, wann es war, vielleicht in der siebenten oder achten Klasse. Wir hatten im Geschichtsunterricht das Mittelalter (interessant war, dass das „dritte Reich" in meiner gesamten Schulzeit völlig ausgeklammert blieb; vielleicht waren die Lehrer noch zu dicht dran an diesen zwölf Jahren). Ausführlich wurden uns die im „Heiligen römischen Reich deutscher Nation" gebräuchlichen rechtlichen Sanktionen auf tatsächlich begangene oder vermeintliche schwere Straftaten oder auch auf politisch unliebsames Verhalten dargelegt. Der Kaiser konnte die „Reichsacht" aussprechen, der Geächtete ging aller Rechte verlustig und war „vogelfrei". Ein oder zwei Unterrichtsstunden später war zu Beginn eine Wiederholung des Stoffes im Wege mündlicher Abfrage angesagt; der Lehrer fragte auch nach dem Begriff dieser scharfen Sanktion. „Senne" kam dran und war völlig ahnungslos. Ich saß schräge hinter ihm und wollte seinem Gedächtnis ein wenig auf die Sprünge helfen; ich war der Meinung, dann würde er sich wieder erinnern.

Also flüsterte ich ihm zu „Reichssieben". Stefan griff die Hilfe dankbar auf und verkündete im Brustton der Überzeugung „Das war die Reichssieben!": Die Klasse lachte sich tot, Senne wusste überhaupt nicht, warum. Gesa, der ich diese Geschichte Jahre später erzählt hatte, war der Meinung, das sei gemein von mir gewesen; ich fand das eigentlich witzig. Stefan mag das so wie Gesa gesehen haben. Aus ihm ist im Übrigen durchaus etwas geworden. Er hat - mit einer Ehrenrunde - das Abitur gemacht, hat Geologie studiert, den Doktortitel erworben und war beruflich ganz erfolgreich.

Mit Beginn der elften Klasse gab es zwei bedeutsame Veränderungen in unserer Klasse; eine der Veränderungen betraf alle Mitschüler, die andere doch eher nur zwei Schüler. Uns alle betraf der Umstand, dass wir einen neuen Klassenlehrer bekamen. Hans-Peter Knauf war erst 27 Jahre alt, wir waren seine erste Klasse nach dem Examen. Er war zwei Meter und vier Zentimeter groß und hatte eine tiefe Stimme. Ich will nicht sagen, dass wir mit dem Wechsel von der „Henne" zu Knauf vom „Regen in die Traufe" gekommen sind, aber der ganz große Wurf war das auch nicht. Humor war nicht eben die herausragende Eigenschaft unseres neuen Klassenlehrers, und dass er eine „Ente" fuhr, passte auch nicht wirklich zu ihm; einen biederen Opel Kadett hätte ich für eher geeignet erachtet. Wir hatten bei ihm das Fach Deutsch und als „freiwillige" Arbeitsgemeinschaft Philosophie, für die ich mich (wie nahezu alle meine Mitschüler auch) aus taktischen Erwägungen gemeldet hatte. Lehrer Knauf echauffierte sich immer kolossal, was die Berichtigungen von Deutschaufsätzen betraf. Mit der ersten Berichtigung war er nahezu nie zufrieden und es musste noch eine „Berichtigung der Berichtigung" gemacht werden, was uns natürlich ziemlich nervte. Einmal war es ganz schlimm; die Berichtigung unseres Mitschülers Wolfgang Bullmann (einer der vielen, die es in unserer Klasse nicht bis zum Abitur geschafft haben; später ist er gleichwohl Rechtsanwalt geworden) war wohl in den Augen von Knauf besonders katastrophal. Unser Klassenlehrer regte sich ziemlich auf und forderte die Fertigung einer Zweitberichtigung; es war aber ganz kurz vor irgendwelchen Ferien. Knauf meinte erregt zu Wolfgang: „Bis Mitte nächster Woche haben Sie mir die Berichtigung zukommen zu lassen! Und wenn Sie mir die mit der Post schicken!" Darauf meinte ich „Es gilt das Datum des Poststempels". Witze konnte ich noch nie gut erzählen, aber spontan launige Bemerkungen zu machen, war mir damals und ist mir bis heute ein locker von der Hand bzw. eher vom Mund gehendes Vergnügen. Ich hatte mit dieser Äußerung natürlich Knauf und die Ernsthaftigkeit seiner Berichtigungsmanie ins Lächerliche gezogen; die Klasse bog sich vor Lachen. Knauf war stocksauer und rüffelte mich mit den Worten „Helmut, sehen Sie nicht, dass Ihr Benehmen ungehörig ist!" Nein, das sah ich nicht.

Dass unserem jungen Klassenlehrer eine gewisse Lockerheit fehlt, konnten wir auch an seinem Verhalten auf unserer Klassenreise im Frühherbst 1968 erkennen. Ich glaube, es ging an den Rhein (Bingen) und wohl auch nach Trier, vielleicht waren wir auch in Luxemburg; so genau kann ich mich an die Reiseziele nicht mehr erinnern, an andere Geschehnisse dafür umso besser. Neben Knauf war noch die Prätorius mit, eine eher nichtssagende Lehrerin, die den vergeblichen Versuch machte, uns als vierte Fremdsprache Französisch beizubringen, bei der wir außerdem Musik hatten und die mir am Ende dieser Klasse als Abschlussnote in diesem Fach eine „fünf" gegeben hat, unverschämt und angesichts meiner zweifelsfrei vorhandenen Musikalität bestimmt eine Reaktion auf das folgend geschilderte Geschehen! Wir Schüler der elften Klasse waren alle 16 oder 17 Jahre alt. Einige von uns waren - in diesem Alter nachvollziehbar - weniger an Kirchen, Klöstern, Burgen und Schlössern interessiert, deutlich mehr dafür aber am jeweils anderen Geschlecht. Und so kam es, dass sich innerhalb weniger Tage drei Pärchen gebildet hatten; da waren einmal Ferdinand (der jetzt nichts mehr mit seinen alten Klassenkameraden zu tun haben will) und Renate, da waren Christian und die unsägliche Cornelia (die beide nur vorübergehend in unserer Klasse waren) und dann noch ein drittes Pärchen, das alles sehr zum Ärger unserer diesbezüglich verständnisfreien Lehrer. Unser Klassenlehrer wollte eine Kommission „zur Behebung der Pärchenwirtschaft" einsetzen mit dem Ziel, die „amourösen Dinge nur in der Freizeit zu betreiben". Ob das wirklich klappte, weiß ich nicht mehr so recht. Woran ich mich aber gut erinnern kann, und Ihr habt es Euch bestimmt schon gedacht, Teil des dritten Pärchens war ich. Und das kam so: mit Beginn der elften Klasse hatten wir eine neue Mitschülerin bekommen, Petra, die war sitzen geblieben. Die gefiel mir ganz gut. Auf der Klassenreise ergab es sich dann so, dass Petra auch an mir Gefallen gefunden hat und so wurden wir das dritte Pärchen (vielleicht waren wir sogar das erste, das weiß ich nicht mehr). Ich glaube, ich war zum ersten Mal in meinem Leben so richtig verliebt, ein schönes Gefühl, auch noch in der Erinnerung nach mehr als fünfzig Jahren. Dabei war alles ganz harmlos, bei allen drei Paaren, die Besorgnis unserer Lehrer war völlig unbegründet.

Meine „Beziehung" zu Petra überdauerte die Klassenreise und hielt sogar bis einschließlich unserer im Mai 1969 stattfindenden weiteren Klassenreise an. Es gab allerdings ein gravierendes Problem. Petra hatte eigentlich schon einen Freund; für einige Monate fuhr sie zweigleisig. Die Klassenreise im Frühjahr 1969 führte uns für drei Wochen nach Griechenland und war aus meiner Sicht einer der wenigen Vorzüge des humanistischen Gymnasiums. Wir hatten diesmal auch mit den

Lehrern Glück, weil wir die drohende Begleitung durch den humorlosen Klassenlehrer Knauf und die „Henne" abwenden konnten. Unsere „Aufsichtspersonen" auf dieser Reise wurden der Lateinlehrer Rübenach (der neugriechisch konnte, ein entscheidender Vorteil) und die Weiland, bei der wir nach meiner Erinnerung Erdkunde hatten und die Jahre später Direktorin des Goethe-Gymnasiums wurde. An Rübenach schieden sich die Geister. Manche störten sich an seiner mitunter etwas ruppigen Art; ich fand ihn nett. Er war mit einigen Jungs aus unserer Klasse zum Fußball im Olympia-Stadion, er hat mir im schriftlichen Abitur mit einer Griechisch-Vokabel ausgeholfen, als wir uns zufällig auf der Toilette trafen, und er hat sich zu meiner Belustigung über die schon mehrfach erwähnte „Henne" und deren Verhalten gegenüber dem früheren Schuldirektor Radtke sehr drastisch so ausgedrückt: „Die Henne kriecht doch dem Radtzek in den Arsch!"

Wie schon angedeutet, hielt meine Verbindung zu Petra auch während der Griechenlandreise an, die dadurch für mich über die zweifelsohne wichtige kulturelle Bildung hinaus (Akropolis, Olympieion, Schatzhaus des Atreus, Olympia, Delphi usw.) eine zusätzliche durchaus erbauliche Komponente bekam. Leider entschied sich Petra nach der Reise für ihren „Erstfreund" Klaus, was ich gar nicht verstehen konnte, denn der war eigentlich ein Langweiler und hatte aus meiner (wohl etwas subjektiven) Sicht als einzigen Vorzug einen adligen Namen. Na, wie auch immer, ich habe diese „Niederlage" überstanden, ohne psychiatrische Hilfe in Anspruch nehmen zu müssen und - soweit ersichtlich - auch ohne Spätfolgen, obwohl es schon ein bisschen schwierig war, Petra bis zum Abitur jeden Tag in der Schule zu sehen.

Dieses Abitur erreichten wir mit der mündlichen Prüfung am 13. Januar 1971. Die mündliche Prüfung war für mich weder angenehm noch sonderlich erfolgreich - in Griechisch hatte ich das „Vergnügen" mit der „Henne" und dem „Radtzek", die es mir übel nahmen, dass ich auf die Frage, wer „Aristides, der Gerechte" sei, leicht rotzig antwortete „wees ick nich!". Na, egal, wir haben es alle geschafft. Das ist jetzt mehr als fünfzig Jahre her. Dem von früheren Generationen oftmals gehörten nostalgischen Seufzer „Ach, die Schulzeit war doch die schönste Zeit im Leben" kann ich für meine Person nicht zustimmen. Es war insgesamt ganz in Ordnung, aber so supertoll jedenfalls nicht. Das gilt eher für den nächsten Lebensabschnitt, das Studium. Dazu in einem der folgenden Kapitel mehr.

IV.

Besuch bei der alten Dame

Es war im Spätsommer 1963, ich war elf Jahre alt, als ich die alte Dame zum ersten Mal besucht habe. Meine Gastgeberin war schon über siebzig, aber noch recht rüstig. Während meiner Schulzeit habe ich sie häufig besucht, immer in Begleitung; mal war Uwe mit, mal war „Senne" mit, mal ein anderer Freund. Es war schon erstaunlich, dass so viele Jugendliche, aber nicht nur die, an der Seniorin Gefallen gefunden hatten. Später, im Erwachsenenalter, habe ich sie nicht mehr so häufig besucht. Da sie immer zu Open-Air-Veranstaltungen einlud, habe ich die Einladungen nur noch angenommen, wenn gutes Wetter zu erwarten war; das vorerst letzte Mal war ich in Begleitung von Gisela (eine andere, viel jüngere Freundin; zu ihr später mehr) im Oktober 2019 bei ihr zu Besuch; da war ich selbst schon im Rentenalter. Seit ich die Dame kenne, hat sie sich immer mal wieder, bemerkenswert in ihrem Alter, ziemlich daneben benommen. Schon 1965 hat sie die in ihren gesellschaftlichen Schichten üblichen Regeln nicht eingehalten und war so dumm, sich dabei erwischen zu lassen; andere waren insoweit cleverer. Vorübergehend wollte man sie deshalb im Kreise der Auserwählten nicht dabei haben, aber nach einiger Zeit gehörte sie doch wieder dazu. Unsere betagte Freundin hatte eine sehr hässliche und schäbige Eigentumswohnung im Wedding, genauer gesagt am Gesundbrunnen, wohin sie feinere Gäste nicht einladen konnte. Deshalb war sie auch noch Mieterin einer sehr großen Altbauwohnung in Charlottenburg in verkehrsmäßig günstiger Lage, so dass sie extrem viele Gäste beherbergen konnte, die mit der S-Bahn oder der U-Bahn kamen und sich, was den Alkoholkonsum betraf, nicht zurückhalten mussten. Am 26. September 1969, bei der größten Party, die unter Ihresgleichen jemals gefeiert worden ist, war ich dabei; genau weiß man bis heute die Anzahl der Gäste nicht. Kaum hatte sich die alte Dame in dem exklusiven Kreis wieder eingelebt, hat sie schon wieder gesündigt, nicht als einzige in ihrer Runde, aber jedenfalls ziemlich heftig. Sie hat in der Folge dieser Sünde im Jahre 1971 fast alle ihre Angestellten verloren und war nahezu pleite. Deswegen hat sie ihre schäbige Eigentumswohnung verkauft, na ja, ein großer Verlust war das nicht, aber das Geschäft brachte doch einiges Geld in ihre Kassen, zumal sich der Käufer als äußerst großzügig erwies. Erstaunlich, dass sich die Seniorin in ihrem Alter nach Jahren des Siechtums doch wieder erholt hat, wobei das nie von Dauer war und es mit ihr immer hin und her ging. Leider schaffte es meine Freundin in der Zeit unserer Bekanntschaft nicht, sich auch nur einmal an die Spitze des erlauchten Kreises zu setzen; immer wenn es danach aussah, verließen sie die Kräfte. Gleichwohl ist die Dame zäh und extrem langlebig, denn sie atmet heute (wir schreiben das Jahr 2021) im stattlichen Alter von 129 Jahren immer noch. Totgesagte leben länger!

Habt Ihr es schon erraten? Ich spreche von Berlins launischer Fußballdame Hertha.

Die Hertha war 1963 Gründungsmitglied der Bundesliga und konnte in den beiden ersten Jahren als jeweils Drittletzter gerade eben den Abstieg verhindern. Schon in der ersten Saison ging das wohl nicht ganz koscher zu (möglicherweise wurde der „Stopper" - für Ahnungslose: ein Abwehrspieler - eines der Konkurrenten bestochen) und am Ende der zweiten Saison wurde Hertha aus der Bundesliga rausgeschmissen, weil die Verantwortlichen unerlaubt „Handgelder" an ihre Spieler gezahlt hatten. Das haben zwar damals - zu Zeiten, als die Gehälter der „Lizenzspieler" noch eher überschaubar waren und nicht ansatzweise mit den völlig überhöhten heutigen Millionengehältern vergleichbar waren - alle gemacht, aber die provinziellen Herthaner waren so doof, sich erwischen zu lassen. Da es nun aber wenige Jahre nach dem Mauerbau von 1961 politisch erwünscht war, dass die „Frontstadt" Berlin in der Bundesliga vertreten war, um auch dadurch die enge Bindung zur Bundesrepublik Deutschland zu betonen, wurde „am grünen Tisch" das sportlich nicht dafür qualifizierte Tasmania 1900 in die Bundesliga aufgenommen. Tasmania hat sich mutmaßlich ewigen Ruhm als schlechteste Bundesliga-Mannschaft aller Zeiten erworben. Nicht mal Schalke 04 ist es 55 Jahre später trotz vielversprechender Ansätze gelungen, diesen Rekord zu brechen. Im ersten Heimspiel von Tasmania im Sommer 1965 gab es allerdings einen Sieg, 2:0 gegen den Karlsruher SC; ich war dabei, zusammen mit meinem Schwager Roland, der KSC-Fan war, weil er mal in Karlsruhe studiert hatte. Dann gab es aber bis zu einem zweiten Sieg im letzten Heimspiel nur noch Niederlagen und ganz wenige Unentschieden; nach einem Jahr war endgültig „Feierabend" mit Tasmania, das sich von diesem Debakel nie wieder erholt hat.

Die Hertha schaffte es immerhin nach einigen vergeblichen Anläufen 1968 wieder in die Bundesliga und konnte sich dort tatsächlich ganz gut etablieren.

Sie trug von Anfang an ihre Heimspiele im altehrwürdigen Olympiastadion aus. Dort gab es am 26. September 1969 die schon erwähnte Megaparty mit mindestens 88.000 Zuschauern, unter denen auch ich war; es gibt Vermutungen, dass möglicherweise über 100.000 Zuschauer da waren, denn irgendwann wurden die Kassen gestürmt und die Flut der Zuschauer wälzte sich unkontrolliert ins Stadion. Es war ein Flutlichtspiel, bei dem immer eine besondere Atmosphäre herrscht; Hertha gewann 1:0 gegen den 1. FC Köln.

Nur zwei Jahre später, Hertha hatte eine spielstarke Mannschaft und war auf einem guten Weg, machten die Spieler sich selbst und ihrem Verein alles kaputt. Sie ließen sich von Verantwortlichen der stark abstiegsgefährdeten Mannschaft von Arminia Bielefeld bestechen; für eine vergleichsweise lächerliche Summe von 250.000,- DM (insgesamt, nicht etwa pro Spieler) verschoben sie das Heimspiel gegen die Arminen und verloren 0:1. Spiele anderer Mannschaften wurden auch verschoben, so verlor auch Schalke sein Heimspiel gegen Bielefeld. 1971 kam alles raus, weil der Offenbacher Gemüsehändler Horst Gregorio Canellas, Präsident der Offenbacher Kickers, beim Bestechen nicht so erfolgreich wie seine Konkurrenten von anderen abstiegsgefährdeten Vereinen war und alles aufdeckte; er war im Besitz von Tonbandmitschnitten einiger Bestechungsgespräche. Die Bundesliga war in ihren Grundfesten erschüttert; der DFB griff in Person von Chefermittler Hans Kindermann (der war im Hauptberuf Vorsitzender Richter am Landgericht!) zunächst hart durch. Funktionäre (so Herthas „Graue Eminenz" Wolfgang Holst), Trainer, Vereine und etliche Spieler wurden bestraft. Besonders viele Spieler von Schalke und Hertha, den beiden Vereinen, die schon häufiger als besonders skandalträchtig in Erscheinung getreten waren, wurden bestraft. Nahezu die gesamte Profimannschaft von Hertha BSC, insgesamt 15 Spieler, wurden lebenslang gesperrt; die Sperren wurden später zeitlich ganz erheblich reduziert, aber die Karrieren dieser Spieler waren im Eimer, und Hertha musste in den ersten Spielen nach Ausspruch der Sperren zunächst mal mit Jugendspielern und Amateuren antreten. Die in den Skandal involvierten Schalker Spieler erlangten als „Meineidssünder" (sie hatten vor einem Zivilgericht unter Eid bestritten, Gelder erhalten zu haben) noch eine zweifelhafte „Popularität", was bei einigen eine spätere Karriere auch als Nationalspieler nicht verhinderte.

Hertha war durch den Bestechungsskandal nicht nur sportlich, sondern auch finanziell so sehr gebeutelt, dass die Verantwortlichen sich entschlossen, die oben schon erwähnte „Eigentumswohnung" am Gesundbrunnen, im Berliner Volksmund „die Plumpe" genannt, zu veräußern, um eine Pleite zu verhindern. Die Plumpe war ein äußerst hässlicher Sportplatz, als Stadion konnte man dieses Gebilde nicht bezeichnen. Soweit ich weiß, hat der Berliner Senat das Gelände im Jahre 1974 erworben, zu einem für Hertha sehr lukrativen Preis, also so eine Art von Subventionierung eines unfähigen Fußballvereins durch den Staat, ziemlich zweifelhaft. Jetzt stehen da Wohnhäuser.

In den folgenden Jahrzehnten ging es mit Hertha immer auf und ab; vielversprechende Phasen, die Hertha sogar bis in den Europapokal brachten, wechselten sich mit mehrfachen Abstiegen ab; Kontinuität war und ist ein Fremdwort für diesen Verein, der daher mit Fug und Recht als „Berlin launische Fußballdame" bezeichnet wird. Meine beiden letzten Besuche im Olympia-Stadion, jeweils zusammen mit Gisela, waren tatsächlich ganz erbaulich, da hatten wir Glück; beide Male gewann Hertha, im September 2018 in einem wirklich sehr guten Spiel gegen Borussia Mönchengladbach mit 4:2 und im Oktober 2019 gegen Fortuna Düsseldorf mit 3:1. Nur wenig später wurde Hertha bundesweit zur Lachnummer, als ein windiger Lars Horst die Hertha zu einem „Big City Club" machen wollte, etliche Millionen in den Verein pumpte, die dann sogleich vom - inzwischen abgelösten - Manager ziemlich wahllos in nicht zusammenpassende Spieler investiert wurden. Und als großer Zampano wurde von dem Herrn Investor ein gewisser Jürgen Klinsmann als Trainer installiert, der den Hauptstadtclub in die Champions League führen sollte; nach nur drei Monaten machte sich dieser Exweltmeister feige via Facebook wieder vom Acker. Hertha schwebt ein Jahr später (im Frühjahr 2021) trotz der vielen Millionen in akuter Abstiegsgefahr und Pal Dardai, Herthas ungarischer Rekordspieler, soll es als Trainer (erneut) richten; er hat es geschafft!

Wer im Moment guten Fußball in Berlin erleben will, der gehe nach Köpenick in die sehr stimmungsvolle „Alte Försterei" zu Union (wenn das nicht wegen Corona derzeit unmöglich wäre). Union war auch schon zu alten Ost-Zeiten ein besonderer Club. Wenn die Heim-Mannschaft einen Freistoß zugesprochen bekam und die Gegner zum Schutz des eigenen Tores aus mehreren Spielern die in solchen Fällen übliche Mauer aufbauten, riefen die Anhänger von Union sehr zum Ärger der bei jedem Spiel im Stadion anwesenden Stasi-Mitarbeiter „Die Mauer muss weg!". Dieser Wunsch erfüllte sich erst am 9. November 1989.

V.

Die zwei Seiten meiner Mutter

Meine Mutter hatte unterschiedliche, auf den ersten Blick fast widersprüchlich erscheinende Charakterzüge. Einerseits wirkte sie oft etwas gehemmt, manchmal ein bisschen verklemmt, mitunter verbittert und wenig locker, wenn sie sich noch nach Jahrzehnten an ihr widerfahrene tatsächliche oder vermeintliche Ungerechtigkeiten erinnerte und sogar die Örtlichkeiten (der „Zigarrenweg" im Grunewald) noch wusste. Den Verlust der Heimat in Vorpommern hat sie wohl bis zu ihrem Lebensende nicht verwunden; das wiederum konnte ich erst nach der Wende 1989/1990 richtig nachvollziehen, als ich das Strelower Schloss und die Ruhe ausstrahlende vorpommersche Landschaft kennenlernte.

Andererseits war sie witzig und humorvoll und befleißigte sich einer mitunter drastischen Sprache; ein besonderes „Hobby" von ihr war das Finden von Spitznamen für die unterschiedlichsten Personen. Sie war zudem sportlich, kletterte auch im nicht mehr jugendlichen Alter auf Bäume, watete durch Bäche, ist bis zum Alter von siebzig Jahren geritten und hat das Fahrrad - lange bevor das zu einer politischen Weltanschauung wurde - fast bis zu ihrem Tod intensiv genutzt.

Ich will versuchen, von beiden Seiten meiner Mutter ein wenig zu erzählen. Geboren wurde sie am 27. November 1917, also während des ersten Weltkrieges, auf dem Gut Strelow in Vorpommern. Ihr Großvater hatte das im englischen Neu-Tudorstil in der Gründerzeit errichtete Schloss und die dazugehörigen Ländereien (630 ha) zu Anfang des 20. Jahrhunderts erworben. Meine Mutter war ein doppeltes Sandwich-Kind, sie hatte zwei ältere und zwei jüngere Geschwister; ein weiterer jüngerer Bruder ist schon als kleines Kind gestorben. Von ihrem Leben auf dem Gut schwärmte meine Mutter bis an ihr Lebensende. Gleichwohl gab es auch in dieser Zeit von ihr so empfundene Ungerechtigkeiten. Dass ihr Vater Karl Rassow, der schon 1932 mit 50 Jahren an einer Herzschwäche verstorben ist, einmal mit seiner älteren Tochter Ilse, genannt Illing, über die Felder geritten ist und das nie mit meiner Mutter Marianne, genannt Schwesting, gemacht hat, hat sie immer wieder leicht verbittert erzählt. Auch berichtete meine Mutter, dass sie zu ihrem Kindermädchen Anning (in Pommern bekommen fast alle Namen ein verniedlichendes „ing" angehängt) ein wesentlich engeres emotionales Verhältnis als zu ihrer Mutter hatte; das war halt damals so in den feineren Kreisen. Dementsprechend hatte meine Mutter zusammen mit Illing auch in den ersten Schuljahren einen Privatlehrer, der die beiden auf dem Gut unterrichtete, in der Hierarchie der Bewohner des Gutes aber trotz dieser Aufgabe relativ weit unten angesiedelt war. Als „Schwesting" dann ungefähr zehn Jahre alt war, kam sie „in Pension" zu „Tanten Büssow" nach Stralsund, soweit ich weiß. Meine Mutter litt extrem an Heimweh, und ab Sonntagmittag weinte sie nur noch, weil sie am Abend wieder in die verhasste Pension fahren musste. Die fünf Kinder hatten auf dem Gut einerseits viele Freiheiten, andererseits war die Erziehung in der damaligen Zeit sehr streng. Am Essen rumzumäkeln, das gab es nicht. Wenn ein Kind nicht aufessen wollte, hieß es dann „essen oder Schacht" (Schacht war das Wort für Prügel); meine Mutter wählte häufig Schacht.

Nach der Schulzeit - soweit ich weiß, hat meine Mutter die Schule bis zur 11. Klasse besucht - machte sie eine Ausbildung in Schreibmaschine, Steno, Rechnungswesen usw., nach meiner Kenntnis in Berlin (leider habe ich oft nicht so genau zugehört, wenn sie von früher erzählte, ein durchaus kritikwürdiger

Umstand, der sich dann auch später in meiner Ehe fortsetzte). Ab einem mir auch nicht exakt bekannten Zeitpunkt, der vermutlich schon in der Kriegszeit lag, war meine Mutter dann auf dem heimischen Gut als Sekretärin tätig. Sie war auch für die Buchhaltung, das Rechnungswesen und das Auszahlen der Löhne zuständig. Dadurch bekam meine Mutter einen guten Überblick über die wirtschaftliche Situation des Gutes. Am 23. März 1940 heiratete meine Mutter meinen Vater Ulrich Schweckendieck, Stadtmensch und Jurist; die Trauung fand in der Kapelle auf dem Gut statt. Eine der Ansprachen, nach Angaben meiner Mutter von dem Bruder ihrer zukünftigen Schwiegermutter, Oberst Hans-Oskar Wöhlermann, stand unter dem Motto „Wer auf die preußische Fahne schwört, hat nichts mehr, was ihm selber gehört", ganz toll für eine Hochzeit.

Die Kriegszeit beeinträchtigte die Landbevölkerung im Allgemeinen und die Strelower im Besonderen nicht allzu sehr; Bombenangriffe gab es auf dem Land nicht, die Versorgungslage war, da zu großen Teilen aus der Eigenproduktion stammend, weitgehend gesichert. Aber das dicke Ende kam nach, und zwar heftig. Im Winter 1944/45 und insbesondere dann im Frühjahr rückten die Ostfront und die allseits gefürchtete Rote Armee immer näher. Angesichts vieler Flüchtlinge aus dem Osten, die in zunehmender Zahl auch im Strelower Schloss einquartiert wurden, wurde die Frage diskutiert, ob man einen Treck Richtung Westen organisieren sollte; dieser Gedanke wurde aber schließlich verworfen in der Hoffnung, dass es so schlimm schon nicht werden würde und man das Gut oder jedenfalls einen Teil davon würde behalten können, ein fataler Irrtum. In den Morgenstunden des 1. Mai 1945 galoppierten die ersten Russen, es waren Kosaken, auf den Strelower Hof und es gab die ersten Plünderungen im Schloss. Ich glaube, dass meiner Mutter das Schicksal vieler Frauen, die in die Gewalt der sowjetischen Soldaten gelangten, erspart blieb. Dass meine Mutter verschont blieb, lag vielleicht daran, dass sie in dieser Zeit hochschwanger war und meine Schwester Ingrid am 19. Juni 1945 noch auf dem Strelower Gut geboren wurde. Mein Vater hat im Herbst 1944 offensichtlich noch an den „Endsieg" geglaubt. Ingrid war eine Woche alt, als die Bewohner des Gutshauses einschließlich meiner von der Geburt noch geschwächten Mutter von den Russen aus dem Schloss „rausgeschmissen" wurden. Mutter und Kind kamen zunächst bei Dorfleuten unter, nämlich bei der Familie des Stellmachers Schoknecht. Das zeigt, dass die Strelower Dorfleute gegenüber ihren „Herrschaften" in dieser Notsituation hilfsbereit waren. Ich ärgere mich immer, wenn Personen, die in ihrem ganzen Leben noch nie mit Gutsbesitzern zu tun hatten und keinen einzigen dieser Spezies jemals kennengelernt haben, in verachtungsvoller Überheblichkeit von einem selbstherrlichen Verhalten „nach Gutsherrenart" reden. Viele (nicht alle) Gutsherren haben sich vorbildlich und besser als manch ein Fabrikbesitzer um ihre Leute gekümmert, ein Patriarchat im positiven Sinne.

Viele Menschen waren im Frühjahr und Frühsommer 1945 angesichts der sich anbahnenden oder bereits eingetretenen Katastrophe verzweifelt und sahen keinen anderen Ausweg mehr als Selbstmord. Als „Tag der Befreiung" (so Bundespräsident Richard von Weizsäcker in seiner berühmt gewordenen Rede 1985 zum 40. Jahrestag des Kriegsendes) ist der 8. Mai 1945 damals von der Bevölkerung nicht empfunden worden. Ich gebe dazu schriftliche Aufzeichnungen meiner Mutter wieder.

„Es ist erschütternd, wie viele Selbsttötungen auf Rügen gewesen sind. Der Vater meiner Freundin, Barbara Stuth aus Gustow, hat die ganze Familie erschossen, seine Töchter Erika und Ilsetraut, sein Enkelkind, seine Frau und zuletzt sich selbst. Zwei Brüder von dem

Vater Stuth haben auch Selbstmord gemacht. Auch aus unserer Nachbarschaft hören wir traurige Nachrichten. Unser Nachbar, Glantz-Borgstedt, hat sich im Teich seines Gartens ertränkt..... Ein Sohn aus Gransebieth ist von den Russen erschossen worden. Die Frau vom Hühnerbischoff aus Rakow hat sich erhängt, sie hinterlässt einen fünfjährigen Sohn. Der Domänenpächter Warkentin aus Bretwisch hat sich im Wald erschossen. Das Ehepaar Nehls aus Boltenhagen hat sich erhängt. In Grimmen hat sich eine 17-köpfige Familie Waberg vergiftet. Der Arzt aus Grimmen Dr. Geißler hat seine Frau, seine 17-jährige Tochter und sich selbst vergiftet. Die Baronin Lancken aus Klevenow ist mit ihrem 10-jährigen Töchterchen getreckt. Unterwegs wurde das Kind von Tieffliegern erschossen. KE's Schulfreund, Günther Krüger aus Bassin, ist von seinen Polen erschlagen worden. Sie haben es ihm heimgezahlt, was er ihnen in den Jahren ab 1939 zugefügt hatte an Gewalttätigkeiten."

Nach wenigen Tagen bei der Familie Schoknecht, in denen sich meine Mutter von den Strapazen der Geburt erholen konnte, zieht sie mit Ingrid zu der übrigen Familie in die „Schnitterkaserne". Dort wurden vormals zur Erntezeit die überwiegend polnischen Erntehelfer untergebracht. Die Schnitterkaserne steht heute noch im Dorf Strelow. Bereits zwei Tage nach Ingrids Geburt, am 21. Juni 1945, ist der älteste Bruder Karl-Ernst, genannt K.-E., trotz seiner erheblichen Beeinträchtigung durch die Kinderlähmung von den Russen verhaftet und mitgenommen worden. Es sollte zehneinhalb Jahre dauern, bis die Familie ihn wiedersieht. Im Spätsommer 1945 kommt der jüngste Bruder Hans-Joachim, genannt Zipp, zurück. Er war wegen seiner schweren Kriegsverletzung aus russischer Gefangenschaft entlassen worden. Der 19-jährige hatte einen Trupp Hitlerjungen gegen die Übermacht der Roten Armee führen müssen. Die unter seinem Kommando stehenden 16- und 17-jährigen Jungen wurden von russischen MG-Salven reihenweise niedergemäht, Zipp erlitte einen Lungendurchschuss, die Ärzte hatten ihn bereits aufgegeben, aber er war zäh und hat überlebt. Im August 1945 darf die Familie Rassow noch einmal in das weitgehend ausgeplünderte und immer noch mit Flüchtlingen vollgestopfte Gutshaus zurückkehren. Die Familie gibt sich der Illusion hin, dass KE bald zurückkehren werde und sie einen „Resthof" behalten dürften. Diese Hoffnung zerschlägt sich, als die Familie von dem „Gesetz zur Bodenreform" erfährt, durch das alle Güter über 100 ha nach dem Motto „Junkerland in Bauernhand" entschädigungslos enteignet werden sollen. Am 2. November 1945 wird die Enteignung in die Tat umgesetzt. Die Familie kann nur einige wenige Möbelstücke retten (einer von ehemals 24 Saalstühlen steht jetzt bei mir, eine Barockkommode befindet sich bei meiner Schwester) und wird dann in alle Winde verstreut. Illing verschlägt es zunächst nach Holstein, die jüngere Schwester Gerda, genannt Detten, geht an die Charité, um Krankenschwester zu werden, Zipp geht nach Greifswald, die Mutter zunächst nach Grimmen, später nach Greifswald. Meine Mutter kann mit ihrer kleinen Tochter beim Schmiedemeister Schulz in Bretwisch unterkommen, wo am 2. Dezember 1945 auch Ingrids Taufe „gefeiert" wird. Im Zusammenhang mit der Taufe ein weiteres Originalzitat aus den Aufzeichnungen meiner Mutter:

„Die Geschenke habe ich vergessen, nicht vergessen habe ich den ersten Zigarrenbrief nach dem Russeneinfall von Mama (das ist die Schwiegermutter), weil ich Jochen (Bruder meines Vaters) nicht als Paten genommen hatte."

In dem sehr kalten Winter 45/46 wurde bei Familie Schulz das Heizmaterial (Holz) knapp und Mutter und Kind mussten in dem äußerst kalten Dachzimmer durchhalten. Erst bei einer späteren Untersuchung stellte sich heraus, dass Ingrid in diesem Winter eine Lungenentzündung durchgemacht hat. Während einer Bahnfahrt nach Greifswald zum 60. Geburtstag der Mutter starrte eine Frau im Abteil die kleine Ingrid an; meine Mutter berichtet weiter:

„Dann erzählte sie mir, dass ihr Mann aus der Gefangenschaft zurück sei und von ihr fordere, dass sie das Russenkind, das sie in seiner Abwesenheit geboren habe, verschenken soll."

Im Herbst 1946 zog meine Mutter mit Ingrid und ihrer Mutter nach Stralsund, wo sie gemeinsam ein kleines Zimmer bezogen und von der Hand in den Mund lebten, vornehmlich mittels Tauschgeschäften. Nachdem mein Vater im Februar 1947 aus amerikanischer Kriegsgefangenschaft entlassen worden war, kam er am 27. April 1947 nach Stralsund. Nach zweieinhalb Jahren (!) sahen sich die Eheleute zum ersten mal wieder und der Vater lernte seine Tochter kennen. Die sagte in den ersten Wochen „Onkel Vati". Am 31. Mai 1947 zogen meine Mutter und Ingrid zu ihrem Mann in das Haus der Schwiegermutter. Obwohl die äußeren Umstände deutlich besser als zuvor in Bretwisch oder Stralsund waren, begann eine für meine Mutter schwierige und belastende Zeit. Zunächst auch dort unter beengten Wohnverhältnissen lebend (ein Wohnzimmer im EG, ein kleines Schlafzimmer im OG; später wurde es dann ein halbwegs eigener Haushalt in Teilen der oberen Etage), hatte sich meine Mutter dem äußerst strengen Regime ihrer Schwiegermutter völlig zu unterwerfen, die die Lebensmittelkarten der gesamten Familie verwaltete und das Brot grammgenau abwog. An eine Verteilung der Pflichten im Haushalt war damals noch nicht ansatzweise zu denken; so beschwert sich meine Mutter (allerdings erst Jahre später) in ihren Aufzeichnungen über die Nachwirkungen der Feier des 33. Geburtstages ihres Ehemannes am 5. November 1947.

„Am nächsten Tag hatte ich das Vergnügen, 44 Teller abzuwaschen. Damals war es nicht üblich, dass der Ehemann dabei geholfen hätte, eigentlich schade."

Eine wenn auch anstrengende Abwechslung von dem seitens der Schwiegermutter streng reglementierten Alltag in der Buggestraße waren die von meiner Mutter durchgeführten „Hamsterfahrten", die sie mitunter auch in die Nähe der alten Heimat führten und mit denen sie maßgeblich zum Unterhalt der gesamten Familie Schweckendieck beitrug. Auf diesen Fahrten fühlte sich meine Mutter frei, wie sich aus den folgenden Ausführungen ergibt.

„Ich musste mich in allem Mamas Wünschen fügen, nur auf den Hamsterfahrten hatte ich zu bestimmen, und schließlich war ich 30 Jahre alt. Es war erstaunlich, wie heiter die Stimmung bei den Hamsterfahrten war. Es war wohl eine der glücklichen Eigenschaften der Berliner, sich niemals unterkriegen zu lassen, auch ein stundenlanger Stehplatz störte sie nicht."

Weil auch 1948 noch keine Aussicht bestand, dass mein Vater den von ihm angestrebten Richterberuf würde antreten können (die Entnazifizierung stand noch aus), entschloss sich meine Mutter, einen (weiteren) Beruf zu erlernen. Diese Kurzausbildung in der Massageschule der Charité begann am 12. Oktober 1948. Bereits am 24. Juni 1948 hatten die Russen die Blockade über Berlin (West) verhängt, die fast ein Jahr andauern sollte, die Bewohner von Berlin (West) aber dank der Hilfe der alliierten Luftbrücke nicht in die Knie zwingen konnte. Ein politisch weniger bedeutsames Datum war das Eintreffen von Jochens Frau Therese im September 1948 nach der sechs Wochen zuvor erfolgten Eheschließung. Der Zuzug der Schwägerin belasteter meine Mutter zusätzlich, wie sich aus ihrer diesbezüglichen Notiz ergibt.

„Schon nach vier Wochen fühlte ich, dass ich abseits stehen musste im Ansehen bei meiner Schwiegermutter. Therese und ich waren große Gegensätze, sie, die Rheinländerin, die wenn sie wollte, nett sein konnte, aber oft launenhaft und unerzogen war, und ich typisch norddeutsch, zurückhaltend, zuverlässig und leider zu wohlerzogen...... leider schaffte es meine Schwiegermutter nicht, gerecht zu sein und ich habe sehr darunter gelitten. Schließlich war ich nervlich und seelisch reif für einen Psychotherapeuten, ... auch die zwei Brüder waren sich fremd geworden."

Mein Vater war wohl in dieser Zeit keine wirkliche Unterstützung für meine Mutter, die sich dazu so äußert:

„Solange Ulrich arbeitslos war, lebte er in seiner Welt in Erinnerung an den Krieg und die Gefangenschaft, ich meine etwas fern der Realitäten. Kann ein erwachsener Mann nach sieben Jahren wieder in sein Elternhaus zurückkehren, als wäre er ein Schuljunge, der auf Klassenreise war?"

Nach sechs Monaten, am 22. März 1949, bestand meine Mutter die Prüfung an der Charite mit „gut", sie und ihre Mitprüflinge haben bis morgens 4 Uhr 30 (!!) gefeiert. Die anschließende Arbeitssuche gestaltete sich etwas schwierig, aber schließlich bekam meine Mutter zum September eine Stelle im Schlossbad Steglitz, Stundenlohn 1,- DM. Sie musste Ganz- und Teilmassagen durchführen und bekam manchmal auch etwas Trinkgeld, so um die 2,- DM pro Woche. Außerdem erhielt sie, auch schon während der Ausbildung, eine bessere Lebensmittelkarte, die Arbeiterkarte, wovon wiederum die gesamte Familie profitierte. Schon am 16. Dezember 1949 war der letzte Arbeitstag meiner Mutter, weil der Betrieb Pleite gemacht hatte.

Am 24. Dezember kommt ein wichtiger Brief. Mein Vater wird zum 1. Januar 1950 zum Richter beim Amtsgericht Spandau berufen. Das Ehepaar ist sehr froh und erleichtert und freut sich auf das Anfangsgehalt von 468,- DM. Meine Mutter schöpft Hoffnung, dass jetzt doch noch alles gut oder jedenfalls besser als vorher wird; diese Hoffnung trog leider.

„Lange haben wir auf diesen Tag gewartet, aber trotz meiner 32 Jahre fehlt es mir an Menschenkenntnis, ich weiß nicht, dass es auch Neid und Missgunst in diesem Haus geben kann! Bis zur eigenen Wohnung muss ich noch 10 Jahre 2 Monate und 9 Tage warten, eine Zeit mit unterdrückten und geweinten Tränen, aber auch der Freude durch Helmuts Geburt am 18. 3. 1952 und KE's Rückkehr am 31. 12. 1955."

Der am 21. Juni 1945 in Strelow von den Russen verhaftete älteste Bruder meiner Mutter, Karl-Ernst, ist in den sogenannten „Waldheimer Prozessen" als kapitalistischer Ausbeuter und Kriegsverbrecher zu 20 Jahren Haft verurteilt worden, obwohl er nicht einmal Eigentümer des Gutes, sondern lediglich dessen Verwalter war. Diese Prozesse genügten nicht ansatzweise rechtsstaatlichen Anforderungen; sie wurden im Akkord durchgeführt, dauerten etwa 20 min., und die Einheitsstrafe für nahezu alle Angeklagten waren 20 Jahre. Die schriftlichen Urteilsgründe, die mir in Kopie vorliegen, umfassen eine Seite! Eine besonders unrühmliche Rolle spielte bei diesen Schauprozessen Hilde Benjamin, die „Rote Hilde", die später in der DDR Justizministerin wurde. Nachdem Adenauer im Jahre 1955 die Sowjetunion besucht hatte und die Freilassung der letzten deutschen Kriegsgefangenen erreicht hatte, wurden als Nebenfolge dieser Aktion auch viele der in der DDR inhaftierten und seit 1945 einsitzenden Personen entlassen, so auch Karl-Ernst. Am Sylvesterabend 1955 meldete er sich in Berlin in der Buggestraße im Haus meiner Großmutter; die zehnjährige Ingrid sah nach dem Klingeln aus dem Fenster und wunderte sich, dass Oma einen Bettler umarmte.

Jetzt habe ich genug von den schwierigen und belastenden Phasen im Leben meiner Mutter erzählt, zumal ich zu diesen aus eigener Erinnerung kaum etwas beitragen konnte; ich war zu klein und habe davon nichts gemerkt. Ich habe aber am Wahrheitsgehalt der Schilderungen meiner Mutter keinerlei Zweifel, ebenso nicht daran, dass sie oft traurig, verzweifelt und deprimiert war. Als Schwiegermutter war meine Großmutter offensichtlich eine Fehlbesetzung, als Oma aber war sie - wie insbesondere die Schilderungen in Kapitel II belegen - für uns Jungs echt super.

Nun wird es höchste Zeit, dass ich mich den amüsanten Seiten meiner Mutter zuwende. Da ist zunächst mal die sehr häufig drastische und übertreibende Ausdrucksweise meiner Mutter. Je intensiver ich darüber nachdenke, desto mehr von ihr genutzte Formulierungen fallen mir ein. Ich habe mal meine Schwester gefragt, woher wohl diese Ausdrucksweise meiner Mutter kam; sie meinte, es sei möglicherweise ein „Erbe" der Ausdrucksweise der Vorgängerin meiner Mutter als Strelower Gutssekretärin, Frau Grabow. Die übertrieb wohl gerne und war auch sonst für Überraschungen gut. Einmal hat sie mit einem Krückstock, der zur Abwehr von Eindringlingen über ihrem Bett hing, auf eine in der Tasche ihres Bademantels befindliche versehentlich angeschaltete Taschenlampe (im Sprachgebrauch meiner Mutter eine „Knipslaterne") eingedroschen, weil sie dachte, jemand sei in ihr Zimmer eingedrungen und wolle ihr an die Wäsche.

In einer Zusammenballung der von meiner Mutter gerne genutzten Formulierungen könnte sich eine kleine Geschichte so anhören:

„Ulrich lag bewusstlos im Bett, stürzte dann morgens ans Fenster und riss es sperrangelweit auf. Dann ging er zum schmutzigen Bäcker und holte Semmeln. Schon beim Frühstück litt er an Durst. Danach ließ er sich in den Sessel fallen, setzte sich seine riesengroße Hornbrille auf und lernte den Tagesspiegel auswendig. Anschließend saß er krumm gebückt am Schreibtisch. Im Urlaub fand er immer alles herrlich, obwohl der Vermieter ein typischer VOMAG (Volksoffizier mit Arbeitergesicht - Ausdrucksweise vielleicht ein bisschen blasiert) war, der wehende weiße Haare hatte; seine Frau hatte keulenartige Oberarme. Ulrich raste bei blödsinniger Hitze die Berge rauf und dann wieder runter. Dabei hatte er Schockschuhe an, nicht etwa hackenlose Turnschuhe. Unterwegs begegnete er einer jämmerlichen Schnurrerfrau mit einem rührenden Pückelchen. Danach verschlang er mit seinem Bombenmagen ein riesengroßes Schweinskotelett."

Wenn ich noch länger nachdenke, fallen mir bestimmt noch weitere Formulierungen ein.

Ein besonders ausgeprägtes Hobby meiner Mutter war das Finden von Spitznahme für sehr viele Menschen aus ihrem Umfeld. Jemand musste nur einmal eine meiner Mutter auffallende Ausdrucksweise oder Verhaltensweise an den Tag legen und schon hatte er für immer und ewig seinen Spitznamen weg. In den Wirren der Kriegs- und Nachkriegszeit war ein Einrichtungsgegenstand aus dem Strelower Gut (ich glaube, es war lediglich eine Tasse) auf ungeklärte Weise bei der Familie einer Schwester meiner Großmutter mütterlicherseits gelandet. Das entdeckte irgendwann nach dem Krieg entweder meine Großmutter oder meine Mutter oder beide gemeinsam bei einem

Besuch. Dieser Umstand wurde nun aber nicht etwa gegenüber den derzeitigen Tassenbesitzern thematisiert, sondern er war Anlass für den ab sofort anzuwendenden Spitznamen „die Diebe". Diese im Sprachgebrauch meiner Mutter alsbald fest etablierte Bezeichnung wurde von ihr noch insofern quasi in Form der Sippenhaft ausgeweitet, als die Familie des Sohnes als „die jungen Diebe" im Gegensatz zu den „alten Dieben" bezeichnet wurde.

Nur geringfügig weniger heftig war die Bezeichnung für eine gut mit meiner Mutter befreundete und sogar entfernt verwandte Familie, die ich auch noch kennengelernt habe. Meine Mutter war der Auffassung, dass der Ehemann ihrer Verwandten ein Rattengesicht habe. Und vom Augenblick dieser Erleuchtung an hießen diese Freunde/Verwandten „die Ratten", genauer gesagt „der Rattenmann" und „die Rattenfrau". Das Ehepaar hatte zwei Söhne, einer war begabt, der andere eher etwas unterbelichtet. Die beiden hießen „der kluge Rattensohn" und „der dumme Rattensohn".

Als wir 1960 nach Schlachtensee gezogen waren, hatte der unserer Wohnung am nächsten gelegene Kaufmann zunächst ein bescheidenes Geschäft im Keller eines Hauses in der Spanischen Allee. Später errichtete er ein 100 m entfernt gelegenes moderneres Geschäft, in dem heute ein Restaurant beheimatet ist. Der Seniorchef hatte drei Söhne. Der älteste Sohn betrieb in einem Anbau des Hauses in der Spanischen Alle eine Drogerie, in der wir regelmäßig einkauften. Er war ein höflicher und freundlicher damals junger Mann, der ein klein wenig ein belehrendes Wesen hatte. Eines Tages wollte meine Mutter in der Drogerie Zahncreme kaufen und sagt zu dem Juniorchef „ich möchte eine Tube Colgate." Sie sprach dabei den Markennamen deutsch aus. Der Inhaber belehrte sie „Ich würde Coalgeit sagen, es ist nämlich englisch." Von diesem Tag an hieß der Inhaber nur noch „Colgate". Dieser Name verselbständigte sich im Laufe der Zeit in einem Maße, dass meine Frau Gesa Jahre später bei einem dortigen Einkauf „guten Tag, Herr Colgate" sagte (der daraufhin etwas irritiert kuckte) und Robert bis vor kurzem der festen Überzeugung war, der hieße so.

Eines Tages war meine Mutter auf einem Elternabend meiner Klasse des Goethe-Gymnasiums. Meistens war eigentlich mein Vater dort, aber vielleicht war der verhindert. Eine aufgeregte Mutter schilderte, wie stressig die Schule für ihren Sohn sei; er habe unter beiden Armen immer große Schweißflecken. So was in Gegenwart meiner Mutter zu sagen, war extrem gefährlich. Von Stund an hieß dieser Klassenkamerad bei ihr nur noch „der Watzer" (zur Erklärung: aus mir nicht bekannten Gründen benutzte meine Mutter für den Begriff „schwitzen" das Wort „watzen"; nach dem Wörterbuch könnte „watzen" gleichbedeutend sein mit „feucht sein".).

Für die allerwitzigste Spitznamen-Story ist meine Mutter lediglich indirekt verantwortlich, Hauptrollen haben insoweit mein Vater und ich sowie Jahre später mein Schwager Roland inne. Es muss in der ersten Hälfte der 60-er Jahre gewesen sein, meine Schwester ging noch zur Schule. Aus irgendwelchen Gründen fuhren mein Vater und ich gemeinsam mit der U-Bahn von Krumme Lanke in Richtung Stadt; wahrscheinlich war unser Käfer in der Inspektion. Während der Fahrt flüsterte mein Vater mir zu „sitzt uns schräg gegenüber nicht eine Klassenkameradin von Ingi?" Ich entgegnete „meinst Du die Fette da drüben?". Diese Bezeichnung war eigentlich nicht ganz zutreffend, denn die betreffende junge Dame war zwar eine insgesamt stattliche Erscheinung, aber nicht wirklich fett. Wie auch immer, später erzählten wir zu Hause von dieser Begegnung und dem zwischen uns geführten kurzen Dialog und ab diesem Moment hieß die Klassenkameradin, deren mir gut bekannten wirklichen Namen ich hier mal lieber verschweige (wer weiß, wer diese Geschichte liest), nur noch „die Fette". Jahrzehnte später, meine Schwester war schon lange verheiratet und lebte in Achim in Niedersachsen, sollte anlässlich eines Abiturjubiläums ein Klassentreffen stattfinden. In Vorbereitung dieses Klassentreffens rief eine andere Klassenkameradin bei Ingrid an; bei dieser ehemaligen Mitschülerin handelte es sich um eine noch weitaus stattlichere Erscheinung mit dem (nicht von meiner Mutter gebildeten) Spitznamen „Knüppel". Ingrids Mann Roland, der mit der Ausdrucksweise meiner Mutter und ihrem Spitznamenhobby nie so recht warm geworden war, ging ans Telefon. Auf die Frage von „Knüppel", wer denn alles zu dem Klassentreffen kommen würde, entgegnete Roland „soweit ich weiß, kommen jedenfalls Alexandra (die war mit dem Wirtschaftsgrafen Lambsdorf verheiratet), Sybille und die Fette." Rolands Gesprächspartnerin war - ob dieser ihr nicht recht verständlichen Mitteilung nachvollziehbar - etwas irritiert. Wie Roland reagiert hat, weiß ich nicht; so wie ich ihn kenne, wird er später Ingrid leicht vorwurfsvoll davon berichtet habe. Wenn ich mir dieses Telefongespräch vorstelle, muss ich immer noch laut lachen.

Alles, was mit einem weiteren auch recht drastischen Spitznamen zusammenhängt, werde ich in einem der Folgekapitel schildern. Jetzt komme ich zu anderen, meiner Mutter ebenfalls nicht so ohne weiteres zuzutrauenden Verhaltensweisen. Wir beide haben nämlich in rechtsverjährter Zeit gemeinsam, also quasi als Mittäter, zumindest zweimal eine Straftat begangen. Ich muss ein wenig ausholen. Meine Mutter blickte im Zeitpunkt des Todes ihres Mannes im Juni 1969 bereits auf eine über 30-jährige Karriere als unfallfreie Autofahrerin zurück.

Sie hatte bereits am 3. Mai 1937, mit 19 Jahren, den Führerschein der Klasse drei erworben (den alten grauen „Lappen" habe ich noch in meinem Besitz). Allerdings beschränkte sich ihre Fahrpraxis in diesen 32 Jahren auf eine geschätzte Fahrstrecke von 200 km, war also nicht besonders ausgeprägt. Beim Tod meines Vaters war ich 17 Jahre und 3 Monate alt. Ich überredete meine Mutter, unser Auto, einen Power-Käfer mit 1500 ccm Hubraum und 44 PS, zu behalten; es sei doch praktisch, ich würde in neun Monaten den Führerschein erwerben und dann könnte ich sie überall hinfahren. Bis dahin könnte sie den Wagen doch auch selbst nutzen. Ich war erfolgreich mit meinen Bemühungen und so fuhr meine Mutter auch ab und zu. Wenn sie nach Wannsee zur Physiotherapie wollte, wendete sie erst an der Glienicker Brücke (vor dem Mauerfall war das eine Sackgasse), weil es ihr vorher zu gefährlich erschien; den Umweg von ca. 8 km nahm sie in Kauf. Da ich in den elf Jahren ab 1958 (Zeitpunkt des ersten Kaufes eines Autos seitens meines Vaters) nahezu immer vorne auf dem Beifahrersitz gesessen hatte (natürlich ohne Gurt - so was war damals noch nicht gebräuchlich), während insbesondere auf den diversen Urlaubsfahrten meine Schwester und meine Mutter in der Regel hinten schliefen, konnte ich theoretisch Autofahren. Erste praktische Übungen hatte ich auch schon, da mein Vater mich auf der wenig befahrenen Straße „an der Rehwiese" vom Beifahrersitz aus lenken ließ. Nach dem Tod meines Vaters nahm ich mir (nicht etwa heimlich) von Zeit zu Zeit den Autoschlüssel und fuhr den im Eiderstedter Weg geparkten Käfer 20 m rückwärts und dann wieder vorwärts, das machte mächtig Spaß und ich baute meine Fahrfähigkeiten aus. Einmal entschlossen meine Mutter und ich uns des Nachts gemeinsam, die Havelchaussee entlang zu fahren, bis zu einem Parkplatz noch hinter dem Grunewaldturm; ich glaube, ich fuhr hin und meine Mutter zurück, vielleicht auch umgekehrt. Bei anderer Gelegenheit wollte meine Mutter mit mir zur Reitschule Onkel-Toms-Hütte (nach Auffassung mancher Personen ein rassistischer Name) fahren. Von der Argentinischen Allee aus bog sie links in die Onkel-Tom-Straße ab; da sie sich nicht höher als in den zweiten Gang zu schalten getraute, gab es beim Passieren der vielen am Straßenrand geparkten Autos ein ihr merkwürdig erscheinendes Fahrgeräusch, das meine Mutter stresste. Beim geplanten Abbiegen in den Quermatenweg (in dieser Straße ist 1975 der CDU-Politiker Peter Lorenz von Terroristen entführt worden) wusste sie wegen herannahenden Gegenverkehrs nicht mehr weiter; kurz entschlossen tauschten wir mitten auf der Kreuzung die Plätze, ich beendete den Abbiegevorgang und parkte das Auto anschließend ordnungsgemäß. Kein Polizist wäre wohl jemals auf den Gedanken gekommen, dass eine seriös aussehende Frau mit grauen Haaren insoweit etwas Unkorrektes tun würde. Wir beide haben uns damals keinerlei Gedanken gemacht; im Falle einer Polizeikontrolle hätten wir beide ja durchaus Schwierigkeiten bekommen, womöglich wäre sogar mein geplantes Jurastudium in Gefahr geraten. Na, es ist nichts passiert, und nach neun Monaten hatte ich den Führerschein und die Gefahr war gebannt. Ich bin froh, dass die nachfolgende Autofahrergeneration (ich denke da an Robert und seine Freunde) sehr viel umsichtiger ist als wir es damals waren, gerade auch was dem Umgang mit Alkohol betrifft. Mir wird da im Nachhinein noch ganz anders, wenn ich an einige äußerst leichtfertige Verhaltensweisen von mir denke (Einzelheiten erzähle ich hier lieber nicht).

Nach dem Tod meines Vaters musste meine Mutter die noch nicht abgeschlossene Erbauseinandersetzung mit seinem Bruder, ihrem Schwager, fortführen, denn Oma war im Sommer 1968 verstorben und das Haus in der Buggestraße und einige Wertpapiere waren zu verteilen. Insbesondere um die Bewertung des Hauses, in dem Jochen mit Familie wohnen bleiben wollte, gab es Streit. Diese Auseinandersetzung, bei der ihr Rechtsanwalt Innecken, ein Kriegskamerad und Freund meines Vaters half, konnte erst im Februar 1972 abgeschlossen werden. Sie belastete meine Mutter zusätzlich zum frühen Verlust des Ehemannes sehr. Ihre Geschwister waren in dieser Zeit auch nicht eben eine besondere Hilfe. Einige von ihnen beneideten meine Mutter in erster Linie um ihre „Bombenpension"; dass meine Mutter mit nur 51 Jahren Witwe geworden war, war eher zweitrangig. Die Einschätzung von Richtergehältern und Richterpensionen erfolgte übrigens fernab der Realität; als ich Jahre nach dieser Erbauseinandersetzung als junger Richter ein Nettogehalt von rund 3500,- DM hatte, war Karl-Ernst, der älteste Bruder meiner Mutter, der felsenfesten Überzeugung, dass ich doch jedenfalls über 10.000,- DM netto im Monat hätte.

Ihrem Leben als Witwe wusste meine Mutter dann durchaus einen Inhalt zu geben. Sie nahm, während ich in Marburg studierte, nacheinander drei junge englische Studenten als „paying guests" auf. Von einem erzählte sie, dass er sich auf seine Brotscheiben „schmutzige Salatblätter" legen würde. Sie lernte „auf ihre alten Tage" bei einem Privatlehrer (pensionierter Staatsanwalt und Ehemann einer Bekannten) noch Latein und sie war in zwei Clubs aktiv. Im Lyzeum-Club (eine Vereinigung feinerer Damen) hatte sie eine Zeit lang sogar eine Funktion in der Verwaltung inne, im deutsch-amerikanischen Club gab sie zeitweilig jungen Damen Deutsch-Unterricht („der Heise sitzt auf der Weise.").
Am 25. Oktober 1973 wurde ihr erstes Enkelkind geboren. Ingrid hatte eine Tochter Annemarie, genannt Ami, bekommen. Meine Mutter fand die Vorstellung schrecklich, Oma genannt zu werden. Da nutzte sie ihre neu erworbenen Lateinkenntnisse und schlug vor, Ami sollte sie „Avia" (lateinisch für Großmutter) nennen. Dieser Name hat sich in den Folgejahren ganz fest

etabliert, nicht nur bei Annemarie, sondern auch bei Ingrid, Roland, Gesa und mir, später auch bei Robert.

Unser Sohn Robert wurde zehn Jahre später, am 18. Oktober 1983, geboren. Er war der einzige, dem gegenüber meine Mutter sich erlaubte, Gefühle zu zeigen. Schon als Kindergartenkind und dann auch später als Schuljunge war er einmal in der Woche, später auch zweimal, bei meiner Mutter zum Essen; sie wohnte nur wenige Minuten von unserem Domizil entfernt. Jedes mal begrüßten sie sich per Kuss, wobei meine Mutter sich dafür anfangs tief runterbeugen musste. Sie strich ihm auch oft über das in jungen Jahren hellblonde gelockte Haar und äußerte „wie schön weich das ist!". Wir dagegen begrüßten uns per Handschlag, und wenn Gesa, die das aus ihrer Familie gewöhnt war, meine Mutter mal in den Arm nahm, fragte die eher erschrocken „wer ist gestorben?".

Ich mache jetzt einen Sprung in das Jahr 1989. Am 9. November diesen Jahres fiel die Berliner Mauer, ein freudiges Ereignis von weltpolitischer Bedeutung, das wir Berliner nicht nur am Fernseher, sondern ganz direkt live und vor Ort miterlebt haben. Den Bau der Mauer mehr als 28 Jahre zuvor, am 13. August 1961, haben wir auf der Rückfahrt von einer Urlaubsreise nach Österreich erlebt. Meine Eltern waren geschockt, ich habe als neunjähriger Junge das Ausmaß dieser Maßnahme noch nicht begreifen können. Eine der Folgen des Mauerfalles war, dass es nun einfach geworden war, wieder nach Strelow zu fahren. Erst jetzt realisierte ich, dass die Heimat meiner Mutter gar nicht so weit weg lag, gute 200 km in nördlicher Richtung. Die Geschwister meiner Mutter fuhren in den ersten Jahren nach der Einheit regelmäßig dort hin. Meine Mutter wollte nicht. Sie wollte ihre Heimat so in Erinnerung behalten, wie sie vor der Enteignung und Vertreibung durch die Russen war. Die politische Situation nach der deutschen Einheit war so, dass sämtliche von der Sowjetunion nach 1945 durchgeführten Maßnahmen, so auch die sogenannte Bodenreform, unangetastet bleiben mussten (so jedenfalls die Aussage des damaligen Bundeskanzlers Helmut Kohl; Gorbatschow hat dieser Version widersprochen). Der Deutsche Bundestag erließ in der Folgezeit ein Gesetz, wonach den damals enteigneten Personen eine gewisse Entschädigung zustehen sollte. Ich habe es übernommen, für die gesamte Familie Rassow diese Ansprüche durchzusetzen. Das dauerte insgesamt zehn Jahre und umfasste auch einen Prozess vor dem Verwaltungsgericht. Schließlich kam eine bescheidene und dem wahren Wert des Gutes auch nicht annähernd entsprechende Summe dabei heraus. Von dieser Summe waren 10 % für mich, das waren 8725,70 €, dafür hätte ich mir nicht mal einen gebrauchten Golf kaufen können. Die restlichen 90 % habe ich für die übrigen Erben erstritten. Unter diesen war mit 20 % die testamentarisch eingesetzte Erbin meiner alleinstehenden Tante Gerda und damit eine Person, die mit Strelow nicht das Geringste zu tun hatte. Die Dankbarkeit der Erben für meine jahrelange Tätigkeit war unterschiedlich ausgeprägt.

Dankbar bin ich jedenfalls Onkel Zipp, dem jüngsten Bruder meiner Mutter, der mich auf die Idee gebracht hat, in Strelow kleine Teile des damals der Familie „geraubten" Ackerlandes sozusagen ein zweites Mal zu kaufen. Ich habe diesen Vorschlag in der Mitte der 90-er Jahre in die Tat umgesetzt, in einer etwas unklaren Motivationslage aus Nostalgie und einer auch von mir so empfundenen Heimatverbundenheit (obwohl ich in Strelow weder geboren noch aufgewachsen bin), verbunden mit der Möglichkeit einer Geldanlage. Dieser Kauf des verpachteten Ackerlandes hat sich im Laufe der Zeit als das beste Geschäft meines Lebens herausgestellt.

Am 13. Mai 1996 ist meine Mutter verstorben, ohne jemals wieder ihre Heimat gesehen zu haben. Sie ist 78 Jahre alt geworden.

VI.

Mein Vater

Ich hatte meinen Vater nur siebzehn Jahre und drei Monate. Aber an diese eher kurze Zeit habe ich eine positive Erinnerung. Lieber kurz und gut als lange und schlecht! Er hat sich intensiv um seine beiden Kinder gekümmert und das ganz überwiegend in einer Weise, an die ich gerne zurückdenke (die Entscheidung für das humanistische Gymnasium lasse ich jetzt mal außen vor). Ich vermute, meine Schwester sieht das genauso.

Ein wenig möchte ich zunächst aus seinem früheren Leben erzählen. Dass ich das kann, habe ich auch dem Umstand zu verdanken, dass mein Vater ein ordentlicher (pingeliger) Mensch war, der vieles notiert, geordnet und aufbewahrt hat. Diese Unterlagen (Urkunden, Tagebücher, Briefe, schriftliche Aufzeichnungen), insbesondere auch aus einer politisch brisanten Zeit, hat dann nach seinem Tod auch meine Mutter gehütet und ich kann jetzt auf sie zurückgreifen.

Geboren wurde mein Vater am 5. November 1914 in Berlin. Er war der Älteste von drei Söhnen seiner Eltern und wuchs in einer typischen Beamtenfamilie auf. Sein Vater war (auch schon) Jurist und arbeitete, soweit ich weiß, im Berliner Kultusministerium. Mein Vater machte schon mit siebzehn, am 27. Februar 1932, ein (natürlich humanistisches) Abitur. So ganz berauschend waren die Noten übrigens nicht, wie ich seinem „Reifezeugnis" entnehmen kann; in den meisten Fächern, darunter in Lateinisch, Griechisch und Religion (!) hatte er jeweils nur ein „genügend", das entspricht einem Mittelding zwischen befriedigend und ausreichend. Nach dem Abitur ging mein Vater dann zum Jurastudium nach Marburg. Er wurde dort Mitglied in einer schlagenden Verbindung, dem Corps Rhenania-Straßburg zu Marburg. Dieses Corps und die Beziehungen zu seinen Corpsbrüdern waren für meinen Vater für sein ganzes Leben von großer Bedeutung. Als der noch so sehr junge Student in Marburg erstmalig offiziell in einen Film ab 18 gehen konnte, war dieses Ereignis ihm und seinen Freunden eine Feier wert. Er focht auch einige Mensuren auf dem Paukboden, die zu mehreren Schmissen im Gesicht führten; damals waren die jungen Studenten darauf mächtig stolz. Nach vier Semestern kehrte mein Vater nach Berlin zurück und studierte dort weiter (das habe ich einem im Februar 1949 verfassten Lebenslauf, mit dem sich mein Vater um eine „Wiederverwendung im Justizdienst" beworben hat, entnommen). Am 29. Mai 1936 hat er im Alter von erst 21 Jahre und 6 Monaten die erste juristische Staatsprüfung vor dem Justizprüfungsamt bei dem Kammergericht mit „befriedigend" bestanden. Diese Note habe ich im ersten Staatsexamen knapp 40 Jahre später vor eben diesem Justizprüfungsamt auch erhalten. Den Vorbereitungsdienst (das ist die Referendarzeit) leistete mein Vater von Anfang 1937 bis Anfang 1940 in Rheinsberg, Potsdam und Berlin ab (auch das habe ich dem erwähnten Lebenslauf entnommen). Am 2. März 1940 bestand mein Vater vor dem Reichs-Justizprüfungsamt in Berlin auch die große Staatsprüfung, also das zweite Staatsexamen, mit „befriedigend" (da war ich besser!). Im Juni 1933 ist mein Vater als 18-jähriger Student in die SA eingetreten und schon fünf Monate später wieder ausgetreten. Für Eintritt und schnellen Wiederaustritt hat er zwei unterschiedliche schriftliche Begründungen geliefert. In einem Schreiben vom 20. Juni 1943 an den Landgerichtspräsidenten in Neuruppin heißt es „wegen Knieverletzung ausgeschieden", in dem besagten Lebenslauf vom 19. Februar 1949 formuliert mein Vater „nachdem ich den SA-Betrieb als abstoßend erkannt hatte". In die NSDAP ist mein Vater am 1. Mai 1937 eingetreten, also während seiner Referendarzeit. Ob er dies aus Karrieregründen oder aus Überzeugung oder aus einer Mischung beider Gründe getan hat, entzieht sich meiner Kenntnis.

Obwohl mein Vater am 1. April 1940 als Soldat eingezogen worden ist, hat er im Mai 1940 beim Kammergerichtspräsidenten einen Antrag „auf Übernahme als Anwärter für das Amt eines Richters" gestellt. Am 27. Juni 1940 hat der Reichsminister der Justiz diesem Antrag stattgegeben; mein Vater ist (ohne eine konkrete Aufgabe im Bereich der Justiz zu erhalten) mit Wirkung ab dem 4. Juli 1940 als „Gerichtsassessor" in das Beamtenverhältnis übernommen und dem Amtsgericht Lichterfelde als „Stammgericht" zugewiesen worden. Und jetzt kommt etwas ganz typisch Deutsches, was sich auch 40 Jahre und ein politisches System später nicht geändert hat: Mit Schreiben des Kammergerichtspräsidenten vom 7. August 1940 wurde das Diätendienstalter meines Vaters auf den 4. Juli 1940 festgesetzt. Das erste amtliche Schreiben, das ich Jahrzehnte später erhalten habe, bezog sich auch auf das Besoldungs- und Jubiläumsdienstalter. Mit Schreiben vom 16. Oktober 1940 bewarb sich mein Vater „für den Fall des Wiedererwerbs von Kolonien um eine Verwendung im kolonialen Justizdienst". Merkwürdig, da war er schon verheiratet!

Im März 1942 ist mein Vater vom Kammergerichtspräsidenten schriftlich darauf hingewiesen worden, dass die zeitlichen Voraussetzungen für eine planmäßige Einstellung im höheren Justizdienst vorlägen. Mein Vater stellte daraufhin einen entsprechenden Antrag. Dieser Antrag hatte Erfolg, mir liegt die Ernennungsurkunde vor. Sie hat folgenden Wortlaut:

Im Namen

des

Deutschen Volkes

ernenne ich unter Berufung in das Beamtenverhältnis auf
Lebenszeit

den Gerichtsassessor Ulrich Schweckendieck

zum Amtsgerichtsrat.

Ich vollziehe diese Urkunde in der Erwartung, dass der Er-
nannte getreu seinem Diensteide seine Amtspflichten ge-
wissenhaft erfüllt und das Vertrauen rechtfertigt, dass ihm
durch diese Ernennung bewiesen wird. Zugleich sichere ich
ihm meinen besonderen Schutz zu.

Führer-Hauptquartier, den 28. Mai 1942

Der Führer

Unterschrift

Der Reichsminister der Justiz

Mit der Führung der Geschäfte beauftragt

Unterschrift

(ich habe die erste Unterschrift gegoogelt; es ist tatsächlich die von Adolf Hitler)

Nach dieser Ernennung ist mein Vater am 4. Juni 1942 dem Amtsgericht Perleberg zugewiesen worden. Und - siehe oben - schon mit Bescheid vom 2. Juli 1942 ist das Besoldungsdienstalter neu berechnet worden - es muss ja alles seine Ordnung haben, auch im Krieg. Tatsächlich ist mein Vater nie als Richter für Nazi-Deutschland tätig gewesen, weil er vom 1. April 1940 an bis zum Kriegsende als Soldat eingezogen war.

Wegen einer Knieverletzung, die mein Vater schon als Jugendlicher erlitten hatte und die mit den damaligen medizinischen Möglichkeiten nicht vollständig geheilt werden konnte, konnte mein Vater nicht unmittelbar in der kämpfenden Truppe Dienst tun (was ihn wohl ein bisschen gewurmt hat). So hat er seinem Vaterland „nur" als Zahlmeister, später Oberzahlmeister dienen können. Er war also für die Kriegskasse und den Sold für die Soldaten zuständig, natürlich jeweils nur in einem begrenzten Bereich. Vielleicht hat ihm diese nicht ganz so gefährliche Tätigkeit das Leben gerettet. Aus seinen ausführlichen Kriegstagebüchern, die er auf der Basis seiner Eintragungen in kleinen Jahreskalendern nach Kriegsende sorgfältig und umfassend verfasst hat, sind seine Stationen vom 1. April 1940 bis zu seiner Gefangennahme durch die Amerikaner in Norditalien im April 1945 gut nachzuvollziehen.

Nach einem (wohl teilweise ziemlich langweiligen) Ausbildungsjahr in Deutschland kam mein Vater Ende Mai 1941 für gut einen Monat nach Frankreich in die Gegend von Amiens. Am 29. Juni 1941 wurde die 93. Infanterie-Division, der er angehörte, an die Ostfront versetzt, und zwar in den nördlichen Bereich in der Gegend um Leningrad, heute St. Petersburg. In Russland blieb mein Vater bis Ende Juni 1942. Ich will die Kriegsereignisse seiner Division in diesem Zeitabschnitt nicht im Einzelnen schildern, sondern lediglich einige Einträge aus dem Kriegstagebuch zitieren, die einen Eindruck von dem Geschehen und auch der Befindlichkeit meines Vaters wiedergeben.

Einige der ersten Eintragungen, die ohne erkennbare emotionale Regung erfolgt sind, betreffen meinen Vater ganz direkt und persönlich.

27.7.41:

Das Dorf, in dem wir liegen, ist erst vor 48 Stunden von den Russen geräumt worden. Die Zivilbevölkerung atmet auf. Vom Feind ist nichts zu merken außer Riesenrauchsäulen am Horizont. Abends Nachricht von den Eltern, dass Heinz am 5.7. gefallen ist.

29.7.41:

Brief von Eltern mit Einzelheiten über Heinz' Heldentod, zwei liebe Briefe von Marianne.

2.8.41:

Vorgestern gegen 14 Uhr 30 …. plötzlich der Ruf: „An die Gewehre! Die Russen!" Ich bekam den Befehl, die Zahlmeistereisachen zusammenzupacken und mich für den Abtransport der Geldkasse bereit zu halten. Es begann darauf eine wahnsinnige Schießerei mit Gewehren, Maschinengewehren und Handgranaten. …. Da die Russen in etwa 5-facher Übermacht waren - ein ganzes Regiment, das ohne unser Wissen noch in unserem Rücken war -, da unsere Leute nur mangelhaft bewaffnet und zum Teil mangelhaft ausgebildet waren, mussten die Unsrigen sich zurückziehen. Die Kugeln pfiffen schon um das Haus, in dem ich packte, auf der anderen Seite der Straße fing eine Scheune schon an zu brennen, da bekam ich Befehl, die Geldkasse im PKW in Sicherheit zu bringen. Die schwere Kiste über den unter Feuer liegenden Platz in den PKW zu tragen, war der scheußlichste Moment, aber es ging alles gut. Auf der Straße bekamen wir noch einen Einschuss in den Wagen.

11.1.42:
In unserem neuen Bunker ist es ganz prima, sauber und vor allem gleichmäßig warm. Gestern habe ich mir leider meine Nasenspitze leicht angefroren. Als ich bei etwa 35 Grad Kälte zum Geldholen unterwegs war, wollte der PKW auf einmal nicht mehr weiter, die Benzinleitung war eingefroren. Während der Fahrer beim Wagen blieb, musste ich mich zur nächsten Fernsprechgelegenheit auf den Weg machen, bei der Kälte und starkem Wind und eisglatter Straße kein Vergnügen, die gut 4 km zu laufen.

Einige Tage später ist mein Vater in Reval (jetzt Tallinn, Hauptstadt von Estland); er gewinnt dort private und politische „Einsichten".

19.1.42:
Die Frauen sehen alle ganz fabelhaft aus. …. Alle sind groß und tadellos gewachsen, alle sind mit einem unglaublichen Schick gekleidet, fast alle leicht geschminkt. … Der Eindruck ist bei mir natürlich besonders stark, weil ich seit über ½ Jahr überhaupt keine nett aussehenden Frauen gesehen habe.

Die Bevölkerung …. ist überaus freundlich zu den Deutschen. …. Die Bolschewistenzeit muss eine wahre Hölle für sie gewesen sein. Der ganze Volksschlag passt so gar nicht zum Bolschewismus, dazu gibt es hier viel zu viel Kultur. So fassen sie uns Deutsche als Befreier aus schlimmster Lage auf.

25.1.42 (aus einem Brief an seine Frau):
….Weiterfahrt hinten auf einem nur mit einer Zeltplane gedeckten LKW bei - halt Dich fest - 51 Grad Kälte.

13.6.42:
...erwartet mich hier ein Funkspruch: „Zahlmeister Schweckendieck nicht auf Urlaub fahren, da mit sofortiger Wirkung zum O.K.H. (Oberkommando des Heeres) versetzt. Morgen zum Stab zurück fahren."

24.6.42:
9 Uhr 42 an Zoo. Mit Taxe nach Hause.

Die Zeit als Soldat in Russland ist für meinen Vater im Juni 1942 beendet; er hat das Jahr lebend überstanden. In den folgenden Monaten hat mein Vater Dienst in Berlin. Interessant ist ein Eintrag vom August 1942.

12.8.42:
Abends bei Gertraud von Geldern. Siegfried (Klassenkamerad oder Chorbruder) ist wegen Rassenschande zu zwei Jahren Gefängnis verurteilt.

Ende November 1942 begleitet mein Vater einen Marketenderzug als Transportführer in die Ukraine. Kurz vor Weihnachten ist er wieder in Berlin, wo er das Weihnachtsfest verbringt. Über Sylvester und Neujahr ist er bei seiner Frau in Strelow. Ende Januar 1943 wird mein Vater mit Wirkung vom 5. Februar 1943 nach Nordfrankreich versetzt. Wie schon vor seinem Russlandeinsatz übergibt er auch jetzt seiner Frau einen verschlossenen Umschlag mit der Aufschrift

„Für Marianne (nur zu öffnen, falls ich aus dem Krieg nicht zurückkommen sollte)".

Ich habe diesen Umschlag geöffnet in den Unterlagen meines Vaters vorgefunden; ob mein Vater ihn nach Rückkehr aus

Krieg und Gefangenschaft geöffnet hat oder meine Mutter, weiß ich nicht. Da der Umschlag nicht mehr verschlossen war, habe ich mir erlaubt, das darin befindliche, am 3. Februar 1943 verfasste Schreiben zu lesen. Ich nehme aber davon Abstand, den durchaus bemerkenswerten Inhalt, der nur aus dem Geist der damaligen Zeit heraus zu verstehen ist und nur an seine Ehefrau gerichtet war, wiederzugeben; dies gebietet mir der Respekt vor meinen Eltern.

Die Zeit in Nordfrankreich (in der Gegend von Lille und Amiens) ist nicht besonders ereignisreich. Bemerkenswert ist eine eher touristische Fahrt nach Paris; mein Vater schildert die Sehenswürdigkeiten dieser Metropole so, wie ich sie etwa 65 Jahre später auch kennengelernt habe. Ein kleiner Auszug aus dem Paris-Tagebuch vom Mai 1943 über die Metro ist wegen seiner Aktualität bemerkenswert.

„Die Bahnsteige sind mit automatischen Türen versehen, die sich schließen, sobald ein Zug einfährt. Eine tadellose Einrichtung! Geduldig lässt der Pariser den Zug abfahren, er schimpft nicht einmal. In Berlin würde man toben und die Türen zu überklettern versuchen!"

Am 13. Juli 1943 verlässt die Einheit, der mein Vater angehört, Frankreich in Richtung des zu diesem Zeitpunkt noch mit Deutschland verbündeten Italien. Die Einheit wird nach Süditalien verlegt, wo sie die bereits in Sizilien gelandeten Alliierten aufhalten soll. Obwohl das nicht klappt, Italien im September 1943 die Seiten wechselt und die deutschen Einheiten immer weiter nach Norden zurückgedrängt werden, findet mein Vater in Phasen relativer Ruhe gleichwohl Zeit, insgesamt dreimal Rom, die ewige Stadt, zu besuchen und sich dort auch touristischen Ziele, ähnlich wie seinerzeit in Paris, zu widmen. Sogar an einer Papst-Audienz nimmt er teil. Zurück bei seiner

Einheit, erwischt es meinen Vater am 15. April 1944 dann doch mit einer Kriegsverletzung, die einen recht langen Lazarettaufenthalt, erst in Italien, später in Deutschland, nach sich zieht. Mein Vater schildert das in seinem Kriegstagebuch so:

„Nach Beendigung des Vortrags geht's ans Feiern. Um 8 Uhr morgens, ohne geschlafen zu haben, werde ich in die Küche drüben im Ort gerufen. Vor der Küche rutsche ich auf einer Kartoffelschale aus, kugle dabei mein operiertes Knie aus und liege voller Schmerzen auf der Erde."

So richtig heroisch war das nicht. Gleichwohl zieht sich der Heilungsprozess hin (nicht das Schlechteste im Krieg). Erst Anfang Dezember bricht mein Vater, der zwischenzeitlich auch noch von Malaria-Attacken geschüttelt worden war, wieder zu seiner Einheit nach Italien auf, die inzwischen nach Norditalien bis in die Poebene zurückgedrängt worden ist. Am Heiligen Abend kommt er dort an, die Einheit liegt in einem kleinen Dorf in der Nähe von Ferrara. Erstaunlich ist, dass mein Vater noch in dieser Zeit - das nahe Ende des Krieges ist absehbar - die Möglichkeit findet, wiederum eine quasitouristische Fahrt nach Venedig mit Besichtigung der dortigen Sehenswürdigkeiten zu unternehmen. Leider lässt sich seinem ansonsten ausführlichen Tagebuch der genaue Zeitpunkt dieser Tour nicht entnehmen.

Im April 1945 wird auch meinem Vater klar, dass das Ende nahe ist. In seinem Tagebuch hört sich das so an:

„Am 19. April abends spricht, wie alljährlich, Goebbels im Radio. .... Nichts von Wunderwaffen, nichts. ... Ein einziger furchtbarer Satz nur hämmert sich dem Bewusstsein ein. „Die Bolschewisten sind zum Angriff auf Berlin angetreten." Als das Deutschlandlied ertönt, weiß ich, dass ich es zum letzten Mal für viele Jahre höre. Ich kämpfe mit den Tränen."

Am Abend des 22. April 1945 befindet sich mein Vater an der Spitze einer Fahrzeugkolonne von zehn LKW, nördlich von Modena, in der Nähe von Mirandola. In der völlig unübersichtlichen Lage - keiner weiß, wo die Amerikaner stehen - hofft man, sich zu anderen deutschen Truppen durchschlagen zu können. Gegen 20 Uhr - es ist schon dämmrig - kommt das Ende der Soldatenlaufbahn meines Vaters.

„Dann taucht vor uns ein großer schwarzer Schatten auf, ein stehender LKW. .... Pistole entsichern, Tür auf. .... Im selben Moment springt aus dem Graben eine Gestalt auf mich zu, packt meinen erhobenen Arm mit der feuerbereiten Waffe, aus der sich ein Schuss löst, und zerrt mich vom Trittbrett des Wagens zur Erde. Die Gestalt schlägt mir die Pistole aus der Hand und brüllt „Hands up!". .... Der Amerikaner tastet mich nach weiteren Waffen ab, gibt mir dann einen Stoß „Go on!". Hinter mir fallen einige Schüsse. Und noch vollkommen benommen, nichts denkend, gehe ich allein, mit erhobenen Händen, dem Gefangensein entgegen."

Als „prisoner of war" (PW) wird mein Vater dorthin gebracht, wo sein Einsatz als Soldat in Italien begonnen hat und wo er mit seiner Einheit und den übrigen Wehrmachtssoldaten den vergeblichen Versuch gemacht hat, die Übermacht der Alliierten aufzuhalten. Er kommt in ein Lager in der Gegend von Neapel. Als Gefangener der Amerikaner hat mein Vater letztlich Glück gehabt. Die Behandlung war korrekt, die Ernährung zunächst eher knapp, später aber durchaus reichlich, viel besser, als es seinen in Russland in Gefangenschaft befindlichen Kameraden erging, und auch besser als bei den ausgebombten und hungernden Menschen im zerstörten Deutschland. Aus dem ausführlichen Tagebuch meines Vaters ergibt sich, dass sich die Situation im Gefangenenlager im Laufe der Zeit weiter verbessert hat und die Amerikaner zunehmend liberal in der

Behandlung der Kriegsgefangenen wurden. Bemerkenswert ist folgende Eintragung meines Vaters:

„Am 15. Februar 1946 erhielt ich von Tante Erna eine …. Karte …
„Lieber Ulrich, Töchterchen Ingrid am 19. Juni geboren - gesund und
reizend…. Erna" …. Endlich wusste ich, dass mir ein Töchterchen
geboren worden war, welches jetzt schon acht Monate zählte."

Im Folgenden will ich auf einige mir bemerkenswert erscheinende Aspekte der Kriegsgefangenschaft meines Vaters in Süditalien hinweisen. Im Frühjahr 1946 wurde von einem Feldwebel ein Lagerradio eingerichtet und auf den Namen „Radio Gisela" (!) getauft. Die Gefangenen konnten italienische und auch deutsche Sender sowie die BBC empfangen und auch selbst Hörbeiträge ausstrahlen. Mein Vater schrieb für Radio Gisela mehrere Hörspiele. Insbesondere eines, das im alten Rom spielte, fand innerhalb der Gefangenen großen Anklang. Später schrieb er auch ein Theaterstück, das dann im Lager aufgeführt wurde. Für eine Unterhaltung anderer Art für die rund zweitausend internierten jungen Männer sorgte eine Vielzahl von „Huren", die innerhalb und außerhalb des nicht streng bewachten Lagers ihre Dienste anboten, die gerne und intensiv in Anspruch genommen wurden. Um die dafür erforderlichen Geld- oder Tauschmittel zur Verfügung zu haben, gab es rege Schiebergeschäfte. Währung war - wie wohl überall auf den Schwarzmärkten - zunächst die Zigarette, später auch Bargeld. Die diesbezüglich unterschiedlich ausgeprägte Geschäftstüchtigkeit beschreibt mein Vater so:

„Es hieß immer, die Deutschen verschöben kistenweise, die Amis wag-
gonweise und die Italiener zugweise."

Ab Juni 1946 führten die Amerikaner für die Gefangenen Badeausflüge (!) durch. Jeder Gefangene kam einmal pro Woche in den Genuss einer LKW-Fahrt zum Mittelmeerstrand an den Golf von Gaeta. Darüber hinaus wurde den PWs ab dieser Zeit einmal wöchentlich eine Art von „Ausgang" in ein begrenztes Areal gewährt, in dem sich alsbald Vergnügungen der unterschiedlichsten Art (Musik, Tanz, Alkoholkonsum, und was sich aus dem Zusammenklang dieser drei Faktoren noch so ergeben kann) entwickelten. Mein solider Vater hat sich - so jedenfalls seine Schilderungen - mit Hilfe der Lagerbibliothek mehr mit der Historie der Gegend um Neapel, insbesondere der Akropolis von Cumae, beschäftigt. Ab dem 1. November 1946 wurden das Ausgangsgebiet und die Ausgangzeiten für die gefangenen deutschen Soldaten deutlich erweitert. Mein Vater nutzte diese Möglichkeiten für Ausflüge nach Sorrent, Positano, Amalfi und weitere ihn interessierende Ziele. Geradezu unglaublich erscheint es, dass mein Vater am Sylvesterabend des Jahres 1946 mit einigen Kameraden in Neapel die dortige Oper besuchte und eine Aufführung von „Lucia di Lammermoor" von Donizetti sah und hörte.

Ende des Jahres 1946 wurden die Landser unter der Führung einiger Offiziere zunehmend ungeduldig; sie wollten endlich zurück in die Heimat. Innerhalb des Lagers wurde die Frage kontrovers diskutiert, ob man dieser Forderung durch einen „Bummelstreik" Nachdruck verleihen sollte, eigentlich noch unglaublicher als der Opernbesuch. Mein Vater war natürlich dagegen (Soldaten streiken nicht), aber es gab eine Mehrheit für den Streik, der dann auch an einem Morgen durchgeführt wurde. Alle bewegten sich nur im Schneckentempo, auch die von Gefangenen gesteuerten LKW. Die durch die erregten Diskussionen bereits gewarnten Amerikaner waren natürlich stocksauer und ließen Panzer vor dem Lagertor auffahren. Der ganze Spuk war dann auch schnell vorbei, hatte aber letztlich doch Erfolg und viele Gefangene wurden in den nächsten Monaten entlassen. Bald war es auch für meinen Vater so weit.

Anfang Januar 1947 wurde er aus Neapel in ein Lager nach Pisa verlegt, am 30. Januar erreichte der Transport in Kiefersfelden erstmal wieder deutsches Gebiet und am 7. Februar 1947 wurde meinem Vater im Flüchtlingslager Pöppendorf in Schleswig-Holstein um 16 Uhr 45 der Entlassungsschein ausgehändigt. Der letzte Satz im Tagebuch meines Vaters lautet:

„Seit dem 22. April 1945 waren ein Jahr neun Monate und fünfzehn Tage vergangen."

Im vorangegangenen Kapitel habe ich bereits das Zusammentreffen meiner Eltern nach zweieinhalb Jahren der Trennung geschildert. Geschildert habe ich auch das gemeinsame Wohnen in der Buggestraße im Haus der (Schwieger)-mutter mit den sich daraus ergebenden Schwierigkeiten und Belastungen für meine Mutter. Diese hat mein Vater offensichtlich nicht gesehen, er war zu dieser Zeit mit „Vergangenheitsbewältigung" beschäftigt und keine Hilfe für meine Mutter. Die Vergangenheitsbewältigung hat aber - wie ich finde - nach vielen Gesprächen, nach der Lektüre etlicher Bücher und nach intensivem Nachdenken zu einem bemerkenswerten Ergebnis geführt. Als ich schon älter war und das auch verstehen konnte, hat mein Vater zu mir gesagt „Gut, dass wir den Krieg verloren haben. Ein Sieg des nationalsozialistischen Deutschland hätte ganz schreckliche Folgen gehabt." Zu dieser Erkenntnis haben sich nicht viele der Altersgenossen meines Vaters durchringen können.

Mein Vater war nach seiner Rückkehr nach Berlin Anfang Mai 1947 zunächst längere Zeit arbeitslos, arbeitete vorübergehend in einer Gärtnerei und half bei einem Rechtsanwalt aus. Seine Bemühungen, in Berlin eine Anstellung als Richter zu finden, setzten zunächst einmal seine „Entnazifizierung" voraus. Dafür musste mein Vater den „großen Fragebogen" ausfüllen; leider liegen mir nicht die Fragen, sondern nur die

Antworten meines Vaters vor. Er ist jedenfalls am 22. Dezember 1948 durch die Entnazifizierungskommission Steglitz rehabilitiert und nach meiner Kenntnis als „Mitläufer" eingestuft worden; der Bescheid liegt mir nicht vor. Offensichtlich reichte diese Entnazifizierung noch nicht aus. Ich habe einen weiteren Antrag meines Vaters vom 9. März 1949, gerichtet an den Magistrat von Groß-Berlin, Entnazifizierungskommission für Ärzte und Juristen, gefunden. Darin führt mein Vater aus „ich bin trotz meiner kurzen Zugehörigkeit zur SA im Jahre 1933, trotz meiner Parteizugehörigkeit seit dem 1. 5. 37, und trotzdem (falsches Deutsch!) ich im Jahre 1939 einige Monate in der NSV und im NSRB an untergeordneter Stelle gearbeitet habe, nie Nazianhänger gewesen." Weiter unten in diesem Antragsschreiben heißt es „meine Mitgliedschaft bei der NSDAP …. ist nur als nominelle anzusehen. Ich bin der Partei auf Veranlassung der vorgesetzten Behörde lediglich deshalb beigetreten, um meine 1932 begonnene Berufsausbildung als Jurist zu Ende führen zu können." Wie diese Ausführungen zu bewerten sind, mag jeder Leser für sich selbst entscheiden.

Die wiederholt gestellten Anträge meines Vaters auf Einstellung als Richter hatten schließlich Erfolg. Im Schreiben des Magistrats von Groß-Berlin vom 15. Dezember 1949 heißt es:

„Ich beauftrage Sie …. mit Wirkung vom 1. Januar 1950 … mit der Verwaltung einer Richterstelle bei dem Amtsgericht Spandau. Sie führen die Amtsbezeichnung „beauftragter Richter".

Zum ersten Juli 1951 wird mein Vater an das Landgericht Berlin an eine Zivilkammer versetzt. Durch Urkunde vom 21. April 1952 erfolgt die Ernennung zum „Gerichtsassessor". Und es kam, was kommen musste, mit Schreiben von eben diesem 21. April 1952 des Senators für Justiz wird das Besoldungsdienstalter meines Vaters als Gerichtsassessor auf den 12. März 1940 festgesetzt. Das Jubiläumsdienstalter wird unter Einbeziehung der Referendarausbildung sogar auf den 1. Januar 1937 festgesetzt. Die gesamte Zeit als Soldat und als Kriegsgefangener zählt mit, interessant! Schon ein knappes halbes Jahr später, am 14. Oktober 1952, wird mein Vater zum Landgerichtsrat ernannt. Mit Wirkung ab dem 7. Juli 1953 wird er zunächst Hilfsrichter bei dem Kammergericht. Am 18. März 1955 (meinem dritten Geburtstag!) wird mein Vater Kammergerichtsrat. Das hat nur fünf Jahre gedauert! Ich brauchte dafür elf Jahre, die ich aber gerne in Kauf genommen habe angesichts der Tatsache, dass mir Soldatenleben, Krieg und Gefangenschaft erspart geblieben sind.

Mit Wirkung vom 1. März 1968 ist mein Vater als Landgerichtsdirektor zum Landgericht Berlin versetzt worden. Er sollte vor der ins Auge gefassten Beförderung zum Senatspräsidenten am Kammergericht noch einige Erfahrung in der Leitung eines Spruchkörpers sammeln. Zu der Beförderung kam es leider nicht mehr; mein Vater verstarb am 2. Juni 1969 im Alter von 54 Jahren.

Alles, was ich bisher über meinen Vater geschrieben habe, weiß ich aus Urkunden, seinen Tagebüchern, anderen von ihm verfassten schriftlichen Aufzeichnungen und auch Berichten meiner Mutter. Aus von ihm empfangenen und verfassten Briefen, die mein Vater aufbewahrt hat, wird deutlich, dass er in der Zeit nach dem Krieg für die erweiterte Verwandtschaft sowohl seiner als auch der Familie seiner Frau ein geschätzter Ratgeber in juristischen (auch strafrechtlichen!) und menschlichen Fragen gewesen ist. Den einen oder anderen dunklen Punkt hat es in der einen wie der anderen Familie gegeben.

Jetzt kann ich endlich über Erlebnisse mit meinem Vater aus der eigenen Erinnerung schreiben, das geht mir viel leichter von der Hand.

Eine der ersten eigenen Erinnerungen an meinen Vater ist das Spiel „Runterschuppen". Wir lagen beide auf der Couch, ich an der Wand, mein Vater davor. Er wog (wohlwollend geschätzt) 90 kg, ich vielleicht 10 % davon. Nun versuchte ich, meinen Vater von der Couch runterzuschieben; das klappte natürlich nur, wenn er intensiv mithalf, so dass er dann schließlich von dem Liegemöbel auf den Fußboden kullerte. Ich fand das als kleiner Junge toll, das Spiel haben wir häufig gespielt. Zu Unglücksfällen ist es dabei nicht gekommen.

Mein Vater war im Besitz von sehr vielen Büchern. Zu diesen zählte auch ein schon älteres und recht dickes, bereits etwas zerfleddertes Exemplar von „Brehms Tierleben", in dem sich auch viele Fotos und Zeichnungen befanden. Dieses Buch sahen wir uns gerne gemeinsam an. Mein Vater hatte das „Bauchkissen" auf selbigem, darauf thronte ich, und vor uns beiden das Buch; viele Tiere kannte ich ja schon von den Zoobesuchen (vgl. Kapitel I). Auf einem Foto waren in der afrikanischen Savanne ein Löwe und eine Löwin zu sehen; ich bezeichnete das weibliche Tier als „Löwenwinne".

Als ich in der ersten Klasse war und schreiben lernte, sollten wir Schüler - möglicherweise zum Muttertag - schreiben „Mutti ist lieb". Ich fragte die Lehrerin, ob ich auch schreiben dürfte „Vati ist lieb". Was meine Mutter zu diesem Ansinnen gesagt hat, weiß ich nicht. Mein Vater war für mich eine ganz wichtige Bezugsperson. Immer wenn ich etwas wissen wollte (und das kam häufig vor), äußerte ich „ich muss mal Vati fragen"; manchmal war er etwas genervt und bemerkte „Ach, Schlingel, ich weiß es nicht!" Als ich ein bisschen älter war und schon „berlinern" konnte, schlug ich ihm vor, statt der genervt klingenden Formulierung zu sagen „ick wees nich", eine Ausdrucksweise, die ich mir später in der mündlichen Abiturprüfung zu eigen machte und die dort nicht auf Gegenliebe stieß (vgl. Kapitel III).

Mein Vater war am Leben und der Entwicklung seiner beiden Kinder sehr interessiert und nahm daran aktiv teil. Ob auch bei Ingrid, kann ich nicht sagen, am Goethe-Gymnasium jedenfalls war mein Vater viele Jahre Elternvertreter; eine gewisse Zeit hatte er darüber hinaus auch im Gremium aller dortigen Elternvertreter eine Funktion. Sein Erziehungsstil uns gegenüber war dabei gewaltfrei, was in den 50er- und 60er Jahren des letzten Jahrhunderts keineswegs der Normalfall war. Ich kann mich nur an ein einziges Mal erinnern, dass er mir eine „geknallt" hat (insofern gibt es Parallelen zwischen seinem und meinem Erziehungsstil), als ich meine Schwester erschreckt hatte. Ansonsten war ein von ihm von Zeit zu Zeit angewendetes Disziplinierungsmittel ein schriller Pfiff, bei dem Ober- und Unterlippe vibrierten und der recht durchdringend war. Ich habe es oft versucht, diesen Pfiff aber nie hin bekommen. Wenn der ertönte, wusste ich, dass es besser war, jetzt zu parieren.

Mein Vater verreiste gerne. Es gibt viele Fotos, die mich an der Hand meines Vaters zeigen; sofern diese Fotos von hinten aufgenommen waren und mein Vater die bei deutschen Touristen damals übliche kurze Hose trug (sehr attraktiv!), konnte man auf seiner linken Wade ein Pflaster über seinem dortigen Dauerpickel (von ihm „die Wratt" genannt) sehen. Da meine Mutter verreisen eher überflüssig fand und manche Reise nur mittels des nachgesandten „Tagesspiegel" überstand, kam es, dass es auch Reisen gab, die mein Vater und ich nur zu zweit unternahmen. Ich erinnere mich an eine organisierte Gruppenreise durch Norwegen, ich glaube, es war im Jahre 1963, kurz nach der Kuba-Krise. Der Bus fuhr auf abenteuerlichen engen Straßen mit vielen Serpentinenkurven an den Fjorden entlang, musste manchmal rückwärts fahren, um die Kurve zu schaffen, das Heck des Busses hing mitunter über dem Abgrund. Das Publikum war international, ich erinnere mich an einen ziemlich deutsch klingenden Ausspruch meines Vaters gegenüber einer Engländerin „it is raining and raining".

Eine bis heute besondere Bedeutung in meinem Leben hat eine gemeinsame Reise im Jahr 1960 in den Bayrischen Wald, nach Riedlhütte ins „Gästehaus Friedl". Wir haben damals einige wirklich große Wanderungen gemacht, etwa auf den Rachel, den mit 1453 m zweithöchsten Gipfel des Bayrischen Waldes. Mein Vater hat die Entfernung auf der Wanderkarte genau ausgerechnet, das waren 28 km mit einer Steigung von ca. 800 m. Ich habe mich als achtjähriger Junge über meinen damals 46-jährigen Vater amüsiert, weil der immer so viele Schweißperlen auf der Stirn hatte. Damals hatte ich ein Taschenmesser mit einem Griff aus Hirschhorn, mein ganzer Stolz; das führte ich bei jeder Wanderung in einer extra dafür vorgesehenen Seitentasche meiner Lederhose bei mir. Eines Abends, nach einer langen Wanderung, war das Taschenmesser plötzlich weg. Ich war verzweifelt, heulte, habe mich wahnsinnig aufgeregt und vor Ärger sogar Galle gekotzt. Gemeinsam überlegten wir, wo auf der Wanderung ich das Messer verloren haben könnte. Uns kam die Idee, dass es eventuell an einer Stelle gewesen sein könnte, als ich mich wegen eines erforderlich gewordenen „großen Geschäftes" seitwärts in die Büsche geschlagen hatte und bei dieser Gelegenheit die Lederhose nicht nur runtergelassen, sondern gänzlich ausgezogen hatte. Also machten wir am nächsten Tag dieselbe Wanderung ein zweites Mal. Wir erkannten sogar die möglicherweise relevante

Stelle (woran wir die erkannten, will ich hier mal nicht weiter ausführen), suchten und wurden fündig. Das Taschenmesser lag dicht neben etwas anderem, aber nicht darin. Ich war überglücklich!

Als ich - unabhängig von der Taschenmessergeschichte - auf dieser Reise einmal für einige Tage fiebrig erkrankt war, schenkte mir mein Vater zum Trost und zur Abwechslung ein Buch „Sitting Bull, Häuptling aller Sioux". Das Buch habe ich heute noch.

54 Jahre später, im Jahr 2014, wollte ich mir in Absprache mit meiner damals schon schwer erkrankten Ehefrau Gesa mal einige Tage der Entspannung und Erholung gönnen. Mir fiel das „Gästehaus Friedl" ein und ich suchte im Internet. Tatsächlich, es gab in Riedlhütte eine „Pension Friedl". Kurz entschlossen buchte ich für einige Tage. Das Haus habe ich nicht wieder erkannt, kein Wunder, denn mir wurde berichtet, dass schon vor langer Zeit eine neue Pension errichtet worden sei. Ich erzählte von meinem Besuch dort im Jahr 1960. Die Seniorchefin, eine Frau von etwa 70 Jahren, verschwand daraufhin. Nach zehn Minuten kam sie wieder mit einem Gästebuch von 1960; ich blätterte darin, und was fand ich? Eine Eintragung, ganz eindeutig in der Schrift meines Vaters, mit dem Wortlaut

„Vater und Sohn haben sich auch ohne die Mutti im Gästehaus Friedl sehr wohl gefühlt.

Riedlhütte, 26.7. – 9.8.1960"

Darunter befinden sich die Unterschrift meines Vaters und auch meine kindliche Unterschrift. Darüber habe ich mich sehr gefreut. Die Seniorchefin war seinerzeit ein 16-jähriges Mädchen, die Tochter des Chefs des erst kurze Zeit zuvor eröffneten Gästehauses, die schon damals in Vaters Betrieb mitarbeitete und die bis heute in der Pension aktiv ist. In den Folgejahren bin ich einmal mit meinen Freunden Volker und

Hubert in die Pension Friedl gefahren und inzwischen schon mehrfach mit Gisela. Wir haben uns dort immer sehr wohl gefühlt; die 28 km schaffe ich aber nicht mehr.

Im Jahre 1966 - den genauen Zeitpunkt weiß ich nicht mehr - verlobten sich meine Schwester Ingrid und Roland. Es gab auch eine kleine Feier, die bei uns in der Maisonettewohnung in der Niklasstraße 68 stattfand. Als Gäste waren neben anderen auch die beiden Schwestern von Roland, Ursula und Gudrun, anwesend. Nach dem Essen wurde ein bisschen Musik gespielt, vom Plattenspieler (die jüngeren unter euch wissen gar nicht mehr, was das ist). Wir hatten einige Langspielplatten (LPs), die mit der Geschwindigkeit 33 abgespielt werden mussten, und auch eine Anzahl von Singles, für die die Geschwindigkeit 45 vorgesehen war, die sich also auf dem Plattenteller schneller drehen mussten. Nun wollte mein Vater mit Ursula, der älteren der beiden Schwestern, ein modernes Tänzchen wagen. Der Disc-Jockey (ich weiß nicht, wer das war) hatte „yesterday man" von Chris Andrews aufgelegt, ein ganz flotter Titel. Leider hatte er vergessen, die Geschwindigkeit von der letzten LP (33) für die nunmehr aufliegende Single auf 45 zu ändern, so dass der Titel gleichsam in akustischer Zeitlupe und mit einem Bassgesang ablief. Etwas verlegen bewegten sich mein Vater und seine Tanzpartnerin zu dieser ungewöhnlich klingenden Musik, bevor irgendein musik- und technikverständiger Gast den Irrtum aufklärte und die richtige Geschwindigkeit einstellte. Aber die beiden hatten erst mal genug vom Tanzen.

Ende der 60-er Jahre hatten die von der Elterngeneration nicht aufgearbeitete Nazi-Vergangenheit, der Vietnamkrieg und die Notstandsgesetze Teile der studentischen Jugend aufgebracht. Daraus entstand die außerparlamentarische Opposition (APO). Leider habe ich keine Erinnerung daran, wie mein Vater die sich daraus ergebenden politischen Erschütterungen eingeschätzt hat. Wie hat er auf die Krawalle vor der Deutschen Oper anlässlich des Schahbesuches am 2. Juni 1967 und die in diesem Zusammenhang in der Krummen Straße erfolgte Erschießung des Studenten Benno Ohnesorg durch den Polizeibeamten Karl-Heinz Kurras reagiert? (Kurras wurde wegen des in den Hinterkopf des Opfers abgefeuerten tödlichen Schusses zwar angeklagt, aber unter fragwürdigen Umständen in zwei Verfahren freigesprochen; Jahrzehnte später wurde er als Stasi-Mitarbeiter enttarnt) Was hat mein Vater zu dem Mordanschlag auf den linken Studentenführer Rudi Dutschke am 11. April 1968 gesagt? Was zu den sich anschließenden gewalttätigen Attacken linker Gruppierungen auf das Springer-Haus in der Kochstraße? Beinahe schon unmittelbar betroffen war mein Vater von der sogenannten „Schlacht am Tegeler Weg" am 4. November 1968, denn zu dieser Zeit war er dort am Landgericht tätig. An eben jenem Gericht sollte an diesem Tag ein Ehrengerichtsverfahren gegen den (damals noch) linken Anwalt Horst Mahler mit dem Ziel seines Ausschlusses aus der Anwaltschaft stattfinden. Es kam zu ganz erheblichen Gewalttätigkeiten seitens eines links angehauchten Mobs. Wie hätten diese Leute sich wohl verhalten, hätten sie gewusst, dass sich Horst Mahler auf dem Umweg über den Linksterrorismus zu einem verbohrten Rechtsextremisten entwickeln würde?

Auf diese Fragen habe ich keine Antwort, ich kann nur vermuten, dass mein Vater entsetzt gewesen sein dürfte. Das schließe ich daraus, dass er sich schon mit einer ganz harmlosen Variante dieser Zeit, nämlich meinen etwas länger gewordenen Haaren, nicht anfreunden konnte. Ohne nennenswerten Erfolg hatte ich meinem Vater zu seinem Geburtstag am 5. November 1968 ein auf der Klassenreise im Herbst 1968 entstandenes Foto geschenkt, auf dem ich mit einer ganz dezenten Beatles-

Frisur zu sehen war (ich sah aus wie ein harmloser zukünftiger Schwiegersohn); meine Mitschüler hatten unter das von mir gerahmte Foto geschrieben „Wir alle finden, dass Helmut diese Frisur sehr gut steht".

Zu dem Thema „Haare" passt eine Geschichte von Sonnabend, dem 29. März 1969, dem Tag der Hochzeit meiner Schwester (inzwischen haben Ingrid und Roland schon die Goldene Hochzeit gefeiert). Abends sollte eine größere Feier im Hotel „Schweizer Hof" in der Budapester Straße stattfinden. So etwa gegen 12 Uhr mittags fiel meinem Vater plötzlich auf und ein, dass meine Haare für diese Feier viel zu lang waren; er forderte mich in einer keinen Widerspruch duldenden Weise auf, unverzüglich zum nahegelegenen Friseur in der Breisgauer Straße zu gehen, damit ich auf der abendlichen Feier anständig aussehen würde. Ich war mit meinen 17 Jahren natürlich gänzlich anderer Meinung als mein insoweit nicht diskussionsbereiter Vater. Also trottete ich zu dem besagten Friseur und bedeutete ihm, er möge nur ganz wenig von meiner Haarpracht (die hatte ich damals wirklich noch) abschneiden. Der Kunde ist König und der Friseur hielt sich an meine Anordnung. Ich war mit dem Ergebnis dieser Prozedur durchaus zufrieden und ließ mir vorsorglich mit dem Rückweg Zeit (um 13 Uhr schloss das Geschäft). Mein Vater war zwar ob des für nahezu nichts rausgeschmissenen Geldes und insbesondere im Hinblick auf das Ergebnis sauer, aber zu ändern war jetzt nichts mehr. Ich genoss meinen listig erreichten kleinen Triumph.

Die Hochzeitsfeier wurde dann durchaus nett, es wurden Reden gehalten (ich musste eine „Damenrede" halten), es wurde gut gegessen und es wurde getanzt, diesmal hatte die Musik auch die richtige Geschwindigkeit. Mein Vater im „Bratenrock" tanzte auch, sah richtig flott aus und niemand hätte gedacht, dass er schon zwei Monate später, am 2. Juni 1969, diese Welt verlassen musste.

VII.

Der Scheißkerl

In meinem Leben spielte das Reiten für geraume Zeit eine ziemlich wichtige Rolle. Für meine Mutter spielte das Reiten beinahe die wichtigste Rolle in ihrem Leben, jedenfalls in ihrem Leben in Schlachtensee von 1960 an. Wenige Wochen nach unserem Einzug in die Niklasstraße 68 am 9. März 1960 entdeckte meine Mutter bei einem Spaziergang in der näheren Umgebung in der Straße „Kirchblick" einen kleinen Reitplatz, rechts und links umgeben von einem Einfamilien- und einem Mehrfamilienhaus. Zu dem Reitplatz gehörte ein eher mickriger Holzschuppen, der sowohl als Stall für etwa acht Pferde diente als auch zwei „Kabuffs" beherbergte, in denen die Leiterin des Reitstalles, Frau Hagemann, zusammen mit vielen Hunden und Katzen hauste. Frau Hagemann war eine resolute Frau von etwa Mitte fünfzig, mit Brille, einer Knollennase und einem mächtigen Oberkörper. Neben Pferden, Hunden und Katzen war ein weiteres Hobby von ihr das Trinken von Wodka, wobei ich sie nie betrunken erlebt habe. Die graue Eminenz im Hintergrund war der Major Knoll; das Verhältnis dieser beiden Personen zueinander habe ich als Kind nicht durchschauen können. Meine Mutter jedenfalls meldete mich achtjährigen Jungen kurz entschlossen dort zum Reitunterricht an. Zunächst bekam ich einige Stunden an der Longe (für ahnungslose: ein ruhiges Pferd läuft an einer Leine, die der Reitlehrer hält, immer im Kreis um diesen herum, während der Reitschüler ein Gefühl für das Sitzen auf dem Pferd und die richtige Haltung bekommen und sich im Schritt und dann auch im Trab ein wenig üben soll). Meine Kinderbeine waren noch so kurz, dass sie kaum über den seitlichen Teil des Sattels hinausragten, die Steigbügelriemen mussten einmal umgeschlagen werden, damit die Bügel für mich passten. Ich lernte die Grundbegriffe des Reitens ziemlich schnell und konnte bald schon an normalen Reitstunden in der Gruppe auf dem Platz teilnehmen. Mit zunehmender Erfahrung durfte ich dann auch an Ausritten in den Grunewald teilnehmen, das machte richtig Spaß, insbesondere, wenn wir galoppierten. Laut meiner Mutter soll ich gesagt haben „Der Wind saust so schön in den Haaren." Von der heute beim Reiten obligatorischen Schutzkappe war damals noch keine Rede, genauso wenig wie von Sicherheitsgurten im Auto.

Meine Mutter begnügte sich nicht lange damit, ihrem Sprössling beim Reiten zuzusehen. Ich glaube, schon im Sommer 1960 meldete sie sich bei Frau Hagemann selbst zum Reiten an. In ihrer Jugend in Strelow hätte ihr an jedem Tag eine Auswahl von Pferden zur Verfügung gestanden, aber von diesem kostenlosen Angebot hatte sie nur wenige Male im Jahr Gebrauch gemacht. Erst jetzt, in der Stadt, gegen Bezahlung und auf gemieteten Pferden, fand sie Gefallen an diesem Tun; leider schätzt man mitunter die naheliegenden Möglichkeiten nicht so sehr. Meine Mutter musste nicht an die Longe, weil sie ja immerhin schon etwas reiten konnte; sie hatte einen recht guten Sitz (wie ich erst später beurteilen konnte), war nur gemäß ihrem Naturell immer etwas zu zaghaft auf dem Pferd. Frau Hagemann hatte über den eigentlichen Reitunterricht hinaus einen gewissen Einfluss auf die Lebensweise meiner Mutter. Denn meine Mutter hatte im Jahr 1960 als Frisur noch einen Dutt, einen Knoten im Nacken. Die Haarnadeln in diesem Knoten lösten sich mitunter im Laufe einer Reitstunde, vornehmlich beim ausgesessenen Traben, und das zusammengesteckte Haar fiel meiner Mutter ungeordnet über die Schultern. Frau Hagemann meinte zu meiner Mutter, diese Frisur sei nicht nur unpraktisch, sondern auch unmodern, sie sollte sich mal die Haare abschneiden lassen. Diesem Tipp folgte meine Mutter schnell, und im Alter von dreiundvierzig Jahren legte sie sich eine (mehr oder weniger) modische Kurzhaarfrisur zu. An dieser Frisur und unserem Reiten war auch meine Oma interessiert. Meine Oma war zwar resolut und mitunter herrschsüchtig, sie nahm aber auch Anteil an dem Hobby von Enkel und Schwiegertochter. Also tat sie eines Tages kund, sie würde gerne mal zusehen, wenn wir reiten. Meine Mutter sah eine Chance, ihrer Schwiegermutter eins „auszuwischen", wie sie es nannte. Sie bat Frau Hagemann, der Schwiegermutter mehrere Wodkas einzurichten und sie so betrunken zu machen. Dieser Plan klappte leider nicht so recht. Zwar tat Frau Hagemann wie geheißen und Oma trank an diesem Vormittag drei Wodkas; die vertrug sie aber bestens und die zwei resoluten Frauen haben sich sehr gut verstanden.

Eines Tages wollte auch mein Vater, der Pferde eher für gefährliche Tiere hielt, seiner Frau beim Reiten zusehen. Also begab er sich etwa zur Hälfte einer Reitstunde zu Fuß auf den Weg zum Reitplatz. Als er dort ankam, sah er ein reiterloses Pferd über den Platz galoppieren, während seine Ehefrau im Staub lag und sich gerade anschickte, wieder aufzustehen. Da mein Vater ein Gentleman war und seiner Frau die Peinlichkeit seines Erscheinens just in diesem Moment ersparen wollte, drehte er noch eine Runde um den Häuserblock und näherte sich etwa 10 min später erneut am Reitplatz. Seine Bestürzung war groß, als er wiederum seine Frau im Dreck liegen sah. Ihr Pferd Loki, ein ehemaliger Traber und schon aufgrund dieser Konstellation als Reitpferd eher ungeeignet, hatte an diesem Tag offensichtlich keine Lust, seinen Reiter dauerhaft zu tragen; er hatte sich meiner Mutter zum zweiten Mal innerhalb kürzester Zeit durch heftige Bocksprünge entledigt. Diesmal betrat mein Vater den Reitplatz und erkundigte sich fürsorglich nach dem Befinden seiner Frau, die den Doppelsturz unbeschadet überstanden hat.

Nicht alle Pferde waren so durchtrieben wie Loki, es gab auch gutmütige Pferde. Eines davon war Hassan (trotz des Namens kein Pferd mit Migrationshintergrund), ein schon ziemlich alter, magerer und feingliedriger schwarzer Wallach, der immer die Zunge schräg aus dem Maul hängen ließ, vornehmlich beim Traben ein merkwürdiges Geräusch, das wohl vom Zwerchfell verursacht wurde, von sich gab, und das linke Hinterbein etwas hochzog. Weil er so knöcherig und hager war, erhielt er von meiner Mutter den Spitznamen „Knöckermors". In guter Erinnerung habe ich noch den Ausruf von Frau Hagemann „Hassan muss stallen!" Jetzt musste der Reiter anhalten, denn „stallen" bedeutet pinkeln, was Pferde - anders als das „große Geschäft" - nur im Stehen, nicht aber im Laufen können.

Für die Versorgung der Pferde im Stall Hagemann war ein unsäglich primitiver Pferdepfleger zuständig, Herr Heiner (wobei die Bezeichnung „Herr" verfehlt war), der von meiner Mutter intern nur „Knecht Heiner" genannt wurde; ich weiß nicht, ob Heiner der Vor- oder Nachname war. Dieser Heiner jedenfalls war der Auffassung, dass der von meinem Vater gefahrene VW Käfer die Bezeichnung „Auto" nicht verdienen würde, es handle sich bei diesem Fahrzeug um einen „Lastwagen mit Gartenstühlen", eine Einschätzung typisch für einen „Proll", der sein Selbstwertgefühl an der Größe eines Autos bemisst; zumindest war das in den 60-er Jahren des vorigen Jahrhunderts so.

Im Herbst des Jahres 1965 - ich war dreizehn Jahre alt - waren meine Mutter und ich als die Reitexperten der Familie der Auffassung, dass ich nun bei Frau Hagemann nichts mehr lernen könne und die Reitschule wechseln müsste. Wir beschlossen, dass ich in die ebenfalls nicht weit von unserer Behausung entfernt liegende Reitschule Onkel-Toms-Hütte in der gleichnamigen Straße wechseln sollte. Damals war diese auch heute noch existierende Reitschule am Rande des Grunewaldes zwar bei weitem nicht so primitiv wie der Reitstall von Frau Hagemann, aber von einer komfortablen Reitinstitution für wohlhabende Zehlendorfer Großbürger noch weit entfernt. Immerhin gab es eine wenn auch kleine Reithalle von 20 x 40 m, ein containerähnliches Büro, in dem Herr Duscha (von meiner Mutter in Anlehnung an seinen Hauptberuf als Wurstfabrikant „der Wurstmacher" genannt) residierte, und einige leicht baufällige Stallungen. Meine erste Reitstunde dort hatte ich Ende November, es war ziemlich kalt und ich hatte unter einer normalen Hose (eine Reithose hatte ich damals noch nicht) eine lange Unterhose an, die unter der hoch gerutschten Oberhose weiß hervorleuchtete. Meine Mutter sah natürlich zu. Reitlehrer war ein 23-jähriger junger Kerl, Ernst Zeiger, der den zumindest damals und wahrscheinlich auch heute noch von Reitlehrern gegenüber ihren Schülern üblichen rauen Ton an den Tag legte. Irgendetwas an meiner Art zu reiten gefiel ihm nicht; und eigentlich mehr so vor sich hin als wirklich laut an mich gerichtet murmelte er „ein Scheißkerl ist das!" Das hätte er nicht tun sollen! Zumindest hätte er das nicht in Gegenwart meiner Mutter sagen sollen! Denn von Stund an hieß Ernst Zeiger „der Scheißkerl". Dieser Name hat sich dermaßen in unserem Sprachgebrauch breit gemacht, dass uns nach einiger Zeit überhaupt nicht mehr bewusst war, dass es sich dabei um eine etwas befremdliche Bezeichnung handeln könnte. Für uns war das ein Name, den wir ganz zwanglos auch gegenüber Dritten (die dann mitunter etwas irritiert waren) gebrauchten.

Meine Mutter hat in den ersten Wochen meiner Reitkarriere in Onkel Toms Hütte noch einen weiteren Spitznamen kreiert (wie heutzutage die Fußballtrainer sagen). Ich brachte das von mir gerittene noch gesattelte Pferd in einen der etwas baufälligen Ställe. Mein Pferd berechnete bei dem von ihm bis in seinen Stand zu nehmenden Weg nicht seine durch den Sattel etwas erweiterte Breite und riss eine marode Stalltür aus den Angeln. Der dort zuständige Pfleger Bobby (etwa von der Art wie „Knecht" Heiner) bekam das mit und fluchte „irgend so n' Weehnachtsmann hat die Tür rausjerissen". Von Stund an hieß er - ihr könnt es euch schon denken - „der Weihnachtsmann".

Unbeschadet meines etwas eigentümlich anmutenden Starts in der Reitschule Onkel Toms Hütte (OTH) machte ich dort gute Fortschritte. Ernst Zeiger war trotz seiner Jugend ein kompetenter Reitlehrer. Bald wurden einige talentierte Jugendliche in einer „Turniergruppe" zusammengefasst, die einmal wöchentlich ambitionierten Unterricht erhielt. Und im Frühjahr 1967 war es so weit. Ich startete bei meinem ersten Turnier, und das gleich im Olympia-Reitstadion. Das war trotz dieses imposanten Rahmens ein ganz bescheidener Auftritt, ich war Teilnehmer einer Junioren-Reiterprüfung. Dazu mussten wir in einer Gruppe von acht Teilnehmern gemeinsam einige Hufschlagfiguren im Schritt, Trab und Galopp absolvieren. Bei Turnieren war und ist bis heute das Outfit der Reiter wichtig. Wir mussten eine weiße Reithose, eine schwarze Reitjacke und eine Reitkappe tragen; ja, Reiter sind konservativ. Außer der Reitkappe, die meine Eltern mir zwischenzeitlich gekauft hatten, musste ich mir diese Kleidungsstücke von anderen Reitern leihen. Mein Pferd hieß Arlette, eine noch ziemlich junge braune Stute; sie machte während meiner Prüfung einige Bocksprünge, aber ich blieb oben. Arlette musste die Aufgaben der Junioren-Reiterprüfung insgesamt dreimal absolvieren, denn es gab drei Durchgänge mit jeweils acht Teilnehmern. Die beiden Mädchen, die nach mir auf Arlette saßen, sind beide bei der Prüfung runtergefallen. Vielleicht lag es daran, dass ich bei meinem ersten Turnier in die Platzierung kam und den siebten (von vierundzwanzig) Plätzen erreichte; ich (eigentlich mein

Pferd) bekam eine grüne Schleife, die ich in Ehren gehalten und bis heute aufbewahrt habe. In den nächsten Jahren habe ich an einigen kleinen Turnieren teilgenommen, zunächst an Junioren-Reiterprüfungen, später auch an A-Dressuren und A-Springen. Höhepunkt meiner „Turnierlaufbahn" waren die vereinsinternen Meisterschaften der Reitschule Onkel Toms Hütte im Jahr 1971. Mit „Nordland" wurde ich Meister im Springen der Klasse A für Schulpferde; das war mein größter Reiterfolg. Meinen zweitgrößten Erfolg als Reiter hatte ich bei der Junioren-Hubertusjagd im Herbst 1968. Dabei muss aus der Menge der Reiter am Ende eines zweistündigen scharfen Rittes durch den Grunewald auf dem Dahlemer Feld der Fuchsschwanz von der Schulter eines besonders versierten Reiters gerissen werden, der dies durch forsches Reiten mit vielen Haken tunlich zu verhindern sucht. Ein Mitreiter auf einem schnellen Privatpferd war erfolgreich und hatte den Fuchsschwanz ergriffen. Bei dieser Aktion im vollen Galopp wurde jedoch sein Pferd unruhig; er versuchte es zu bändigen und ließ dabei den Fuchsschwanz los, der zu Boden fiel. Jetzt sah ich meine Chance gekommen; ich gab meinem Pferd „Racker" die Sporen und erreichte nach wenigen Sekunden die am Boden liegende Trophäe, während alle anderen Jagdteilnehmer noch eher verdutzt und unschlüssig waren. Runter vom Pferd und den Fuchsschwanz ergreifen, das ging ganz schnell. So war ich auf ungewöhnliche Art zum Erfolg bei der Hubertus-Jagd gekommen.

Jetzt ist es an der Zeit, kurz auf den Unterschied zwischen Schulpferden und ihren Reitern auf der einen Seite und Privatpferden und ihren Reitern auf der anderen Seite einzugehen. Es ist - fast so wie der Unterschied zwischen Privatpatienten und Kassenpatienten - eine Zweiklassengesellschaft. Nur Ärzte, Anwälte und Wirtschaftsleute, also Personen mit viel Geld, konnten sich im geteilten Berlin (man konnte noch nicht ins preiswertere Umland ausweichen) den Erwerb und den Unterhalt teurer eigener Pferde leisten. Diese mussten dann mitunter zunächst mal vor der Stunde zwanzig Minuten vom Reitlehrer etwas müde geritten werden, bevor die Anwaltsgattin geruhte aufzusteigen. Demgegenüber blieb den kleinen Angestellten und den Beamten mitsamt ihren Frauen und Kindern nichts anderes übrig, als sich mit den Mietpferden (sie wurden, weil es besser klingt, Schulpferde genannt) zu begnügen. Da sich jeden Tag vier oder fünf verschiedene Reiter unterschiedlicher Qualität auf den Schulpferden versuchten, hatten diese entweder ein robustes Naturell oder sie waren schnell verschlissen.

Die Schulpferdereiter und die Privatreiter blieben weitgehend unter sich, es gab wenige milieuübergreifende Kontakte. Lediglich junge hübsche Mädchen hatten von Zeit zu Zeit die Chance, auch mal eines der qualitativ natürlich viel besseren Privatpferde zu reiten; ob da noch zusätzliche Gefälligkeiten eine Rolle spielten, entzieht sich meiner Kenntnis.

Erzählenswert ist noch eine weitere Episode aus meinem Reiterleben. Im Frühjahr 1968 nahm ich nämlich an einem zweiwöchigen Kurs zum Erwerb des Jugendreitabzeichens teil, und zwar in Flensburg in der Mürwiker Reitschule. Wir pflegten nämlich familiären Kontakt zu Onkel Zipp, dem jüngeren Bruder meiner Mutter, und seiner Familie, die in Flensburg-Mürwik lebte. Auch Onkel Zipp hatte Gefallen am Reiten gefunden und betrieb dieses Hobby in besagter Reitschule. Dort fand in den Osterferien ein entsprechender Kurs statt, für den ich mich anmeldete. Ich wohnte in dieser Zeit bei meinem Onkel, musste immer um 6 Uhr aufstehen, fuhr dann mit einem Vorkriegsfahrrad in die nahe gelegene Reitschule, wo dann erst mal Stallausmisten angesagt war. Erst danach gab es Frühstück und dann intensiven theoretischen und praktischen Unterricht. Unser Ausbilder dort war der Reitlehrer Peter Luther; am Reitsport interessierte Leser werden wissen, dass Peter Luther mit seinem phänomenalen Springpferd „Livius" an den Olympischen Spielen 1984 in Los Angeles teilnahm und dort im Mannschaftswettbewerb die Bronzemedaille gewann. Später traf ich Peter Luther anlässlich eines Turniers im Berliner Olympia-Reitstadion, bei dem ich als Zuschauer anwesend war, auf dem dortigen Abreiteplatz; auch als inzwischen erfolgreicher Olympiareiter war er in dem kurzen Gespräch kein bisschen arrogant. Den Reitkurs im Frühjahr 1968 konnten jedenfalls alle Teilnehmer nach Absolvieren einer theoretischen Prüfung und nach praktischen Prüfungen im Dressurreiten und im Springen mit Erfolg abschließen.

Kurz möchte ich hier noch auf die beiden Kinder von Onkel Zipp und Tante Gretchen eingehen. Mit der jüngeren Tochter Thea, geboren 1962, habe ich bis heute von Zeit zu Zeit Kontakt. Ihr 1959 geborener älterer Bruder Joachim, genannt „Molle" (ich glaube, heute hört er diesen Spitznamen, der ausnahmsweise mal nicht von meiner Mutter stammt, nicht mehr so gerne), hatte damals in der Schule Aufklärungsunterricht, und zwar offensichtlich ziemlich extensiv. Dieser Unterricht interessierte ihn aber nicht wirklich, was in dem Zitat des damals neunjährigen und von dieser Thematik genervten Jungen deutlich wird: „Die Geschlechtsteile hängen mir zum Hals raus!"

Bis zu meinem Abitur Anfang 1971 hielt ich mich recht häufig in der Reitschule OTH auf. Die Jugendlichen bildeten eine nette Clique, es gab oft Partys, auch im privaten Bereich. Insgesamt war es eine gute Zeit. Ab 1967 waren auch eine große Reithalle von 20 x 60 m sowie neue Stallungen, ein Bürotrakt und Umkleideräume errichtet worden. Trotz der schönen neuen Halle machte mir das Reiten durch den Grunewald am meisten Spaß, das lag mir mehr als das korrekte Dressurreiten. Im Laufe der Zeit hatte ich drei Reitbeteiligungen. Da finanziell und auch vom Zeitaufwand her ein eigenes Pferd illusorisch war, gab es für mich (und auch andere) eine Kompromisslösung. Gegen Zahlung einer angemessenen Summe konnte man mit dem Eigentümer eines Privatpferdes eine Vereinbarung dahingehend treffen, dass man zwei- oder dreimal pro Woche reiten konnte. Die erste Reitbeteiligung hatte ich an „Valeur", von seiner netten ältlichen Eigentümerin „der Schlingel" genannt, ein schöner, aber fauler Fuchs. Die zweite Beteiligung bezog sich auf „Bolle", der so aussah, wie es der Name schon suggeriert, nicht eben vornehm. Die schönste Reitbeteiligung hatte ich an „Servus", einem Trakehnerfuchs. Ich ritt meistens allein in den Grunewald, entweder Schritt am langen Zügel oder Galopp; Trab hielt ich für eine überflüssige Gangart. Wenn ich die Zügel aufnahm, wusste Servus schon, dass jetzt die Luzy im Galopp abging; ich musste ihn nicht extra antreiben. Er konnte wirklich schnell laufen, ließ sich aber auch problemlos wieder durchparieren. Die auf dem Weg in den Wald auf der Onkel-Tom-Straße an uns vorbeidonnernden 30-Tonner machten Servus (er war halt ein Stadtpferd) nichts aus, aber an dem Papierkorb mit einem mitunter im Wind flatternden blauen Sack konnte ich ihn auch beim hundertsten Mal nur im Halbkreis und mit ängstlich gespitzten Ohren vorbeibekommen.

Meine Mutter war bald nach mir auch nach OTH gewechselt. Sie ritt wie ich zunächst auf den Schulpferden. Einmal hatte sie auch eine Reitbeteiligung, an „Heidi", genannt „die Muhme", einer eigentlich für eine Frau zu mächtigen Holsteiner Stute. Die hatte einen guten Charakter, stolperte aber leider häufig, was für den Reiter durchaus unangenehm ist.

Wir hatten in der Reitschule natürlich viele Bekannte gefunden; einige will ich erwähnen. Da ist Waltraut Merten, etwa im Alter meiner Mutter; ihr Mann, ein pensionierter Staatsanwalt, war der Lateinlehrer meiner Mutter. Frau Merten war ein bisschen konfus und hektisch. Als sie erstmals bei uns zum Kaffee eingeladen war, gab es Obsttorteletts, die in der Mitte eine Kirsche hatten. In der Kirsche, die Waltraut Merten auf ihrem Tortelett hatte, war ein Stein; diesen legte sie nicht auf ihrem, sondern auf meinem Teller ab, was mich etwas verwunderte. Eines Tages hatte sie in einem Kaufhaus ein Schnäppchen entdeckt; es gab Ledergeldbörsen zu einem niedrigen Preis. Frau Merten kaufte zwanzig Stück (unklar ist mir, was sie mit dieser Menge wollte). Als sie nach Hause kam und in der Handtasche nach dem Schlüssel kramte, fielen ihr alle zwanzig Portemonnaies zu Boden. Der zufällig anwesende Postbote war irritiert; hatte er eine Taschendiebin entdeckt? Bei anderer Gelegenheit hatte Waltraut Merten im Casino der Reitschule die Zeit vergessen. Überstürzt wollte sie aufbrechen, weil sie noch einkaufen musste; sie griff nach ihrer - wie sie meinte - auf dem Stuhl liegenden Pelzmütze und schickte sich an, diese aufzusetzen. Plötzlich miaute die Pelzmütze, die vier Beine hatte; fast hätte die konfuse Reitkameradin sich eine Katze auf den Kopf gesetzt.

Eines Tages wurden in der Reitschule für die Schulpferdereiter Leistungsklassen eingeführt, um eine bessere Einteilung der Gruppen erreichen zu können. Die Klassen vier und fünf waren die Anfänger, Klasse drei waren die mittleren Reiter und die Klassen eins und zwei die guten Reiter. Einer der Reitlehrer hatte Waltraut Merten in die Klasse drei eingestuft; sie war schockiert, da sie sich (wie fast alle Reiter, die zur Überschätzung der eigenen Fähigkeiten neigen) für besser hielt und meinte, Gruppe zwei sei angemessen. Sie sprach den Reitlehrer Hans-Ulrich Harnack, ob seiner geringen Körpergröße „Muck" genannt, diesbezüglich an. Muck war ein eher einfacher, sympathischer junger Mann, der über wenig Bildung, aber eine erhebliche Portion „Küchenpsychologie" verfügte. Er sagte zu Waltraut Merten „ich würde Ihnen eine zwei geben"; sie strahlte; nach einer kleinen Pause fügte er hinzu „ich gebe allen Hausfrauen eine zwei".

Eine andere Reitbekannte war Henriette Brose. Sie war jünger als meine Mutter, gebildet (ich glaube, sie war Bibliothekarin), alleinstehend, dicklich, mit stets fettigen halblangen Haaren und schwärzlichen Fingernägeln, aber ansonsten ganz nett. Eines Abends war sie zu uns auf den Balkon zu einer Bowle eingeladen. Im Rahmen der Unterhaltung kam sie (ich sage ja, sie war gebildet) auf das alte Ägypten zu sprechen und schwärmte von Cleopatra. Von dieser Sekunde an nannte meine Mutter sie nur noch Cleopatra; dieser Name passte auf sie wirklich wie die Faust auf's Auge.

Zum Abschluss meines Reitkapitels sei noch darauf hingewiesen, dass in erster Linie meine Mutter und in zweiter Linie auch ich Robert ebenfalls an das Reiten herangeführt haben. Er hatte insoweit durchaus Talent, seine Begeisterung war jedoch nur vorübergehender Natur. Ich selbst habe seit vielen Jahren nicht mehr auf einem Pferd gesessen, denke aber schon längere Zeit darüber nach, dies noch einmal zu tun. Ich glaube, mit dem Reiten verhält es sich so wie mit dem Schwimmen oder Radfahren; wenn man es einmal konnte, verlernt man es nicht. Ich sollte aber nicht so lange darüber nachdenken, bis ich tatsächlich dafür zu alt bin.

VIII.

Gute Antwort, Tasse Kaffee hinterher

Mein Vater hatte in Marburg an der Lahn studiert, meine Schwester hatte in Marburg studiert und wohnte Anfang der 70-er Jahre dort mit ihrem Mann, da war es doch nur folgerichtig, dass auch ich dort studieren würde. Obwohl Mütter, zumal wenn sie „alleinerziehend" sind (das kann man wohl auch von einer Witwe sagen, wenngleich das Erziehungsbedürfnis bei mir als einem 19-jährigen vermutlich überwiegend schon erfüllt war), ihre Söhne ungern ziehen lassen, war meine Mutter damit einverstanden, dass ich jedenfalls für einige Semester auch dort studieren würde. Sie war auch bereit, mir den Aufenthalt in Marburg zu finanzieren, denn eine Förderung nach dem Bafög oder, wie es früher hieß, nach dem Honnefer Modell bekam ich nicht. Ich hatte mich - genauso wie mein Vater und mein Großvater - für die Juristerei entschieden und mich an der Philipps-Universität Marburg immatrikuliert. Unterkunft hatte ich in einem Zimmer im Studentendorf (heute heißt es wahrscheinlich Studierendendorf) in der Geschwister-Scholl-Straße gefunden, in dem einige Jahre zuvor auch meine Schwester gewohnt hatte. Mitte April 1971 belud ich also den noch von meinem Vater gekauften VW-Käfer (meine Mutter hatte ihre Autofahrer-Karriere zwischenzeitlich aufgegeben) mit den von mir für notwendig erachteten Utensilien und startete in das große Abenteuer. Erstmalig würde ich gänzlich eigenverantwortlich mein Leben zu gestalten haben. Meine Mutter, die ja inzwischen etwas Latein gelernt hatte, gab mir einen häufig von meinem Vater zitierten Spruch mit auf den Weg. „Quidquid agis, prudenter agas, et respice finem." (für Nichthumanisten: „Was auch immer du tust, tue es klug und berücksichtige das Ende.") Ich habe versucht, mich dran zu halten.

Ich bezog das Zimmer 142 im Adolf-Reichwein-Haus. Das Studentendorf lag etwas außerhalb des Stadtzentrums auf halber Höhe und bestand aus insgesamt sieben Wohnhäusern und einem Gemeinschaftshaus. Die Wohnhäuser hatten nach meiner Erinnerung so zwischen fünf und sieben Etagen. Jede Etage verfügte über eine oder zwei Gemeinschaftsküchen und ein oder zwei Waschräume mit Duschen und Toiletten; ob sich Studenten heutzutage mit diesem doch eher spartanischen Komfort begnügen würden, erscheint mir zweifelhaft. Die Zimmerchen waren winzig, aber praktisch, mit einem Waschbecken und einem eingebauten Schrank im vorderen Teil und einem Bett sowie einem Schreibtisch und einem Tischchen im Wohnteil, insgesamt ca. 10 Quadratmeter. Mit der multifunktionalen Schranktür konnte auch der Wohnbereich gegenüber dem vorderen Bereich getrennt werden. Ich habe mich dort schnell eingelebt.

Die Belegschaft im Studentendorf war bunt gemischt, Männlein und Weiblein, Erstsemester und ewige Studenten, alle Fachrichtungen. Noch wenige Jahre zuvor, als meine Schwester dort wohnte, das war vor der „Studentenrevolte" von 1968, waren die Bewohner streng nach Geschlechtern (damals gab es nur zwei Geschlechter) getrennt. Einmal wurde eine dort wohnende Studentin mit ihrem zu Besuch weilenden Freund im Bett erwischt. Ich weiß nicht, wer diese Kontrolle durchgeführt hat, ob ein Hausmeister, ein Blockwart oder ein Abschnittsbevollmächtigter. Es gab jedenfalls einen Riesenskandal und intensive Debatten auch im politischen Raum, welche Konsequenzen dieses unerhörte Verhalten nach sich ziehen müsste. Ein Professor, der Freude an Sprachwitz hatte und auf den ich später noch zu sprechen kommen werde, wurde jedenfalls in einer Marburger Zeitung so zitiert: „Diese Geschichte sollte so enden, wie sie auch begonnen hat: erröten, lächeln, ausziehen."

Ich habe mich nicht nur im Studentendorf schnell eingelebt; auch im Studienbetrieb fand ich mich zügig zurecht. Da es die meisten Studienanfänger wegen des in „Westdeutschland" damals üblichen Abiturzeitpunktes zum Wintersemester gab, waren wir im Sommersemester 1971 nur etwa 40 Erstsemester im Fachbereich Jura. Davon träumen heutzutage die Studenten angesichts von Anfängerzahlen bei den Juristen von um die 800 etwa an der Freien Universität Berlin und Videoübertragungen der Vorlesungen in diverse Räume (mal ganz abgesehen davon, dass es zu den im Frühjahr 2021 immer noch herrschenden Corona-Zeiten gar keine Präsenzveranstaltungen an den Universitäten gibt). Von den rund 40 Marburger Jura-Anfängern sind vielleicht so etwa 25 regelmäßig zu den Vorlesungen gekommen; es war fast wie eine Schulklasse. Nach drei Wochen kannten wir uns alle persönlich, zumal man sich fast mit Sicherheit auch abends in den diversen Kneipen der Innenstadt wieder traf. Da waren „Schweinebacke" aus Lingen im Emsland (auf die Frage nach seinem Namen stellte er sich mit diesem durchaus passenden Spitznamen vor) und sein gut aussehender Schulfreund, dessen Namen ich vergessen habe. Da war der kleine Jonschi mit seinem Kumpel Schütt; Schütt fuhr einen alten Triumph, bei dem er immer mit dem Pedal erst „pumpen" musste, bevor die Bremse richtig funktionierte, im bergigen Marburg nicht ganz ungefährlich. Da waren - neben mir als viertem Berliner - die drei etwas schrägen Berliner Landsleute „Federhalter" (etwas unterbelichtet), „Scheinemacher" (der Übereifrige) und „der Hugenotte". Da waren die langbeinige Kirsten aus Wuppertal, die kleine Marlene mit den Mäusezähnen und Norbert (die beiden sind sich bald näher gekommen) und die rothaarige Brigitte. Den Namen einer attraktiven Kommilitonin aus Wiesbaden, für die „Schweinebacke" schwärmte und die ein VW-Cabrio fuhr, habe ich vergessen. Mir fällt noch Martin aus Frankenberg ein (Spruch der

Marburger Autofahrer bzgl. ihrer „Nachbarn" aus Biedenkopf und Frankenberg: hüte dich vor Eis und Schnee, vor BID und FKB). Als ersten Kommilitonen lernte ich Hubert aus Marl bei Recklinghausen im Kohlenpott kennen, mit dem ich noch jetzt - 50 Jahre später - befreundet bin.

Wer als Student nicht versumpfen will, muss ein gewisses Mindestmaß an Disziplin aufbringen. In der Schule war einem mehr oder weniger alles vorgegeben, man hatte einen festen Stundenplan und benötigte im Falle des Fehlens einen „Entschuldigungszettel", den zu meiner Schulzeit noch die Eltern schreiben mussten. Es war klar, wann man was für die nächste Klassenarbeit lernen musste, man wusste, dass man in der übernächsten Stunde lateinische Vokabeln abgefragt würde. Das pünktliche Aufstehen war auch kein Problem, denn darüber wachte im „Hotel Mama" eben diese.

Ganz anders als Student. Ich hatte mir zwar einen Stundenplan zusammengestellt, der aus diversen Vorlesungen im Zivilrecht und im Strafrecht bestand und als „krönenden Abschluss" am Freitag um 9 Uhr „Verfassungsgeschichte der Neuzeit" beinhaltete. Aber ob ich zu diesen Vorlesungen und den diversen Arbeitsgemeinschaften hinging oder es vorzog, wegen der ausgeuferten Party vom Vortag lieber bis mittags im Bett zu bleiben, war ausschließlich meine Entscheidung. Ich glaube, ich habe in meinen drei Marburger Semestern ein ausgewogenes Verhältnis zwischen ernsthaftem Studium und (mitunter auch ausschweifenden) Vergnügungen gefunden. Immerhin habe ich im zweiten Semester den „kleinen" Strafrechtsschein und den „kleinen" BGB-Schein und im dritten Semester den „großen" Strafrechtsschein und den „kleinen" Schein im öffentlichen Recht gemacht. Dauerhaft im Gedächtnis geblieben ist mir mein damaliger Strafrechtsprofessor Karl-Alfred Hall. Er war ein liebenswürdiges, extrem gebildetes und höchst unterhaltsames Original, bei dem ich zudem auch noch viel gelernt habe. Zu meiner Zeit war er eigentlich schon im Pensionsalter, machte aber weiter, weil ihm das Zusammensein mit den Studenten so viel Spaß machte (und diesen auch). Er war klein, dick, hatte nur noch wenige Haare, eine gewaltige Hakennase und listige Äuglein. Eine seiner vielen besonderen Eigenschaften war ein Sprachwitz; der von mir oben zitierte Ausspruch zu der „skandalösen" Doppelübernachtung im Studentendorf stammt von ihm. Auch seine für die Studenten ausgewählten Aufgaben für Klausuren und Hausarbeiten hatten höchst originelle (möglicherweise der heutzutage überbewerteten „Political Correctness" nicht mehr genügende) Texte. Aus mehreren von mir aufbewahrten Aufgabentexten gebe ich hier den Text einer Hausarbeit für Anfänger wieder:

Löwengeburt

Zu Ngere Okorongo, einem Medizinmann in der Kalahari, schleicht in Demutshaltung die hochtragende Löwin Lewa Hauna. Und hundert Meter hinter ihr brüllt Vater Löwe, wütend mit dem Schweif den Wüstensand schlagend. Wir wissen ja: Er meint es nicht so. Er soll ja wohl. Es ist das leonische Imponiergehabe.

Dank Okorongos Kunst bringt Lewa Hauna sechs kleine spielende Leoncini zur Welt.

Wäre Ngere Okorongo nach den Erfahrungen seiner gynäkologischen Praxis berechtigt, einer Missionarstochter aus Okahandja, die zu ihm gewandert ist, bei der vorzeitigen Abbrechung einer Schwangerschaft behilflich zu sein?

Dauerhaft im Gedächtnis geblieben ist mir auch die Erläuterung der „actio libera in causa" (sinngemäße Übersetzung: eine in der Ursache freie Handlung) durch Karl Alfred Hall. Mittels dieses Rechtsinstituts soll die Frage beantwortet werden können, ob und gegebenenfalls unter welchen Umständen ein total alkoholisierter und damit schuldunfähiger Täter für seine im Vollrausch begangene Tat bestraft werden kann. Karl Alfred Hall malte an die große Schiefertafel im Hörsaal mit farbiger Kreide das „Meer von Alkohol", davor einen Sprungturm wie in einem Schwimmbad. Edi, der Tätertyp, stürzte sich nun in das Meer von Alkohol mit den Worten „I will kill the Boss". Er betrinkt sich also, um seinen Chef zu töten. Das ist die vorsätzliche actio libera in causa. Edi ist für die Tat strafrechtlich verantwortlich, er wird wegen Mordes bestraft.

Wenn der zu Gewalttätigkeiten unter Alkoholeinfluss neigende Edi sich mit den Worten „bloß mal baden gehen" in das Meer von Alkohol stürzt und dann im Rausch jemanden tötet, hat er sich nicht zum Zweck der Tötung betrunken. Es liegt nur eine fahrlässige actio libera in causa vor, er kann nur wegen fahrlässiger Tötung (m.e. vielleicht auch wegen vorsätzlicher Körperverletzung) verurteilt werden. In meiner 38-jährigen Praxis als Strafrichter habe ich dieses Rechtsinstitut zwar nie angewendet, aber ob der Originalität der Erklärung ist es nicht nur mir im Gedächtnis haften geblieben; Jahre später habe ich diese Story meiner Frau Gesa erzählt, die zu diesem Teilaspekt des Strafrechtes daraufhin durchaus Nachhilfeunterricht hätte geben können.

Dass mein Interesse am Fußball mir zum Erwerb des großen Strafrechtscheines verhelfen würde, hätte ich auch nicht gedacht. Im Sommersemester 1972 gab Karl Alfred Hall eine Ferienhausarbeit heraus, die die Frage zum Thema hatte, ob ein Straftatbestand „Sportbestechung" erforderlich wäre und wie dieser gegebenenfalls formuliert werden müsse. Da war ich in meinem Element, denn ich hatte den Bundesligabestechungsskandal von 1971 (vgl. auch schon Kapitel IV) in seinen tatsächlichen und rechtlichen Auswirkungen genau verfolgt.

Strafrechtliche Fachliteratur gab es zu diesem Thema nahezu gar nicht, ich konnte meinen juristischen Gedanken freien Lauf lassen. Diese Gedankengänge müssen Karl Alfred Hall gefallen haben, denn er schrieb unter mein Werk „eine recht erschöpfende und ordentliche Arbeit" und gab mir die Note „gut". Ich war sehr zufrieden.

Bei den Klausuren schoss Professor Hall urplötzlich zwischen die Reihen der Studenten, die zusammenzuckten und ihre Spickzettel zu verstecken trachteten, und fragte in die Runde „was braucht der Student in der Klausur? Studentenfutter!" Dann verteilte er einige Päckchen dieses Nahrungsmittels (das inzwischen sicherlich auch einen anderen Namen hat und vermutlich „Studierendenfutter" heißt) an die Schwitzenden.

Höhepunkt der Veranstaltungen bei Karl Alfred Hall waren die von ihm ausgesprochenen Einladungen ins berühmte Cafe Vetter. Wenn ein Student oder eine Studentin in der Vorlesung eine ihn überzeugende Antwort gegeben hatte, hieß es „gute Antwort! Tasse Kaffe hinterher!". So lud Karl Alfred Hall nach jeder Vorlesung zwischen acht und zehn Studenten in das weit über einhundert Jahre alte traditionsreiche Cafe Vetter ein, das malerisch in der Oberstadt liegt und von der Terrasse einen schönen Blick über das Lahntal bietet. Jeder Teilnehmer an dieser Runde wurde zu einer Tasse Kaffe eingeladen. In der Regel entspann sich dann so oder so ähnlich eine Konversation, in der der Professor fragte „und, gnädiges Fräulein, wo kommen Sie denn her?" .... „aus Kleinhintertupfingen" .... „ ach, da steht ja die berühmte Barockkirche mit dem bekannten Altar und den beeindruckenden Gemälden". Das gnädige Fräulein hatte davon im Regelfall nicht die geringste Ahnung (die Herren Studenten in entsprechender Lage übrigens ebenso wenig) und konnte nur irgendeine nichtssagende Antwort stammeln.

Das Cafe Vetter gibt es immer noch; bei Besuchen in Marburg mit Gesa und viele Jahre später mit Gisela haben wir uns dort Kaffee und Kuchen schmecken lassen.

Neben dem Studium kamen - wie ich schon angedeutet habe - auch die studentischen Vergnügungen zu ihrem Recht. In den drei Marburger Semestern bin ich kein einziges Mal vor Mitternacht schlafen gegangen. Das wäre auch völlig sinnlos gewesen, da es im Studentendorf jeden Tag (!) irgendwo eine Feier oder ähnliches gab mit entsprechender Geräuschentwicklung. Die kleinste Feiereinheit war die Zimmerfete, bei der sich dann zu Musik von The Who oder Jimmy Hendrix mitunter bis zu zwölf Personen irgendwie zusammenquetschten. Wenn, was auch vorkam, nur zwei Partyteilnehmer im Zimmer waren, wurde eher Leonard Cohen aufgelegt. Die nächste Größeneinheit war die Küchenfete, die von den Räumlichkeiten her schon mehr Platz bot. Dann kam die Stockwerksfete und schließlich, einige Male im Jahr, eine Hausfete; ich kann mich an eine Feier erinnern, auf der von Anfang bis Ende immer abwechselnd Stones und Beatles gespielt wurden; beide Gruppen hatten ihre feste Anhängerschaft. Ich gehörte immer zur Stones-Fraktion.

Feierhöhepunkt war die einmal jährlich stattfindende Fete des gesamten Studentendorfes, die in allen drei Stockwerken des Gemeinschaftshauses stattfand und die in ganz Marburg einen bemerkenswerten Ruf genoss. In dem Gemeinschaftshaus waren sonst in einer Etage drei Tischtennisplatten aufgestellt, die meine Freunde und ich häufig nutzten, in einer weiteren Etage stand ein Klavier (das meine Freunde und ich nicht nutzten); schließlich war in diesem Haus der „Kuchenzwerg" untergebracht, bei dem man für zwanzig Pfennig eine Tasse Kaffee und zu demselben Preis auch ein Stück Streuselkuchen verzehren konnte; bei diesem eher klein gewachsenen Gastwirt hielten wir uns auch häufiger auf. Eine solche große Fete erforderte eine Menge von organisatorischer Vorarbeit (Essen, Trinken, Live-Musik). Da war es gut, dass es auch einen Dorfbürgermeister gab, der sich mit seinen Helfern um diese Dinge kümmerte. Ansonsten hat der seinerzeit tätige Bürgermeister des Studentendorfes dadurch eine gewisse Berühmtheit sogar auch in den Medien erlangt, dass er die Forderung aufstellte, die Zimmer mit zur Verbreiterung der Betten geeigneten „Sexquadern" auszustatten; mit dieser Forderung hatte er während meiner Marburger Zeit keinen Erfolg.

Es gab nicht nur die Feten im Studentendorf, die Stadt Marburg hatte auch sonst einiges zu bieten. Die malerische Altstadt war auf einem Hügel gelegen, auf dessen Spitze sich das Schloss befand. In diesem hatte in der Reformationszeit ein religiöses Streitgespräch zwischen Calvin und Zwingli stattgefunden. In der Altstadt gab es eine Menge gemütlicher Restaurants und Kneipen, außerdem auch einige Discos (heute sagt man dazu Club). Am ersten Mai fand auf dem Marktplatz das traditionelle Mai-Ansingen statt; viele Bierbänke und -tische waren aufgebaut, man trank, schunkelte, sang und wartete auf Mitternacht, wenn der altersschwache blecherne Hahn aus der Uhr des Rathausturmes hervorkam, etwas lahm mit den Flügeln schlug und zwölf mal scheppernd krähte. Die Masse der Anwesenden, überwiegend Studenten, aber auch etliche Marburger Bürger, zählte mit, war aber zu schnell und schon bei siebzehn gelandet; danach hieß es „Zugabe! Zugabe!". Es war ein großer Spaß.

In Marburg gab es „normale" Studenten so wie mich, eine größere Anzahl eher konservativer Verbindungsstudenten (in den ersten Wochen eines Semesters konnte man sich auf den Verbindungshäusern durchfressen und -saufen, weil sie einen zum Beitritt überreden wollten), aber auch ziemlich viele mehr oder weniger linke Studenten. Letztere lieferten sich mit den „Reaktionären" mitunter Brüllduelle in der Art „eure Zeiten sind vorbei, uns gehört der erste Mai!". Es blieb aber friedlich, von Schlägereien und Krawallen ist mir nichts bekannt.

Im Juni 1972 wurde Marburg 750 Jahre alt. Dieses Jubiläum wurde gebührend zelebriert, zumal zeitgleich die in jedem Jahr in eine andere Stadt vergebenen „Hessentage" dort gefeiert wurden, über neun Tage, mit Umzügen, vielen Theater-, Musik- und Tanzveranstaltungen, auch oben im Bereich des Schlosses. Es war ein netter Abschluss meiner Zeit in Marburg. Ich habe dort in den drei Semestern nicht nur erste Kenntnisse in der Juristerei erworben, sondern auch in einem anderen Sektor, in dem ich vorher ahnungslos war. Dabei spielten eine gewisse Gaby, die in Marburg das Abendgymnasium besuchte, eine Rolle (ich weiß nicht mehr, wo ich sie kennengelernt habe), die damals noch die Schule besuchende Evi (die habe ich in einer der Marburger Dorfdiscos kennengelernt) und schließlich die schon erwähnte Kommilitonin Kirsten, die ihre langen schlanken Beine nur ansatzweise unter sehr kurzen Röcken verbarg. An Kirsten haben sowohl Hubert als auch ich Gefallen gefunden; sie hat unsere Zuneigung (zu unterschiedlichen Zeiten!) durchaus erwidert und sich dabei auch nicht davon stören lassen, dass sie in Wuppertal ihren Freund Kurt hatte.

Der dritte Bereich (neben der Juristerei und der Liebe), der in meiner Marburger Zeit für mich wichtig war, war der Sport. In den beiden Sommersemestern hatten die Studenten die Gelegenheit, einmal wöchentlich auf dem großen direkt an der Lahn gelegenen Sportplatz Fußball zu spielen. Es war ein Rasenplatz, für einen Großstädter wie mich eine seltene Ausnahme, und so nahm ich regelmäßig diesen Termin wahr.

Eines warmen Tages war ich als Rechtsaußen aufgestellt und versuchte, einen aus dem Mittelfeld geschlagenen Diagonalpass zu erlaufen. Ich erreichte den Ball etwa 50 cm vor dem schräg abfallenden Lahnufer und schlug ihn vors Tor; ich hatte aber so viel Schwung durch meinen schnellen Lauf drauf, dass ich selbst über die Böschung in die Lahn stürzte. Die war an dieser Stelle nur einen Meter tief und ich konnte unter dem Gelächter meiner Mitspieler wieder ans rettende Ufer klettern; durchnässt spielte ich weiter.

In meine Marburger Zeit fällt auch der Beginn meiner Skifahrerkarriere. Im Februar 1972 fuhr ich mit einer Gruppe von Marburger Medizinstudenten für zwei Wochen nach Riezlern ins Kleinwalsertal. Ich war totaler Skianfänger und habe in diesen zwei Wochen die Anfänge dieses Sports beigebracht bekommen und daran so viel Spaß gefunden, dass ich von da an für viele Jahre jeden Winter zum Skifahren unterwegs war.

Nach Abschluss des dritten Semesters bin ich Mitte Juli 1972 vielfältig bereichert in meine Heimat nach Berlin zurückgekehrt. Ich hatte dort in Marburg eine der besten Zeiten meines Lebens.

IX.

Räuber haben immer viel Hunger

Es gibt Menschen, deren Schulfreundschaften halten ein ganzes Leben lang. Zu diesen Menschen gehöre ich nicht. Die durchaus enge Freundschaft zu „Senne" (vgl. Kapitel III) endete kurz nach meiner Eheschließung; an meiner Frau lag das nicht, an mir eigentlich auch nicht. Die kaum weniger enge Freundschaft mit Christian, den ich in Kapitel III kurz erwähnt habe und der in Kapitel X noch eine wichtige Nebenrolle spielen wird, versickerte im Nirwana, weil mir ab einem gewissen Zeitpunkt seine angeberhafte Art zunehmend „auf den Geist" ging. Gleichwohl pflege ich einige schon mehrere Jahrzehnte während gute Freundschaften, in die später auch die jeweiligen Partner beider Seiten eingebunden waren und sind.

Als erster wäre da Hubert zu nennen, den ich in meinem ersten Marburger Semester im Frühjahr 1971 kennengelernt habe. Wir kamen in der Pause irgendeiner Vorlesung - eventuell bei Dr. Bernert im Zivilrecht - ins Gespräch und fanden uns sympathisch. Anfangs verbrachten wir die Vorlesungspausen gemeinsam mit einer Tasse Kaffee und einem belegten Brötchen, später verabredeten wir uns auch abends zu einem Kneipen- oder Discobesuch. Am Wochenende fuhren wir auch schon mal auf die „Schnitzelranch" in der Umgebung von Marburg, wo es zu einem günstigen Preis ausschließlich Schnitzel mit Pommes Frites gab und wo 95 % der Gäste Studenten waren. Hubert ist auf einem Bauernhof in Marl am Nordrand des Ruhrgebietes aufgewachsen. Er hat einen älteren Bruder und drei jüngere Schwestern. Nach der Volksschule absolvierte Hubert zunächst eine Lehre als Maschinenschlosser, bevor er dann auf dem zweiten Bildungsweg das Abitur nachholte und mit mir zusammen in Marburg das Jurastudium begann. Als wir uns besser kennengelernt hatten, habe ich ihn auch mehrfach zu Hause besucht und dort auch seinen Spitznamen „Hubsi" in Erfahrung gebracht. Zentrum des alten Bauernhauses war die große Küche. An der Frontseite des Küchentisches nahm der Vater Platz, der im Krieg einen Arm verloren hatte. Er war das, was man sich unter einem typischen Westfalen vorstellt, er redete nicht viel, war aber doch das unangefochtene Familienoberhaupt. Wenn sein Kaffeebecher leer war, sagte er nichts, sondern klopfte mit dem Becher auf den Küchentisch; sogleich sprang eine der Töchter auf und schenkte ihm nach. Die Rollenverteilung funktionierte in dieser Familie noch. Die Mutter war klein, rundlich und geschäftig; ihr selbstgebackenes Brot schmeckte unheimlich gut, und wenn ein Schwein geschlachtet worden war, gab es in einer riesigen Pfanne mindestens ein Dutzend Koteletts. Sie war, ähnlich wie Sepp Herberger („das nächste Spiel ist immer das schwerste"), auch eine Art Philosophin. Wenn es irgendwelche Probleme innerhalb der Familie oder beim Studium oder der Ausbildung der Kinder gab, hatte die Mutter zwei Standardaussprüche, nämlich „ich weis et ja auch nich" bzw. „et is allet nich so einfach". Das passte immer! Als Hubsi und ich uns kennenlernten, war er schon mit Brigitte, die später seine Ehefrau und Mutter seiner drei Kinder wurde, befreundet. Dieser Umstand hinderte ihn aber nicht, bei den diversen Feten in Marburg auch anderweitig aktiv zu sein (von unserem gemeinsamen Interesse an Kirsten habe ich bereits erzählt). In diesem Sektor war er auch ganz erfolgreich. Er war mit seiner Größe von einem Meter und neunzig, dem runden und bärtigen Gesicht mit den breiten Wangenknochen und seinem nicht so schnell aus der Ruhe zu bringenden Gemüt so eine Art „Teddybär"; das fanden die jungen Frauen ganz gut. Meine Mutter, die sich mit Hubert bei seinen Besuchen in Berlin gut verstand, bewertete sein Äußeres anders und war der Meinung, er sehe „wie ein trauriger sibirischer Bauer" aus. Wenn man ihn ob seiner Aktivitäten auf amourösem Gebiet darauf ansprach, dass er doch in Gelsenkirchen eine feste Freundin habe, meinte er treuherzig „lieben tu ich ja nur die Brigitte". Hubsi verstand viel von Autos. Er selbst fuhr eine alte Ente, deren Motor man noch ankurbeln konnte. In der Ebene fuhr sie ungefähr 85 km/h, bergab durchaus schon mal 100 km/h, aber bergauf auf der Autobahn nur ca. 40 km/h, so dass sie dort auch von den meisten LKW überholt wurde. Aber das störte Hubert mit seiner westfälischen Bierruhe nicht. Er hat mir durch diverse Schweißarbeiten mehr als einmal geholfen, meinen betagten Käfer durch den TÜV zu bekommen. Nach unseren Marburger Semestern wechselte ich an die FU Berlin; für ein oder zwei Semester kam Hubert auch mit nach Berlin. Er hatte eine „Bude" am Oberhofer Platz in Lichterfelde-Ost. Eines Tages Mitte November 1972 suchte ihn seine Wirtin auf. „Ich habe eine schlechte Nachricht für Sie." Hubert fürchtete schon die Kündigung wegen zu häufigen Damenbesuches, aber die Wirtin führte weiter aus „soeben ist ein Baum auf ihr Auto gefallen." Ein Orkan hatte über ganz Nordeuropa gewütet, und ein Baum war längs auf das Stoffdach der Ente so gefallen, dass sich die beiden Seitenteile der Ente zum Dach hin nach innen gebogen hatten und die Kiefer wie in einer Hängematte darin lag. Die Feuerwehr beseitigte den Baum, und Hubert sah kein Problem darin, mit der zusammengedrückten Ente durch die DDR an den erstaunten Vopos vorbei mit Höchsttempo 60 km/h die 550 km bis auf den heimischen Hof zu fahren, das Dach wieder auseinander zu biegen, vom Schrottplatz ein altes Entendach für 30,- DM zu holen, die Ente zu reparieren und von der Versicherung den Zeitwert des Autos von 700,- DM zu kassieren.

In unserer gemeinsamen Berliner Zeit habe ich viele Kneipen kennengelernt, denn in solchen ein oder zwei oder drei Pils zu trinken, war eines der größten Vergnügen von Hubsi. Ab und zu waren wir auch in Discos, der „Eierschale" am U-Bahnhof Podbielskiallee, dem „Riverboat" am Fehrbelliner Platz und dem „Hifi", das gar nicht weit weg von mir in Zehlendorf-Mitte lag. Diese Einrichtungen suchten wir vorwiegend Freitag oder Sonnabend auf, weil da mehr los war. Manchmal, zumal wenn sich nichts Interessantes tat, überkam es Hubert mitten in der Nacht und er sagte vielleicht so gegen Mitternacht „Ker, verdammt, ich glaub, ich fahr nach Hause". Und er setzte sich in seine Ente und tuckerte die 550 km gen Westen, bis er frühmorgens seine Freundin in Gelsenkirchen aus dem Bett klingelte.

Nach einer Phase, in der unsere Verbindung weniger intensiv geworden war, wurde die Beziehung wieder enger, als wir beide Familienväter geworden waren; die beiden älteren Kinder von Hubert und Brigitte, Martin und Nina, sind etwas älter als Robert, seine jüngste Tochter Eva ist ein Jahr jünger. Unsere beiden Familien haben mehrere Reisen zusammen gemacht, wir waren in den 90-er Jahren des vorigen Jahrhunderts zweimal in einem Ferienhaus in Dänemark und auch zweimal in einer Pension in Kärnten. Hubsi und ich haben in der Zeit zwischen 1998 und 2008 zu zweit noch einige tolle Wochenreisen gemacht; auf diese gehe ich noch in einem gesonderten Kapitel ein.

Leider ist Huberts Frau Brigitte schon 2003 verstorben. Bei Gesas und meiner gemeinsamen Nachfeier unseres 100sten Geburttages, die wir im Sommer 2002 mit einer Riverboat-Party auf der Havel begangen haben, waren beide noch dabei. Zu seiner zweiten Frau haben wir keine engere Beziehung entwickeln können.

Traurig ist, dass sich Huberts Gesundheitszustand seit einiger

Zeit rapide verschlechtert hat, dabei war er doch mal „ein Kerl wie eine Deutsche Eiche".

Die zweite langjährige Freundschaft verbindet mich mit Gaby (nicht die Gaby aus dem vorigen Kapitel!). Gaby habe ich 1973 in Oberammergau kennengelernt. Nachdem ich 1972 im Kleinwalsertal bzgl. des Skifahrens „Blut geleckt" hatte, entschloss ich mich, im nächsten Winter erneut einen Skiurlaub zu machen. Ich meldete mich zu einer zweiwöchigen Gruppenreise über die „Europäischen Jugendwochen" an, Ziel war ein Jugendgästehaus in Oberammergau, der Stadt der alle zehn Jahre stattfindenden Passionsfestspiele, die mich allerdings weniger interessierten. Die Gruppe von geschätzt so etwa vierzig Teilnehmern aus verschiedenen europäischen Ländern - überwiegend Deutsche und Franzosen - war in einem gehobenen Jugendherbergsansprüchen genügenden Haus untergebracht. Von dieser Reise stammen meine Vorurteile gegenüber Franzosen, die ich seither für „Schweine" halte; ich habe dort nämlich festgestellt, dass sich die französischen jungen Männer zwar morgens eine halbe Stunde vor dem Spiegel kämmen, sich aber nur zwei Minuten, und das im bereits bekleideten Zustand, waschen und diese Waschung auf die Hände und das Gesicht beschränken. Am ersten Abend - da war ich noch weitgehend vorurteilsfrei - machte uns der „Herbergsvater", ein ziemlich cooler Typ mit einem an Buffalo Bill oder General Custer erinnernden Schnauzbart, mit den geltenden Hausregeln vertraut. Er informierte uns über die Essenszeiten, in welchem Umfang beim Auf- und Abdecken der Tische Hilfe der Gäste erwartet würde, wann die Skikurse beginnen würden, welche Skilehrer für uns zuständig wären und wie die Kurse eingeteilt würden. Abschließend wies er uns darauf hin, dass das Haus um 24 Uhr abgeschlossen würde, wir also nach Disco- oder Kneipenbesuchen bis Mitternacht zurück sein müssten. Da meldete sich ein schlankes junges Mädchen mit langen dunklen etwas welligen Haaren und fragte in einem ihre Herkunft aus Berlin ansatzweise verratenden Tonfall „und wann wird das Haus wieder aufgeschlossen?" Diese Frage beeindruckte mich und ich entschloss mich, dieses Mädchen etwas näher kennenzulernen, was mir auch gelang. Es handelte sich um die damals 19-jährige Gaby aus Rudow, die kürzlich ihr Abitur gemacht hatte und vor Beginn eines Mathematikstudiums stand. Sie war also, wie ich als humanistisch gebildeter junger Mann ihr sogleich erläuterte, eine „Mula", nicht mehr Schülerin und noch nicht Studentin. Obwohl wir beide eigentlich nie oder höchstens mal ganz kurz ein Paar im engeren Sinne gewesen sind, verbindet uns doch seit den Zeiten in Oberammergau eine enge Freundschaft. Wir haben mehrere Gruppenskireisen gemeinsam gemacht und dabei auch mitunter ein Doppelzimmer geteilt. Das führte häufig zu Irritationen unter den Mitreisenden, die davon ausgingen, dass wir ein Pärchen seien und dann verwundert feststellten, wie großzügig wir beide Kontakte zu anderen Reisenden suchten und manchmal auch fanden. In damaligen Zeiten ging es tagsüber ums Skifahren, abends und nachts genoss das Knüpfen von Kontakten zum jeweils anderen Geschlecht oberste Priorität. Nach vielen Stunden auf der Skipiste kurzes Duschen, eine halbe Stunde ausruhen, zu Abend essen und dann ging es wieder auf die (andere) Piste mit viel Alkohol, Zigaretten, Musik und Tanzen, in der steten Hoffnung auf irgendwelche „Eroberungen". Diese Aktivitäten zogen sich manchmal bis morgens zwei oder drei Uhr hin. Heutzutage bin ich nach drei Stunden auf der Ski-Piste kaputt, muss mehrere Stunden Mittagsschlaf halten, und gehe dann trotzdem um 21 Uhr schon wieder ins Bett. Ja, so ändern sich die Zeiten, die Bedürfnisse und auch die Fähigkeiten. Um auf die „wilden" Zeiten zurückzukommen, da kann ich mich insbesondere an mehrere Reisen mit Gaby nach Pozza im Fassatal in Südtirol erinnern, die über die Freie Universität Berlin organisiert waren. Manch einer von Euch kennt vielleicht den „Fummelbunker" im benachbarten Campitello. Auf einer dieser Reisen lernte Gaby Ulli kennen, der jetzt schon seit vielen Jahren ihr Ehemann ist. Das war durchaus ganz pikant, denn Ulli hatte diese Reise mit seiner damaligen Freundin angetreten. Zufällig traf ich Monate später in Berlin mal alle drei bei einer gemeinsamen Radtour; wie Gaby und Ulli mir später erzählten, war dieses Unternehmen doch eher ein Flop.

Auf einer meiner Skireisen mit Gaby - vielleicht war es im Jahr 1974 auf dem Weg nach Berchtesgaden - waren wir mit meinem betagten Käfer unterwegs. Autoexperten älterer Semester werden wissen, dass der Heizungszug beim Käfer gerne einrostete. So war es auch bei meinem Auto. Wenn man die Heizung angestellt hatte, ließ sie sich nicht so ohne weiteres wieder ausstellen. Man musste dazu unter das Auto kriechen und den Heizungszug mit Gewalt in eine andere Richtung bewegen. Das war uns auf dem Weg in den Winterurlaub zu mühselig und so saßen wir in einem total überhitzten Auto. Weil das auf die Dauer nicht auszuhalten war, entledigten wir uns großer Teile unserer Bekleidung und fuhren in Unterwäsche weiter; manch ein Passant mag da auf völlig unzutreffende Gedanken gekommen sein.

Ende 1978 hatte ich meine spätere Ehefrau Gesa kennengelernt und wollte dann im nächsten Jahr Gaby und Gesa miteinander bekannt machen. Da ist es ja angebracht, sensibel vorzugehen, was auch Gaby bewusst war. Zu dieser ersten Zusammenkunft hatte Gaby daher einen Kuchen gebacken, eine solide und durchaus erfolgreiche Methode, die ich Jahrzehnte später in anderem Zusammenhang auch erfolgreich angewendet habe. Bald waren Gesa und ich auf der einen und Gaby und Ulli auf der anderen Seite gut befreundet, wir haben zusammen einige Reisen gemacht, Gaby ist eine von Roberts Paten geworden und der Kontakt besteht bis heute; in diese langjährige Freundschaft ist nun auch Gisela (zu ihr später mehr) einbezogen.

Die dritte bereits Jahrzehnte während Freundschaft verbindet mich mit Volker. Kennengelernt haben wir uns nach meiner Erinnerung in der zweiten Hälfte des Jahres 1974 beim Repetitor. Zu diesem gehen seit mehr als 150 Jahren fast alle Jurastudenten in Vorbereitung auf ihr erstes Staatsexamen, weil sie der Institution Universität und den dort tätigen Professoren das nicht zutrauen. Ich bin gerne zum Repetitor (auf deutsch: Wiederholer) gegangen, weil die dort gegen Entgelt tätigen Juristen es verstanden haben, den mitunter drögen Stoff in höchst amüsanter Weise zu vermitteln; an witzige Formulierungen der Repetitoren von vor fast einem halben Jahrhundert kann ich mich immer noch erinnern (das Oberlandesgericht in Hamm nannten sie nur „das Hammer Rechtsbeugezentrum"). Für die meisten Studenten, so auch für mich, war der Repetitor kein „Wiederholer", sondern ein „Erstbeibringer", und dies in einer wesentlich effektiveren Art als es die Professoren in ihren mitunter ziemlich langweiligen Vorlesungen vermochten.

Volker und ich lernten uns also in den vom Repetitor genutzten Baracken, die in einer Querstraße des Hohenzollerndammes nahe dem Fehrbelliner Platz lagen, kennen. Bald bildeten wir auch eine private Arbeitsgruppe, in der wir uns einmal wöchentlich trafen und den Stoff vertieften. Zu dieser Gruppe gehörte zunächst noch ein dröges Mädchen, dessen Namen ich vergessen habe (von meiner Mutter in Anlehnung an Dostojewski „Raskolnikowa" genannt), später statt ihrer ein anderer Kommilitone, zu dem der Kontakt nach dem ersten Examen abriss. Die Treffen fanden jeweils abwechselnd bei jedem Gruppenmitglied statt, also alle drei Wochen auch bei mir. Ich wohnt damals noch bei meiner Mutter, die uns regelmäßig Tee und Kekse brachte, was das Lernen etwas angenehmer machte. Volker, der in seiner Kindheit nur wenig in den Genuss eines fürsorglichen Familienlebens gekommen war, und meine Mutter verstanden sich gut. Er hatte damals etwas längere Haare und einen Vollbart und trug häufig eine der seinerzeit modernen Felljacken. Meine Mutter mit ihrem ausgeprägten Hang zu Spitznamen meinte zu mir, er sehe aus wie „Räuber Hotzenplotz". Ich wusste, dass Volker Humor hat; deshalb erzählte ich ihm, welchen Spitznamen ihm meine Mutter gegeben hatte. Eines Tages war Volker bei uns zum Mittagessen eingeladen und er langte tüchtig zu. Als er seinen Teller leergegessen hatte, bot ihm meine Mutter einen Nachschlag an, indem sie fragte „Volker, wollen Sie noch etwas haben?" Volker antwortete „sehr gerne, Räuber haben immer viel Hunger".

In die Freundschaft mit Volker sind später auch unsere Partnerinnen Anne und Gesa (jetzt auch Gisela) einbezogen worden. Wir haben auf Gegenseitigkeit Anteil am Aufwachsen unserer in etwa gleichaltrigen Kinder und an den bisweilen bestehenden familiären Sorgen und Nöten genommen. Volker, der Rechtsanwalt wurde, hat uns das eine oder andere Mal auch in Rechtssachen vertreten. Er ist in seiner Freizeit ein Outdoorfan, der gerne mit dem Fahrrad oder zu Fuß in der Natur unterwegs ist und auch Hunde liebt; ich kann mich an einen sehr netten Ausflug auf die Pfaueninsel und einige andere Touren erinnern. Vor einigen Jahren waren Volker, Hubert (dem es damals noch besser ging) und ich in der bereits erwähnten „Pension Friedl" in Riedlhütte. Es war eine sehr entspannte Zeit mit Wanderungen tagsüber, Kaffee und Kuchen am Nachmittag sowie Skat und Bier am Abend. Meine dynamische Aussie-Hündin Sunny (von der wird später noch die Rede sein) liebte Volker. Wenn ich morgens mein Zimmer mit ihr zusammen verließ, raste sie erst mal zur Tür von Volkers Zimmer, um diesen dann überschwänglich zu begrüßen.

Ich freue mich, dass diese drei geschilderten und schon Jahrzehnte währenden freundschaftlichen Verbindungen weiter Bestand haben.

X.

Wenn Du eine „zwei" machst

Es war Anfang Dezember 1978, ich war 26 Jahre alt und hatte zu der Zeit keine feste Freundin. Ein ehemaliger Klassenkamerad hatte sich vor kurzem (via Kontaktanzeige) eine neue Freundin zugelegt. Die wollte er nun seinen Freunden und Bekannten der Reihe nach vorstellen. Deswegen hatte er sich mit mir in einer Kneipe namens Schalander (die gibt es nicht mehr) am Olivaer Platz verabredet. Weil er es praktisch fand, hatte der Freund zu diesem Vorstellungstermin noch eine andere Bekannte eingeladen, weil er so zwei Fliegen mit einer Klappe schlagen konnte. Als ich in die Kneipe kam, war der Freund mit seiner neuen Freundin (die wurde später die zweite von insgesamt drei Ehefrauen - ich kann ich mich an sie kaum noch erinnern, was einiges über die Dame aussagt) schon da. Ungefähr 10 min später erschien dann eine attraktive junge Frau mit langen offenen blonden Haaren, großen blauen Augen, einem sinnlichen Mund mit schönen Lippen, einem halblangen beigen Rock und einem ziemlich eng sitzenden und gut ausgefüllten Top. Als ich Gesa - den Namen habe ich sogleich erfahren - dort das erste Mal sah, hat sie mich ziemlich beeindruckt, nicht nur wegen ihres Erscheinungsbildes, sondern auch wegen ihres Wesens. Sie hatte nämlich für Christian (so hieß der gemeinsame Bekannte) und seine neue Freundin eine kleine Süßigkeit mitgebracht; sie wusste nicht, dass da noch jemand (nämlich ich) sein würde. Und nun tat Gesa etwas, was für sie, wie ich dann später noch häufig feststellen konnte, ganz typisch war; sie teilte nämlich die Süßigkeiten so auf, dass ich auch eine Kleinigkeit bekam . Das fand ich sehr nett! Wir beide wussten später nicht mehr so ganz genau, an welchem

Tag im Dezember dieses erste Treffen stattgefunden hatte; wir haben uns auf den 4. Dezember als Kennenlerntag geeinigt.

Unser zweites Treffen fand Ende Januar 1979 statt. Der besagte Freund feierte seinen Geburtstag mit einer Party und hatte neben anderen Freunden und Bekannten uns beide eingeladen. Es war tiefer Winter und es lag sehr viel Schnee (in diesem Winter gab es in ganz Norddeutschland eine richtige Schneekatastrophe, das können wir uns heute gar nicht mehr vorstellen). Gesa kam etwas später zu der Feier und wirkte leicht aufgelöst; sie habe ihren alten VW-Käfer in einer Schneeverwehung festgefahren und nun müsse ihr jemand helfen. Da sah ich meine Chance gekommen; wir gingen zu dem auf einer kleinen und nicht geräumten Kreuzung feststeckenden Auto. Forsch meinte ich, Gesa möge mir die Schlüssel geben, ich würde das Auto durch Rausschaukeln wieder flott kriegen. Zum Glück klappte das auch, sonst hätte ich mich ja schön blamiert. Wir beide haben uns auf der Party nett und intensiv unterhalten; ich erzählte ihr auch, dass ich ein angehender Jurist sei und in zwei Wochen meine mündliche Prüfung zum zweiten Staatsexamen hätte. Zur Verabschiedung meinte sie in ihrer typischen, etwas frechen Art, wenn ich im Examen eine „zwei" machen würde, könnte ich mich ja bei ihr melden (die Telefonnummer muss sie mir wohl gegeben haben). Später habe ich von Gesa erfahren, dass sie am nächsten Tag ihrem Bruder (damals schon fertiger Jurist) diese Geschichte erzählt hat, und der hat gesagt „Du spinnst ja, eine „zwei" gibt es so gut wie nie im juristischen Staatsexamen!" Tja, vielleicht so gut wie nie, aber ich war ein cleveres Kerlchen und habe tatsächlich (mit etwas Glück und einem netten Prüfungsvorsitzenden) eine „zwei" geschafft, am 14. Februar 1979; dieser Tag war für mich daher aus zweierlei Gründen ein Glückstag. Ich rief jedenfalls noch an diesem Tag Gesa an - ich war offensichtlich doch schon etwas „verknallt" in sie - und wir trafen uns an demselben Abend, wieder in einer Kneipe, dem „Hoppegarten" in Steglitz (diese Kneipe gibt es jetzt noch), und stießen auf mein gutes Examen an. Bei einer Examensfete wenige Tage später bei mir in meiner kleinen Wohnung in der Hermannstraße (nicht in Neukölln, sondern in der Nähe des U-Bahnhofes „Krumme Lanke" in Zehlendorf) war Gesa dann auch mein Gast; ein guter Freund von mir, Hubert, der für solche Dinge offensichtlich einen Blick hatte, meinte zu mir „na, mit dir und Gesa, da entwickelt sich doch was!". Da hatte er recht!

Unser nächstes Rendezvous fand in der „Eierschale", einem Jazzlokal in Dahlem, statt. Wir unterhielten uns dort intensiv über die Fernsehserie „Holocaust" aus Amerika, die damals die deutschen Fernsehzuschauer sehr bewegte. Für erste zarte Küsse ergab sich gleichwohl eine Gelegenheit. In den Osterferien 1979 - Gesa war ja als Lehrerin schon einige Zeit im Beruf und daher auf die Ferien angewiesen - sind wir zum ersten Mal zusammen verreist, nach Tunesien, und von da an waren wir ein Paar. Gesa wohnte von dieser Zeit an so halb und halb sowohl bei mir in meiner Einzimmerwohnung als auch zur Untermiete bei einer eindrucksvollen älteren Lady namens Meta Nierendorf in einer tollen Altbauwohnung in der Droysenstraße, einer Querstraße des Kurfürstendamms.

Im Frühjahr 1981 bezogen wir dann gemeinsam die Dachwohnung in der Niklasstraße 66, direkt neben Frau Riemann. Diese Wohnung hatte insofern etwas Besonderes, als eineinhalb über einige Stufen zu erreichende Zimmer in den Anfang der 40-er Jahre erbauten Luftschutzbunker wahrscheinlich so halb illegal hineingebaut worden waren. Die Zimmer waren etwas feucht (unter dort aufgehängten Bildern bildete sich Schimmel), aber aufgrund der meterdicken Wände konnte man Lärm machen, ohne dass ein Nachbar dadurch gestört wurde. Gesa hatte mir ziemlich zu Anfang unserer Beziehung offenbart, dass sie auf alle Fälle Kinder haben wollte; zuerst war ich da nicht so begeistert, weil mich zu der Zeit Kinder noch eher nervten (dachte ich jedenfalls). Da ich aber diese Beziehung zu Gesa wollte, habe ich irgendwann gesagt „Na ja, meinetwegen, aber die Kinder sollen dann meinen Namen haben. Also sollten wir heiraten." So furchtbar romantisch war das wohl nicht. Gesa sagte jedenfalls „ok., aber ich will auf alle Fälle heiraten, bevor ich 30 bin." Ich wollte auf keinen Fall heiraten, bevor ich 30 Jahre alt sein würde. Da hatten wir dann nur sechs Wochen Zeit; die Hochzeit sollte zwischen dem 18. März 1982 (meinem 30. Geburtstag) und dem 4. Mai 1982 (Gesas 30. Geburtstag) stattfinden. Wir sagten uns „wir schaffen das!". Und tatsächlich, am 30. April heirateten wir auf dem Zehlendorfer Standesamt und am 1. Mai in der Lichterfelder Dorfkirche. Ungefähr eineinhalb Jahre später, am 18. Oktober 1983, kam dann Robert zur Welt (also zeitlich alles ganz korrekt! Bei Robert und Yasi ging das ziemlich genau 31 Jahre später sehr viel schneller!). Bei der Geburt war ich dabei. Ich fand das aufregender als meine beiden Staatsexamen (bisher die Spannungshöhepunkte meines Lebens), obwohl Gesa bei der Geburt eindeutig sehr viel mehr zu tun hatte als ich. Dieses Erlebnis änderte meine Einstellung zu Kindern; seit diesem Zeitpunkt fand ich es toll, Vater zu sein. Ein Geschwisterchen für Robert hätten wir auch gerne gehabt, aber das klappte nicht. Da haben Robert und Yasi Gesa und mir mit Layla und Aylina was voraus. Aber wenigstens habe ich als Opa (an diese Bezeichnung musste ich mich erst gewöhnen) jetzt zwei Enkeltöchter.

XI.

Ich will mein' Speer

Robert war ein niedliches Kind. Von Anfang an ziemlich sportlich (das habe ich durch Fußballspielen und Weitsprungübungen im „Bunkerzimmer" gefördert), ist er eine Woche vor seinem ersten Geburtstag zum ersten Mal selbständig gelaufen, mit vor Eifer und Anstrengung voll gesabbertem Shirt. Gelernt hat er das Laufen bei Riemanns; Frau Riemann war Roberts Tagesmutter, sie wohnte auf derselben Etage des Wohnhauses Niklasstraße 66, direkt gegenüber unserer Wohnung, das war sehr praktisch. Und das kam so: eines Tages, relativ kurz nach unserem Einzug im Frühjahr 1981, fragte Frau Riemann Gesa „Na, wie sieht es denn mit einem Baby aus?". Gesa, noch nie auf den Mund gefallen, sagte ganz spontan: „Warum nicht, wenn Sie das Kind betreuen würden." So geschah es dann auch einige Zeit später; Dirki, Riemanns Sohn war ausgezogen, und Frau Riemann übernahm die Rolle als Tagesmutter, eine win-win-Situation für alle Beteiligten. Auch ihr Mann, Klaus Riemann, war für Robert ein liebevoller Ersatzopa. Wenn Gesa mal Befürchtungen hatte, Robert würde irgendetwas Wichtiges nicht mitbekommen, beruhigte Frau Riemann sie. „Da machen Se sich ma keene Sorgen, Frau Schweeekendieck, dit lern ick ihm schon!" Bis heute duzt Frau Riemann „Robertchen", während er respektvoll „Frau Riemann" sagt.

Robert war natürlich nicht immer artig. Gesa und ich hatten uns vorgenommen, ausschließlich mit pädagogischen Maßnahmen auf von uns als Fehlverhalten erachtete Aktionen unseres Sohnes zu reagieren. Das beinhaltete natürlich eine völlige Gewaltfreiheit. Dieses Prinzip haben wir (fast) immer eingehalten. Einmal bin ich aber doch ausgerastet, und das wirft Robert (obwohl er sich eigentlich gar nicht mehr erinnern kann) mir bis heute vor. Wir waren bei Gesas Mutter, meiner Schwiegermutter, in Lichterfelde im Weddigenweg zu Besuch. Da waren wir ziemlich oft, jeden Sonntag. Ich glaube, ich hatte damals noch meinen kleinen Polo, also muss es vor dem Frühjahr 1987 gewesen sein. Wir wollten zurück nach Schlachtensee fahren und ich setzte Robert in den Kindersitz hinten rechts, hinter dem Beifahrersitz; die Kindersitze waren damals noch nicht so schick wie heutzutage. Robert war aus irgendeinem Grund sauer, strampelte wie wild mit seinen kräftigen Beinchen und trat wütend gegen die Lehne des Beifahrersitzes. Mit wohlgesetzten Worten forderte ich ihn auf, dies zu unterlassen, vergeblich. Nunmehr wurde ich verbal etwas deutlicher, mit anderen Worten brüllte ich ihn an, mit dem Gestrampel sofort aufzuhören; das hatte zur Folge, dass er mit besonderer Heftigkeit gegen die Lehne trat und dort mehrere Fußabdrücke hinterließ. Da bin ich ausgerastet und habe ihm „eine geknallt", vielleicht ein bisschen zu doll, denn kurz darauf waren auf seiner linken Wange Abdrücke meiner Finger zu sehen. Pädagogisch war das nicht, aber es hat gewirkt, denn „Robertchen" hörte sofort auf, gegen die Lehne zu treten. Spätschäden sind (soweit ersichtlich) jedenfalls nicht eingetreten.

In einem anderen Fall reagierten Gesa und ich - wie wir meinten - sehr pädagogisch. Wir waren verreist und besuchten (nach meiner Erinnerung schon gegen Ende der Reise) die Karl-May-Festspiele in Bad Segeberg. Ich glaube, es war im Jahr 1988 oder 1989. Winnetou und Old Shatterhand ritten über die Bühne, es gab viel Knallerei und Explosionen; für Robert war das ziemlich aufregend. Nach dem Ende der Show wollten wir zu unserem Auto gehen und mussten den Platz mit den vielen jahrmarktähnlichen Verkaufsständen überqueren. Robert

wollte nun unbedingt, dass wir ihm einen Speer kaufen. Das
hielten wir aber für unangebracht und lehnten diesen Wunsch
ab. Nun steigerte sich Robert fast ein bisschen hysterisch in diesen seinen Wunsch und schrie immer lauter und immer heftiger
„Ich will mein' Speer". Wir blieben standhaft, obwohl Robert
im Laufe der Zeit ein knallrotes Gesicht bekam, schweißüber-
strömt war und immer wieder schrie „Ich will mein' Speer".
Die anderen Leute kuckten schon komisch und dachten wohl
„was für Rabeneltern" oder auch „was für ein bockiges Kind".
Schließlich packte ich den fast schon im Fieberwahn befindlichen Robert und trug das strampelnde und weiter brüllende
Kind zu unserem Auto, wo er dann während der Weiterfahrt
bald völlig erschöpft einschlief. War das nun richtig mit der
von uns Eltern an den Tag gelegten Konsequenz? Oder hätten
wir dem Gequengel, Gejammer und Gebrüll nachgeben sollen?
Wie würden sich Robert und Yasi jetzt bei ihren beiden Töchtern verhalten? Wahrscheinlich würden sie zwei Speere kaufen
und zwei Lassos noch dazu.

Andere Reiseepisoden sind auch durchaus erzählenswert. Wir
waren zweimal oder vielleicht auch dreimal in den Ferien auf
einem Bauernhof in der Nähe von Cuxhaven. Dort wurden
meine Vorstellungen von einer Bauersfrau gründlich widerlegt;
Regina Tiedemann war groß, schlank, blond, sportlich und insgesamt eine höchst erfreuliche Erscheinung. Ihr Mann Dietrich-
Wilhelm versorgte eine große Anzahl von Kühen auf dem Hof,
während seine Frau sich der Pferdezucht - wohl eher als Hobby
- widmete. Beide hatten zwei Töchter, später kam auch noch der
vom Großvater heiß ersehnte „Stammhalter" dazu. Bei unserem
ersten Besuch war Robert nach meiner Erinnerung zwei Jahre
und neun Monate alt, es war also im Sommer 1986. Die beiden
Töchter Tiedemann waren etwas jünger bzw. etwas älter als
Robert, sie hießen Rebecca und Constanze, von unserem Sohn

„Bebecca" und „Dadanze" genannt. Sowohl zu den Töchtern als auch und insbesondere zu den beiden sehr freundlichen Hunden auf dem Hof hatte Robert ein inniges Verhältnis. Die Jagdhündin Mona lebte auch nach unserer Rückkehr nach Berlin in Roberts Phantasie weiter bei uns. Der pfiffige Rauhaardackel Krümel war ein Spezialist darin, die Kühe in die Hinterbeine zu zwicken und sie so von der Weide in den Stall zu treiben; wenn sie empört ausschlugen, wich er mit einem eleganten Sidestep aus. Robert hatte schon in diesem jungen Alter Freude an und mit Tieren, nicht nur mit den Hunden. Auf der Koppel mit den Mutterstuten und ihren Fohlen tätschelte er den Bauch der Stuten; weiter oben kam er noch nicht ran. Und einmal versetzten die beiden Mädchen und Robert uns Eltern (alle vier) in helle Aufregung, als die Kinder den Zuchtbullen aus ihren kleinen Händchen mit Kraftfutter fütterten; die Kinder konnten gar nicht verstehen, warum wir darum so einen Stress machten. Es scheint doch so, dass Tiere mit kleinen Kindern automatisch vorsichtig umgehen.

Roberts Kenntnisse über die Haltung von Rindern zahlte sich wenige Jahre später bei einem anderen Urlaub aus. Diesmal hatten wir in Bayern in der Nähe vom Chiemsee eine Ferienwohnung gemietet. Die Vermieterin betrieb zugleich einen Bauernhof mit Rinderhaltung; ihre Kühe waren in der für Bayern typischen Weise braun-weiß gefleckt oder vielleicht auch einheitlich hellbraun. Während andere Kinder auf dem Trecker rumkletterten und insgesamt mehr an der Technik auf dem Hof interessiert waren, spielte Robert häufiger mit dem niedlichen und nur mäßig aggressiven Schafbock, der auf dem Hofgelände frei herumlief. Manchmal half er auch der Bäuerin im Kuhstall und beseitigte mit einem hölzernen Schieber die leicht flüssigen bräunlichen Hinterlassenschaften der Kühe. Bei dieser Gelegenheit bemerkte er zur Bäuerin „Bei uns in Deutschland sind die Kühe schwarz-weiß".

Eine für mich ein bisschen peinliche Begebenheit macht deutlich, dass man als Erwachsener vorsichtig sein sollte, was man in Gegenwart von kleinen Kindern über andere Personen sagt. Ich hatte wegen einer Passangelegenheit auf der Meldestelle zu tun, die damals - wir befinden uns im Jahr 1986, Robert war so etwa zweieinhalb Jahre alt - in dem recht repräsentativen Bau schräg links gegenüber dem S-Bahnhof Nikolassee lag. Aus irgendwelchen mir nicht mehr erinnerlichen Gründen war ich über die subalternen Mitarbeiter dieser Behörde sauer und äußerte dies zu Hause in Gegenwart von Robert und Gesa auch deutlich, indem ich über die dortigen Idioten schimpfte. Wenige Tage später waren meine Papiere abholbereit und ich begab mich erneut in die Meldestelle, diesmal in Begleitung von Robert. Wir betraten den Dienstraum und ich setzte Robert dort auf den Tresen. Robert sah sich die anwesenden Bediensteten an und fragte mich dann so laut, dass alle es hören konnten „Papa, sind das die Ijoten hier?" Wie ich - und die anderen - reagiert haben, weiß ich nicht mehr; etwas unangenehm war mir die Situation jedenfalls.

Mir fällt auch noch eine witzige kleine Autoepisode ein. Ich hatte im Frühjahr 1987 den roten Golf 1,8 l mit 84 PS gekauft. Irgendwas war nicht in Ordnung und er musste noch mal für einige Tage in die Werkstatt. Als Ersatz bekamen wir einen Audi 80. Das Wort „Audi" hatte Robert noch nie gehört, wohl war ihm aber unser häufig aufgesuchter Supermarkt gut bekannt. Also erzählte er überall rum „Wir haben jetzt einen Aldi 80". Mein etwas spezifisches Verhältnis zu meinen Autos war Robert auch schon frühzeitig aufgefallen. So äußerte er als noch recht kleiner Junge (er war vielleicht drei oder vier Jahre alt): „Mit seinem Auto ist Papa etwas pingelig." Da hatte er recht!

Am 9. November 1989 fiel die Berliner Mauer. Und einen Tag später, am 10. November, sollte die Glienicker Brücke geöffnet werden. An dieser Brücke, die Berlin und Potsdam verbindet und von den östlichen Machthabern in perverser Weise „Brücke der Einheit" genannt worden war, hatte ich zu Mauerzeiten öfter gestanden und mir gedacht „da wirst du in deinem Leben wohl nie rüber gehen". Am späten Nachmittag des 10. November entschlossen Gesa und ich uns, mit Robert zur Glienicker Brücke zu fahren, um an der Öffnung selbst teilzuhaben. Robert war sechs Jahre alt. Auf der Fahrt Richtung Brücke stellte ich zu meiner Überraschung fest, dass offensichtlich viele Berliner dieselbe Idee hatten. Es war sehr voll und ganz kurz vor einem Stau. Kurz entschlossen bog ich gut einen Kilometer vor dem Ziel nach rechts in den Nikolskoer Weg ab und stellte dann das Auto auf dem Parkplatz Moorlake (wo ich auch heute noch häufig zu Spaziergängen starte) ab. Es war schon dunkel. Zu Dritt machten wir uns am Havelufer auf Richtung Glienicker Brücke, ein Weg von ca. eineinhalb Kilometern. Beim Näherkommen bemerkten wir ein von uns zunächst nicht zu identifizierendes immer lauter werdendes Summen, Brummen und Rauschen. Als wir die Brücke in Sichtweite hatten, stellten wir fest, dass viele hundert Berliner dort hingekommen waren und den in Massen zu Fuß oder in stinkenden und knatternden Trabis die Grenze passierenden Potsdamern zujubelten. Die Stimmung war schier unbeschreiblich, zwischen Lachen und Weinen und fassungslosem Staunen. Manche Berliner hatten Blumen mitgebracht, die sie den Ankömmlingen überreichten, manche Negerküsse (ach, das darf man ja nicht mehr sagen), es wurde so heftig auf die Trabidächer geklopft, dass ich dachte, die eine oder andere Achse würde das nicht überstehen. Irgendein Fremder nahm Robert auf seine Schulter, damit der in dem Gedränge besser sehen konnte. Und dazwischen etwas orientierungslose Grenzposten.

Wenn es nicht schon seit geraumer Zeit zu inflationär benutzt würde, würde ich sagen, uns und nahezu alle Anwesenden überkam ein „Gänsehautgefühl". Ich werde diesen historischen Tag jedenfalls immer im Gedächtnis behalten und ich glaube, Robert war schon alt genug und konnte das ganze Geschehen auch bereits bewusst wahrnehmen.

Schon als ziemlich kleiner Junge hatte Robert Sinn fürs Praktische und Interesse am Erbrecht. Im Mai 1991 waren wir aus unserer Dachwohnung in der Niklasstraße 66 in das auch jetzt noch von mir bewohnte Reihenhaus im Ilsensteinweg 34 (eigentlich nur um die Ecke) gezogen. Eines Tages, wenige Monate nach unserem Einzug, hatte Robert an mich eine Frage. „Du, Papa, wenn ihr mal sterbt, kann ich dann hier wohnen bleiben?" Damals war er jedenfalls noch ein Fan von Schlachtensee. Wann er auf Neukölln umgeschwenkt ist, weiß ich nicht so recht; verstanden habe ich es bis heute nicht. Ich war ob dieser unerwarteten Frage jedenfalls ein bisschen irritiert und atmete erst einmal tief durch, dann konnte ich Robert eine ihn offensichtlich befriedigende Antwort geben.

Als Robert schon etwas größer war, überraschte er uns auch mehrfach. Er war vielleicht acht oder neun Jahre alt und durfte Sylvester schon aufbleiben. Die - von mir seit eh und je für überflüssig erachtete - Knallerei faszinierte ihn natürlich sehr, auch wenn nicht sein Vater, sondern andere Leute auf der Straße rumballerten. Am Neujahrsmorgen brachte Robert Müll weg (immerhin !) und kam nach einigen Minuten heulend zurück. Er habe eine Mülltonne aufgemacht und da sei plötzlich etwas explodiert, und nun tue ihm das rechte Auge (vielleicht war es auch das linke) weh. Wir fanden diese Erklärung zwar etwas merkwürdig (als Richter hätte ich gesagt: unglaubwürdig), aber jetzt war nicht die Zeit zum Diskutieren. Ich fuhr mit Robert ins Klinikum Steglitz und dort in die Augenklinik, wo sein Auge untersucht und ausgewaschen wurde. Einige kleine Verletzungen auf dem Augapfel waren zu verzeichnen. Zum Glück sind sie folgenlos verheilt. Jahre später hat uns Robert gestanden, dass er an den Mülltonnen mit weggeworfenem Feuerwerk gezündelt habe und da sei ein Knallkörper explodiert. Meine damalige Skepsis hatte sich also als zutreffend erwiesen.

Noch wieder einige Jahre später - Robert war so alt, dass wir Eltern der (irrigen) Meinung waren, ihn an einem Abend auch mal alleine zu Hause lassen zu können - gingen Gesa und ich ins Theater. Ich weiß nicht mehr, in welches Theater wir gingen und welches Stück es gab. Jedenfalls waren wir zur Pause übereinstimmend der Auffassung, dass es ein extrem blödes Stück sei und wir dort nur unsere Zeit verschwenden würden. Wir fuhren also wieder nach Hause, wo wir etwa eine Stunde früher als avisiert ankamen. Dunkel war es aber jedenfalls schon, es war also nicht im Sommer. Leise schlichen wir in Roberts Zimmer, in der sicheren Erwartung, unser süß schlafendes Kind dort vorzufinden. Umso größer waren unser Schreck und unsere Verwirrung, als das Bett leer und unberührt war. Kurz davor, in Panik zu geraten (war unser Kind entführt worden? weggelaufen? hatte er sich verirrt?), beratschlagten wir, was zu tun sei, ob wir gleich die Polizei oder erst mal diverse Freunde anrufen sollten. Während wir noch am Überlegen waren, kann seelenruhig unser Sohn anspaziert. „Was, ihr seid schon da? Ich dachte, ihr kommt erst später. Ich war noch ein bisschen auf dem Kirchspielplatz". Bei uns stellte sich ein Gefühlsmischmasch aus Erleichterung und Verärgerung ein. Ob und wie wir reagiert haben, weiß ich nicht mehr; vielleicht kann sich Robert noch erinnern.

Mir fällt bei dem Thema „Robert als Kind" auch noch die mehrstufige Episode „Unfälle" ein. Es gab mal eine Zeit, da hatte ich ernsthaft erwogen, bei den verschiedenen Kassen der Erste-Hilfe-Stationen der Berliner Krankenhäuser einen Dauerauftrag einzurichten. Ohne Anspruch auf Vollständigkeit und auch nur in der ungefähren zeitlichen Reihenfolge hier einige Beispiele:

Als Robert noch ziemlich klein war und wir mal wieder bei Gesas Mutter („Nanny") in Lichterfelde zu Besuch waren (es war also wahrscheinlich ein Sonntag), trat er in eine Harke, die jemand in fahrlässiger Weise verkehrt herum an die Hauswand gelehnt hatte. Ein Zinken bohrte sich in seine Fußsohle, Robert schrie und der Hacken blutete. Wir fuhren schleunigst in ein Krankenhaus in der Nähe, wo die Wunde versorgt wurde.

Kurz vor unserer ersten gemeinsamen USA-Reise im Sommer 1993 spielten Robert und ich bei uns im Keller Tischtennis. Nach einem Schmetterball, bei dem Robert weit ausholend dem Ball zusätzlich einen Topspin zu versetzen versuchte und er den Schlag mit sehr viel Schwung ausführte, ließ er plötzlich den Schläger los und hielt sich seine Hände vors Gesicht. Ich sagte „Was soll denn das, nimm doch mal die Hände weg!". Das tat Robert dann auch und da floss ihm aus einer Platzwunde an der rechten Augenbraue Blut übers Gesicht. Dass sich jemand mit seinem eigenen Tischtennisschläger verletzen kann, noch dazu an der rechten Augenbraue, war mir neu. Wir also in die Erste Hilfe des Hubertus-Krankenhauses (3 min. zu Fuß), wo die Platzwunde mit einigen Stichen genäht wurde. Die Reise in die USA trat Robert mit einem großen Pflaster an. Gezogen wurden die Fäden im Yellowstone-Park; der dortige deutsch sprechende Arzt war erfreut, dass er mal eine andere medizinische Herausforderung als das Behandeln von Mückenstichen zu bewältigen hatte.

Als Robert wohl schon etwas älter war und es ihm wichtig erschien, besonders „cool" zu wirken (auf wen auch immer), lief er betont lässig vor einer schwingenden Schaukel einher. Dabei verschätze er sich. Der metallene Schaukelsitz traf ihn voll am Hinterkopf. Wieder war eine ärztliche Versorgung in der Ersten Hilfe erforderlich. Wenn Robert sich beim Friseur einen Kurzhaarschnitt verpassen lässt, kann man noch jetzt die Narbe am Hinterkopf sehen (diese Geschichte habe ich nicht selbst erlebt, ich kenne sie nur vom Hörensagen).

Auch nur vom Hörensagen ist mir ein Unfall (Umfall) beim Schlittschuhlaufen mit der Klasse bekannt. Zu der Zeit war Robert, wie wohl fast alle Kinder seines Alters, Spangenträger (das haben meine Eltern bei mir versäumt). Er fiel unglücklich auf den Mund (sonst ist er eigentlich nicht auf den Mund gefallen) und die Spange bohrte sich in seine Unterlippe. Es blutete wieder, aber ich glaube, da wurde nichts genäht. Die Spange war im Gegensatz zur Lippe heil geblieben; sie war offensichtlich aus ziemlich stabilem Material.

Nicht mehr in den Zeitraum „Kind" gehörend, aber der Vollständigkeit halber trotzdem erwähnt werden soll, dass Robert beim Hockeyspielen (nach meiner Einschätzung viel gefährlicher und auch viel komplizierter als Fußball) einmal den harten Ball auf die Oberlippe bekam, und weil er leichtsinnigerweise keinen Mundschutz trug, war die Lippe (mal wieder) ziemlich lädiert; beim Lachen kann man die Spätfolgen immer noch sehen.

Immer wieder fallen mir weitere kleine Episoden aus Roberts Kindheit ein. Die folgende hat mit einem etwas merkwürdigen, wenn auch harmlosen Hobby meinerseits zu tun. Ich hatte/ habe ein Faible für mir originell erscheinende Namen, die ich im Fernsehen gehört oder in der Zeitung gelesen hatte. Es kam dann vor, dass ich diese Namen häufig völlig zusammenhanglos laut vor mich hinsagte, was vielleicht etwas befremdlich erscheinen mag. Einer dieser Namen war „Ferdi Titeka", das war in den 60-er und 70-er Jahren ein belgischer Springreiter, den bei Turnierübertragungen der Reporter Wolfhard Kuhlins (auch so ein komischer Name) häufig erwähnte. Diesen Namen nutze ich in unterschiedlichen Varianten noch immer mitunter als Kennwort. Ein weiterer Name, der mich faszinierte, war der eines Eishockey-Torwartes namens Beppo Schlickenrieder. Auch diesen Namen sagte ich häufig laut (kein § 21 StBG!) vor mich hin und modifizierte ihn dahingehend, dass ich ihm wohl wegen der gut klingenden Alliteration den Vornamen „Shlomo" verpasste. Hoffentlich hält man mich jetzt nicht für einen Antisemiten. Jedenfalls sagte ich jetzt häufiger „Shlomo Schlickenrieder"; mir gefiel diese Wortkombination. Eines Tages wollte ich den noch recht kleinen Robert (er war vielleicht zwei oder maximal drei Jahre alt) an diesem Vergnügen teilhaben lassen. Also ermunterte ich ihn „sag doch auch mal Shlomo Schlickenrieder". Robert war aber auch damals schon eigenwillig, hatte dazu keine Lust und antwortete mir „ meiner nee Omo". Er sprach nämlich damals von sich selbst als „meiner", so sagte er etwa „meiner Hunger", wenn er was essen wollte; anstelle des Wortes „Durst" sagte er „meiner" und machte dann eine Trinkbewegung, verbunden mit einem Geräusch wie „chlzischchl". Ich konnte Robert mein Namenshobby nicht schmackhaft machen.

Im Gegenteil, eine Variante meines Hobbys kostete ihn später im Diktat sogar eine bessere Zensur. Da muss ich ein bisschen ausholen. Im Jahre 1982 fand eine Fußball-WM statt. In der Vorrunde spielte Deutschland gegen Algerien, ein Gegner, den eine deutsche Mannschaft eigentlich vom Platz fegen muss. Aber erstens kommt es anders, und zweitens als man denkt. Algerien gewann 2:1. Auch damals gab es im Fernsehen schon sogenannte Experten, die freilich rhetorisch nicht so geschult waren, wie das heute der Fall ist. Damals war Hennes Weisweiler, vormals Trainer der Gladbacher „Fohlenelf", ein solcher

Experte. Ich kann mich gut an seine Erläuterungen nach dem in die Hose gegangenen Algerien-Spiel erinnern; er begann seine Ausführungen mit den Worten „Nunn, ääh, die Aldscherier ....". Das gefiel mir so gut, dass ich diese Formulierung noch Jahre später immer wieder bei jeder passenden und insbesondere auch unpassenden Gelegenheit wiederholte, auch Robert gegenüber. Eines Tages, Robert ging schon zur Schule, musste er in einem Diktat u.a. das Wort „nun" schreiben; eingedenk meines häufig benutzten Weisweiler-Zitates inclusive Betonung schrieb Robert, weil er das nach einem kurzen Vokal so gelernt hatte, „nunn" mit zwei, eigentlich drei „n", und bekam dafür natürlich einen Fehler angestrichen, den er mir heute noch vorhält.

XII.

Der Ball ist rund

Eigentlich wollte ich bei Hertha Zehlendorf eintreten, aber meine Eltern fanden Fußball zu proletarisch, und meine Mutter meldete mich zum eher elitären Reiten an. Fußball habe ich aber doch über weite Strecken meines Lebens gespielt. Zuerst nur in der Schule und nachmittags auf irgendwelchen Bolzplätzen mit Senne und Christian. In der Schule trugen wir den Goethe-Cup aus, das hatten wir uns selbst überlegt, da spielte eine Auswahl unserer Klassenstufe (wir waren wohl in der 10. Klasse) gegen eine Auswahl der 11. Klassen. Wir spielten auf einem Rasenplatz von Blau-Weiß, eigentlich ein vornehmer Hockey- und Tennisclub, der seine Plätze in der Nähe des Rosenecks am Rande des Grunewalds hatte. Um auf den Platz zu gelangen, mussten wir alle über einen ziemlich hohen Zaun klettern. Ich kann mich an ein Spiel erinnern, das wir gegen die höhere Klassenstufe mit 3:1 gewonnen haben; eines der Tore habe ich (jetzt muss ich mal ein bisschen angeben) nach einer Flanke vom Rechtsaußen mit einem Kopfball-Torpedo geschossen. Ein Tor zu schießen, ist überhaupt das geilste (Entschuldigung!) im Fußball, am besten eine „Bombe" (um die militante Fußballsprache zu benutzen) aus zwanzig Metern in den Dreiangel.

Über meine Marburger Fußball-Aktivitäten einschließlich des unfreiwilligen Bades in der Lahn habe ich bereits berichtet. Während der Fortsetzung meines Studiums in Berlin habe ich unregelmäßig mal hier und mal da gespielt. Eine fußballerische Kontinuität, die sich dann über mehr als 35 Jahre (!) erstreckte, begann Ende 1976 während meiner Referendarzeit.

Fritz Kiechle, mit dem zusammen ich eine Referendar-Arbeits-gemeinschaft besuchte und der später als Vorsitzender Richter am Verwaltungsgericht tätig war, nahm mich eines Tages zum Juristenfußball mit. Es handelte sich dabei um einen losen Zusammenschluss von einigen Professoren der juristischen Fakultät, einigen Studenten und auch einigen Referendaren, der nach meiner Kenntnis etwa 1975 entstanden ist. Einer der „Gründungsväter" war Dieter Heckelmann, der später Präsi-dent der FU war und auch noch eine politische Karriere als Innensenator machte. Er hat noch im Alter von über siebzig Jahren mitgespielt. Achim Wagner, ein Assistenzprofessor, der später als Journalist bei der ARD tätig war, war anfangs auch mit von der Partie. Man traf sich an jedem Sonnabend ge-gen 12 Uhr, um dann zwei Stunden in der Halle Fußball zu spielen. Wie diese Gruppe es geschafft hat, für diese Zwecke in Lankwitz die Sporthalle eines Mittelstufenzentrums zu or-ganisieren, entzieht sich meiner Kenntnis. Offiziell war das jedenfalls nicht, was sich daraus ergibt, dass der Hausmeister „Hotte" (so ein Typ wie „Knecht" Heiner aus Kapitel VII) an jedem Sonnabend „geschmiert" werden musste, weshalb alle Teilnehmer eine „Gebühr" von anfangs einer DM pro Spieltag an unseren Kassenwart zahlen mussten, der dann eine gewisse Summe an Hotte abführte. Von Zeit zu Zeit meinte Hotte, jetzt ginge das mit der Halle nun wirklich nicht mehr, revi-dierte allerdings seine Meinung nach angemessener Erhöhung des Schmiergeldes. Der sonnabendliche Fußball war für uns alle - wobei die Teilnehmer im Laufe der Jahre wechselten, es aber einen festen Kern gab - ein früher Höhepunkt des Wo-chenendes. Mindestens so wichtig wie das Spiel (pro Mann-schaft vier Feldspieler und ein Torwart, falls die stets unter-schiedliche Anwesendenzahl das hergab) waren die Sprüche, die gewechselt wurden. Wer viele Tore geschossen hatte, für den war ein gutes Wochenende schon mal gesichert; wer zwei

Meter vor dem leeren Tor daneben geschossen hatte, der musste sich was anhören wie „deinen Frust muss jetzt wohl Deine Freundin/Frau ausbaden". Es hat einfach Spaß gemacht, beim Fußball kannst Du für zwei Stunden alles vergessen, Ärger in Studium oder Beruf oder Stress in der Beziehung, alles ist für eine gewisse Zeit weg. Das Problem war nur, hinterher waren wir alle immer total kaputt; zwei Stunden Hallenfußball sind echt anstrengend. Eigentlich waren wir nur noch in der Lage, uns hinterher auf's Sofa zu legen und die Sportschau anzusehen. Aber das ging natürlich nicht mit unseren Frauen, die uns ja immerhin am Sonnabend für fast drei Stunden wegließen. Da musste gemeinsam eingekauft werden, die Wohnung sauber gemacht werden, das Kind zu einer Geburtstagseinladung gebracht werden, und abends gingen wir zu einer Einladung zu Freunden oder bekamen selbst Besuch. Das war manchmal ziemlich anstrengend, aber irgendwie haben wir Männer das geschafft. Als Robert klein war, fand er das nicht gut, dass Papa am Sonnabend immer für einige Stunden weg war. Ich weiß nicht, wie Gesa und ich auf diese Idee gekommen sind, aber jahrelang haben wir Robert vorgeflunkert, Papa müsse zu einer „Besprechung". Irgendwann hat er dann mal mitbekommen, dass Papa zur Besprechung immer Sportsachen einpackte, und kam uns auf die Schliche. Er äußert jetzt noch seine Empörung über diese „Lüge".

In meiner besten Zeit beim Juristenfußball habe ich ziemlich viele Tore geschossen. Ich konnte rechts und links schießen und hatte einen recht strammen Schuss; einer meiner Mitspieler, der kleine Wolfgang, äußerte mal „Helmut braucht für seine Oberschenkel einen Waffenschein". Fußball ist ein Kontaktsport, da bleiben Blessuren nicht aus. An einem Sonnabend bekam ich aus kurzer Entfernung einen Ball auf die rechte Schläfe seitlich des Auges geknallt. Es bildete sich ein Hämatom, das im Laufe der nächsten Stunden und Tage sowohl seine Farbe als auch seine Position änderte. Am Montag früh hatte es eine blauschwarzviolette Farbe angenommen und war rund um mein rechtes Auge gewandert, mit anderen Worten, ich hatte ein kapitales Veilchen. Just an diesem Montag hatte ich in Moabit eine Körperverletzung zu verhandeln. Zu Beginn der Verhandlung sagte ich „um Missverständnissen vorzubeugen, ich hatte keine Schlägerei und das war auch nicht meine Frau, sondern ich hatte einen Sportunfall." Alle im Gerichtssaal anwesenden Personen einschließlich des Angeklagten grinsten blöd, ich hatte das Gefühl, sie haben mir meine Erklärung nicht wirklich abgenommen.

Mit zunehmendem Alter der Spieler der „Gründergeneration" änderte sich die ohnehin lockere Zusammensetzung der Gruppe; neue Mitspieler kamen dazu, andere blieben weg. Ab einem gewissen Zeitpunkt spielten auch einige Söhne der „alten Herren" mit, das klappte so etwa ab einem Alter von vierzehn oder fünfzehn Jahren ganz gut; Robert war auch öfter dabei. Interessant war es, wenn mal die Väter gegen die Söhne spielten. Die Söhne waren schneller, hatten die bessere Kondition und waren auch oft technisch besser; die Väter hatten mehr Erfahrung und waren taktisch disziplinierter. Wenn die Söhne in Rückstand gerieten, waren sie schnell frustriert und keiner wollte mehr in der Abwehr spielen, alle wollten nur Tore schießen. So kam es, dass jedenfalls manchmal die Senioren gewannen.

Ich habe nicht nur beim Juristenfußball in der Halle gespielt, ich war auch noch in weiteren Mannschaften aktiv. Mein Cousin Uwe hatte mich bei „Vorwärts Dahlem" eingeführt; diese Mannschaft spielte in der TU-Liga mit, es ging richtig um Punkte. Viele Mitspieler, bei denen es sich überwiegend um Freunde und Bekannte von Uwe, teilweise schon aus seiner Schulzeit, handelte, kannte ich auch. Es war eine ganz nette

Zeit, wir kamen auch schon mal im Garten eines Mitspielers zu einer Grillparty zusammen. Robert hatten wir diesmal nichts vorgegaukelt, er kam mit Gesa manchmal auch als Zuschauer zu den Spielen, die in dieser Liga nicht in der Halle, sondern auf echten Fußballplätzen stattfanden; dementsprechend bestanden die Mannschaften auch aus jeweils elf Spielern. Hallenfußball und Fußball auf dem Großfeld unterscheiden sind ganz grundsätzlich. Auf dem Großfeld bist du viel seltener am Ball; als Stürmer hast du vielleicht drei Chancen zum Torschuss. Wenn ein Schuss vorbei geht und den zweiten hält der Torwart, sollte der dritte Schuss reingehen, sonst bist du frustriert. Als Abwehrspieler alter Prägung (wie früher Katsche Schwarzenbeck oder Jürgen Kohler) hast du es einfacher; du bist schon erfolgreich, wenn du den Ball vor dem gegnerischen Stürmer wegkloppst. Nach einigen netten Jahren bei „Vorwärts Dahlem" endete mein Engagement in dieser Mannschaft, ich weiß nicht mehr so recht, warum eigentlich.

Viele Jahre, insgesamt mehr als zwanzig, habe ich in diversen Mannschaften von „Rot-Schwarz 65" mitgewirkt. Im Herbst 1987, ich war schon mehr als acht Jahre als Richter tätig, habe ich mich an die Senatsverwaltung für Justiz abordnen lassen; es sollte ein Karriereschritt sein, wurde es auch, allerdings ein mühseliger und etwa holpriger. Darüber habe ich an anderer Stelle bereits geschrieben. Bei SenJust gab es zu meiner Überraschung nicht nur trockene und langweilige Juristen, sondern auch einige Fußballer, die bei „Rot-Schwarz" aktiv waren; diese Mannschaft nahm am Betriebssport teil und spielte in der entsprechenden Liga, richtig mit Spielplan und Schiedsrichtern. Beim Mittagessen in der Kantine kamen wir ins Gespräch und einer der Fußballer, ich glaube, es war der spätere Vorsitzende Richter am Kammergericht Achim Stummeyer, fragte mich, ob ich nicht bei Rot-Schwarz in der „Ü 38" mitspielen wollte, in der Spieler ab dem Alter von achtunddreißig Jahren spielberechtigt waren. Ich war interessiert, aber noch zu jung. Erst ab dem 18. März 1990 konnte ich dort mitwirken. Unsere Gegner waren Mannschaften der Stadtreinigung, der Wasserwerke, der Finanzbehörden, von Bezirksämtern. Teilweise hatten diese Mannschaften richtig gute Fußballer, die früher in höheren Mannschaften gespielt hatten, jetzt dicke Bäuche hatten und in der Halbzeitpause schon mal ein Bier tranken, aber das Fußballspielen nicht verlernt hatten. Demgegenüber hatte ich ja nie eine richtige Ausbildung als Fußballer erhalten, was man meinem Spiel durchaus auch anmerkte. Ich war zwar körperlich robust und auch willens und in der Lage, meinen Körper einzusetzen, ich war einigermaßen schnell und hatte auch eine relativ gute Kondition; auch im Kopfballspiel war ich so halbwegs gut. Aber wenn ich einen Ball stoppen wollte, sprang der mir schon mal einige Meter weg, auch mit der Spielübersicht haperte es bei mir; ich musste mich so sehr auf den Ball konzentrieren, dass ich schon mal den besser postierten Nebenspieler übersah. Ich war kein Spielgestalter, sondern ein zuverlässiger Mitspieler. Bei Rot Schwarz gab es eindeutig bessere Fußballer. So kam es, dass ich relativ bald nicht mehr im Sturm, sondern in der Verteidigung eingesetzt wurde, anfangs als Außenverteidiger, später im Zentrum. Da aber - wie ich eingangs schon dargelegt habe - beim Fußball das Toreschießen am meisten Spaß macht, war ich ein offensiver Abwehrspieler, was meine Mitspieler manchmal aufgeregt hat. Immerhin habe ich als Abwehrspieler doch das eine oder andere Tor geschossen; einer der Höhepunkte meiner Karriere bei Rot Schwarz 65 war ein 5:0-Sieg, bei dem ich drei Tore geschossen habe. Ich will aber auch nicht verschweigen, dass ich in einem Spiel auch mal zwei Eigentore geschossen habe. Amüsant zu beobachten war die Tatsache, dass mit zunehmendem Alter und Bauchumfang der Spieler das Gezeter über nahezu jede Entscheidung des Schiedsrichters zunahm. Die Schiedsrichter waren bei den Spielen der Ü 38 in der Regel so um die siebzig Jahre alt und hatten einen Aktionsradius, der auf einen Bierdeckel rund um den Anstoßpunkt passte, aber wir brauchten sie und sie gaben sich Mühe. Bei fast jedem Einwurf, jeder Ecke und ganz besonders bei Abseitspfiffen gab es wilde Schimpfkanonaden. „Du Pfeife, das kannst Du aus 50 m Entfernung doch gar nicht sehen, da kannst Du doch gleich zu Hause bleiben". Der wie ein Rohrspatz schimpfende Spieler war oft genauso weit vom Ort des strittigen Geschehens weg wie der Schiedsrichter und konnte genauso wenig sehen. Der Bildungsgrad des Spielers spielte dabei keine Rolle; ich habe miterlebt, wie Vizepräsidenten von Gerichten mit schriller und sich überschlagender Stimme auf dem Fußballplatz rumgekeift haben. Fußball ist eben eine emotionale Angelegenheit.

Je mehr sich der Großteil unserer Mannschaft der Ü 38 dem Alter von 50 Jahren näherte oder teilweise sogar schon darüber hinaus war, um so schwieriger wurde es, körperlich, insbesondere läuferisch, mit Mannschaften mitzuhalten, bei denen die Spieler überwiegend erst so um die 40 Jahre alt waren. Da traf es sich gut, dass es im Betriebssport auch eine Ü 50 gab. Die Mannschaften der Ü 50 (auch da gab es eine richtige Liga mit Punktspielen) spielten auf dem Kleinfeld (quer über einen halben Fußballplatz); eine Mannschaft hatte sechs Feldspieler und einen Torwart, die Tore waren auch kleiner, es handelte sich um 5 m breite und 2 m hohe Jugendtore. Ein ganz großer Vorteil der Ü 50 war der Umstand, dass man beliebig Spieler ein- und auswechseln konnte. Wenn man also nach zwei Spurts vom eigenen zum gegnerischen Tor und wieder zurück außer Atem war, konnte man sich für 5 oder 10 Minuten auswechseln lassen. Das Spiel auf dem Kleinfeld ähnelte sehr viel mehr dem Spiel in der Halle, Du bist viel intensiver in das Spielgeschehen eingebunden, es hat mir deswegen mehr Spaß gemacht. Auch in der Ü 50 spielte ich in der Abwehr, wiederum mit viel Offensivdrang, der auch von Zeit zu Zeit durch Torerfolge gekrönt wurde. Ein Höhepunkt einer jeden Saison war das Kleinfeldturnier bei den Wasserwerken in Nikolassee auf echten Rasenplätzen (die inzwischen leider bebaut sind). Bei diesem jeweils im Juni veranstalteten Turnier spielten insgesamt acht oder zehn Mannschaften in zwei Gruppen in Spielen von jeweils 2 x 10 Minuten um den Gruppensieg; die Gruppensieger bestritten das Endspiel, alle anderen Platzierungen wurden durch 9-m-Schießen ermittelt. Bei diesen Turnieren haben wir zweimal gegen die Alten Herren von Hertha BSC gespielt und sogar jeweils ein Unentschieden erreicht. Bei einem Turnier fungierte ich (meine Knie waren schon etwas desolat) als Torwart. Im 9-m-Schießen um Platz 5 gelang es mir, insgesamt drei Neunmeter zu halten und einen zu verwandeln; wir erreichten Platz 5 und ich war mit meiner Leistung ziemlich zufrieden.

Auch bei der Ü 50 forderte der Zeitablauf seinen Tribut; es kam wieder eine Phase, da waren die Gegenspieler fast 10 Jahre jünger als der Großteil unserer Mannschaft. Und, siehe da, ihr habt es euch schon gedacht, wir wechselten in die Ü 60, und schon waren wir den anderen Mannschaften wieder ebenbürtige Gegner. Mit dem Toreschießen haperte es bei mir in der Ü 60, und irgendwann war es sowohl dort als auch beim Juristenfußball mit meinem aktiven Mitwirken vorbei. Die Arthrose in beiden Knien machte mir zu sehr zu schaffen. Mein letztes Tor in einem offiziellen Spiel schoss ich bei einem Hallenturnier; nach einem Doppelpass versenkte ich den Ball aus halblinker Position mit links in der kurzen Ecke. Im Alter von 62 Jahren war meine Fußballkarriere beendet. Ich vermisse das Fußballspielen, aber alles im Leben hat seine Zeit.

XIII.

Der Grizzlybär

In den dreiundvierzig Jahren von 1976 bis 2019 habe ich zehn Reisen nach Nordamerika unternommen, woraus zu erkennen ist, dass mir Canada und die USA (bei aller berechtigten Kritik insbesondere an vielen Aspekten des Lebens in den USA) gefallen; vornehmlich die grandiose Natur hat es mir angetan. Vielleicht gibt es noch einen elften Trip, aber dann ist mit den Fernreisen Schluss; die langen Flüge sind mir zu strapaziös. Ich will euch jetzt nicht mit der Schilderung aller zehn Reisen nerven (das wäre ja fast so wie früher die Dia-Abende bei Oma), aber einige herausragende Geschehnisse verdienen es doch, festgehalten zu werden. Auf den meisten Reisen nach Canada und/oder in die USA habe ich ein Tagebuch geschrieben; die Lektüre nach teilweise mehreren Jahrzehnten hat meine eigenen Erinnerungen aufgefrischt und mich in der Erinnerung noch mal jung werden lassen.

In der Zeit der Vorbereitung auf mein erstes Staatsexamen hatte ich den Plan gefasst, mich nach erfolgreichem Abschluss des Studiums zu „belohnen" (wie sich die Fußballer heutzutage auszudrücken pflegen). Ich wollte eine längere Reise nach Nordamerika machen und dabei vornehmlich trampen, also per Anhalter unterwegs sein. Da so etwas zu zweit wesentlich mehr Spaß macht, suchte ich einen Reisebegleiter. Den zu finden, war gar nicht einfach. Senne und Hubsi sagten ab, ein anderer Studienkollege machte kurzfristig einen Rückzieher. Da fiel mir meine Freundin Conny ein. Conny hatte ich 1974 beim Skifahren in Berchtesgaden kennengelernt; ich habe ja schon erwähnt, dass jedenfalls seinerzeit Skireisen beileibe nicht nur dem Sport dienten. Obwohl unsere Beziehung im Sommer 1976 eigentlich schon so mehr oder weniger beendet war, sagte sie zu, mich auf der Reise zu begleiten. Sie war damals zwanzig Jahre alt, ziemlich hübsch, hatte eine etwas piepsige Stimme, war ein Scheidungskind und studierte im zweiten Semester Psychologie; diese Kurzschilderung sagt schon ziemlich viel aus. Zufällig und nicht von mir so geplant, kamen wir am 4. Juli 1976, dem zweihundertsten Geburtstag der USA, in New York an; in ganz Manhattan fand eine riesengroße Party statt, an der wir auch ein bisschen teilhatten. Unsere Tramp-Route führte uns sodann von New York über die Niagarafälle nach Toronto und dann auf dem Trans-Canada-Highway bis in die Rocky Mountains, nach Vancouver und Vancouver Island, auf dem Rückweg noch über Chikago und Boston wieder nach New York. Wir waren überwiegend per Anhalter, teilweise auch per Bahn und auf dem Rückweg von Vancouver bis Winnipeg auch per Flugzeug unterwegs. Als Gepäck hatten wir zwei Rucksäcke incl. eines Minizeltes und Schlafsäcke dabei. Der das Gedächtnis auffrischenden Lektüre meines Tagebuches habe ich entnommen, dass wir erstaunlich oft von Leuten, die uns im Auto mitgenommen oder auch nur bei McDonald's am Nebentisch gesessen haben, eingeladen worden sind, nicht nur zum Essen, sondern auch häufig zum Übernachten; ein derartiges Maß an Gastfreundschaft war für europäische und insbesondere deutsche Verhältnisse kaum vorstellbar. Außerdem - das hatte ich offensichtlich verdrängt - hatten wir ziemlich oft schlechtes Wetter, was sowohl beim Trampen als auch beim Übernachten in einem winzigen Zelt suboptimal ist. Schließlich spielten auch (das ist verjährt!) häufiger mal Joints eine Rolle, für die wir allerdings nie Geld ausgegeben haben.

Drei Dinge erscheinen mir noch erwähnenswert. Auf einem Campground im Jasper National Park hatten wir einige Begegnungen mit Schwarzbären; einmal haben wir uns vorsorglich in ein Toilettenhäuschen geflüchtet. In Banff habe ich mir in der dortigen Jugendherberge meine Travellers Cheques klauen lassen (ich war da in geradezu bescheuerter Weise unvorsichtig), die mir nach Anzeigenerstattung am nächsten Tag ein freundlicher Beamter der berühmten Royal Canadian Mounted Police über rund fünfunddreißig Kilometer auf den Campground am Lake Louise nachgebracht hat, nachdem die Schecks gefunden worden waren (die Diebe sahen sich wohl nicht in der Lage, meinen komplizierten Nachnamen bei der Einlösung zu fälschen; so hatte ich nur den Verlust von 80,- DM in bar zu tragen, eine gerechte Strafe für meine Dummheit). Schließlich ist noch zu berichten, dass wir am 13. September 1976 und damit fast auf den Tag genau fünfundzwanzig Jahre vor den mörderischen Terroranschlägen auf dem World Trade Center waren und den Blick über New York genossen.

Vier Jahre später, im Sommer 1980, war ich erstmals mit Gesa in Nordamerika. Da Gesa als Lehrerin natürlich nur in den Schulferien reisen konnte und ich im Gericht urlaubsbedingte Rücksichten nehmen musste, sind wir etwas gestaffelt gereist; ich war zu Beginn und Gesa am Ende der Reise jeweils eine Woche allein unterwegs. In meiner Solowoche habe ich Norbert in Vancouver besucht, den ich vier Jahre zuvor dort kennengelernt hatte. Norbert stammte aus Österreich und musste - wie ich aus seinen Erzählungen schlussfolgerte - dieses Land ziemlich plötzlich verlassen. In Vancouver war er als selbstständiger Klempner tätig. Da er ein Naturfreund war, verbrachten wir einige Tage an einem See in British Columbia in einer verlassenen Holzhütte, die er vor einiger Zeit entdeckt hatte. Vom separat liegenden Klohäuschen hatte man eine schöne Aussicht über den See, so dass ich bei den „Sitzungen" die Tür offen ließ, um den Blick und die „frische Luft" zu genießen. Eines Tages machten wir eine Wanderung. Da es in der Gegend keine Wege gab, ging es querbeet und dabei ziemlich steil bergauf. Nach ungefähr einer Stunde war ich total verschwitzt und auch ziemlich kaputt. Ich bedeutete Norbert, ich würde hier in der Nähe einer Felsformation und dicht an einem Bach im Wald bleiben und mich ausruhen, während er ja ruhig noch weiter gehen und später zurückkommen könnte. Gesagt, getan. Vorsorglich fragte ich den im Outback erfahrenen Norbert noch, wie ich mich verhalten solle, wenn ein Grizzlybär käme, eine in der dortigen Gegend nicht völlig abwegige Möglichkeit. Er meinte zu mir ganz entspannt „wegrennen hat keinen Sinn, der Bär ist schneller; in den Bach springen hat auch keinen Sinn, im Wasser bewegt sich der Bär gewandter als du; am besten mindestens drei Meter hoch auf einen Baum klettern, der Grizzly ist zu schwer und kommt da nicht rauf." Das war ja äußerst beruhigend! Während Norbert im Dickicht verschwand und seine Rückkehr in etwa einer Stunde avisierte, musterte ich die umstehenden Bäume. Es waren junge dicht an dicht stehende Fichten mit einem Stammdurchmesser von etwa 10 cm, die im unteren Bereich nur dürre abgestorbene Äste hatten; ein vorsorglich von mir vorgenommener Kletterversuch scheiterte auf der ganzen Linie. So saß ich etwas nervös an einen Felsen gelehnt, rauchte mehrere Zigaretten und lauschte auf jedes Knacken im Gehölz. Der Grunewald, wo im schlimmsten Fall ein Wildschwein um die Ecke biegen kann, und die kanadische Wildnis mit der konkreten Möglichkeit der Begegnung mit einem Grizzly sind schon zwei paar Schuhe. Als nach meinem Gefühl die Stunde fast vorbei war, geschah das von mir Befürchtete tatsächlich. Etwa 30 m von mir entfernt kam ein zotteliger dunkelbrauner Bär hinter Felsformationen hervor. Der Schreck fuhr mir gehörig in die Glieder. Im Nullkommanichts erklomm ich den Baum, auf den ich zuvor bei meinem Versuch keinen Zentimeter hochgekommen war, bis in die mir sicher erscheinende Höhe. Meine Arme waren gehörig zerkratzt, aber das war egal. Nicht nur Red Bull, sondern auch Angst verleiht Flügel. Als ich mich halbwegs sicher wähnte, riskierte ich einen genaueren Blick auf den Bär. Dieser entpuppte sich als ein nur zweibeiniges Wesen, und das zottelige Fell war lediglich der Bart von Norbert. Da hatte mir meine angstvolle Phantasie aber einen Streich gespielt! Ich habe es Norbert sehr hoch angerechnet, dass er mich ob dieser Aktion weder verscheißert noch die Story überall rumerzählt hat.

Als ich Gesa eine Woche später in Seattle am Flughafen abholte, habe ich ihr von meiner Begegnung mit einem zweibeinigen Bären berichtet; sie hat sich das Lachen nicht wirklich verkneifen können.

Wir machten mit unserem Mietauto eine schöne Tour, erst nach Canada in die Rocky Mountains (Banff, Lake Louise), später dann in die USA durch Idaho, Washington und Oregon, vorbei am erst wenige Monate zuvor spektakulär ausgebrochenen Vulkan St. Helens, an den Pazific. Auch Gesa gefiel die grandiose Natur, in der sie sogar bereit war, das eine oder andere Mal im Zelt zu schlafen, was ihr ansonsten eigentlich viel zu unbequem war. Am Pazific fuhren wir auf dem berühmten Highway 101 bis nach San Francisco, wo wir zum Abschluss unserer gemeinsamen Rundtour Peter Graef, einen Bekannten von Gesas Eltern, besuchten, dessen Tochter Jocelyn etwa zehn Jahre zuvor mal für ein halbes Jahr bei den Mildebraths in Lichterfelde gelebt hatte. Bei späteren USA-Reisen haben wir Jocelyn mehrfach besucht. Nach meinem Abflug von San Francisco blieb Gesa noch rund eine Woche bei Bekannten in Los Angeles.

In den Jahren 1984, 1988 und 1998 war ich dreimal mit meinem Freund Hartmut zum Kanufahren in Canada. Hartmut hatte ich 1977 oder 1978 in einer von uns beiden besuchten Referendar-Arbeitsgemeinschaft kennengelernt. Wir sind bis heute befreundet. Hartmut ist ein unkomplizierter Typ, der gerne ein bisschen zockt und im Grunde immer alles „köstlich" findet, mit anderen Worten, ein idealer Reisebegleiter; tiefschürfende Diskussionen, wie mitunter mit weiblicher Begleitung, muss man mit ihm nicht führen. Unsere Kanoutouren führten uns jeweils in den Bowron Lake Provincial Park in British Columbia. Man kann dort über eine Anzahl in einem großen Rechteck angeordneter Seen einen Rundkurs paddeln, für den man in etwa eine Woche benötigt. In dieser Zeit bist Du völlig von der Zivilisation abgeschnitten, Du musst Kleidung, Zelt und Schlafsack sowie Kochgeschirr und Nahrung für diese Zeit mit dir führen. Eine Blinddarmreizung oder einen gebrochenen Knöchel sollte man, zumindest in den damaligen Vor-Handy-Zeiten, nicht bekommen. Es war aber bei allen drei Gelegenheiten einfach toll, mit sich und der Natur im Einklang zu leben, obwohl es natürlich auch stressige Situation gab, zumal wir ja extrem vom Wetter abhängig waren. Gleich auf unserer ersten Tour hatten wir einen Härtetest zu bestehen. Am dritten Tag, wir waren mitten auf einem See, fing es etwa gegen 15 Uhr 30 an zu regnen. Wir paddelten schleunigst an Land zu einem der wenigen primitiven Zeltplätze und warteten vergeblich auf das Ende des Regens. Schließlich bauten wir im Regen unser kleines Zelt auf, verstauten unsere Sachen, so gut es ging, im Zelt (einiges mussten wir draußen lassen), krochen rein und bereiteten uns unter besonders erschwerten Bedingungen ein eher spartanisches Essen. Dann lagen wir Stunde um Stunde wach im Zelt, hörten auf das Prasseln der Regentropfen auf dem Zeltdach und warteten. Wir warteten die ganze Nacht, schliefen wohl mal ein wenig, und wachten früh am nächsten Morgen auf, der Himmel hatte unverändert seine Schleusen geöffnet. Das war eine heftige Geduldsprobe. So gegen 10 Uhr 30 hörte der Regen endlich auf. Mit viel

Mühe gelang es mir, mit nassem Holz ein Feuer zu entfachen, an dem wir uns aufwärmen und zugleich versuchen konnten, die zum Teil nass gewordenen Sachen zu trocknen. Leider war ein wichtiger Teil unseres Gepäcks, nämlich die Klorolle, nur noch ein feuchter Klumpen. Der stets wettfreudige Hartmut bot mir an, für ein Jahr mein Toilettenpapier zu bezahlen, wenn es mir gelänge, diesen feuchten Klumpen wieder einsatzfähig zu machen. Das ist mir nicht gelungen, ich musste im Folgejahr mein Klopapier selbst bezahlen. Glücklicherweise hatten wir genügend Tempotücher dabei. Nachdem wir den Härtetest be- und die Kanutour überstanden hatten, führte uns unsere weitere Reise nach Jasper und Banff in die kanadischen Rockies. In der letzten Woche waren wir gemeinsam mit zwei netten jungen Frauen, Regina und Irene, unterwegs, die wir in der Jugendherberge am Corral Creek in der Nähe des Lake Louise kennengelernt hatten. Während bei mir alles ganz solide war, entwickelte sich zwischen der dunkelblonden Regina, eher klein mit leicht an ein Häschen erinnernden Zähnen, und Hartmut eine kleinere (aus Sicht von Hartmut) bzw. größere (aus Sicht von Regina) Romanze. Hartmut hatte aus taktischen Erwägungen zu Beginn nicht ausdrücklich darauf hingewiesen, dass er in Berlin „in festen Händen" war. Das gab nach Rückkehr von Regina nach Deutschland noch Anlass zu gewissen Irritationen.

Vier Jahre später waren wir als nun schon erfahrene Kanuten erneut am Bowron Lake. Trotz unserer Erfahrung machten wir einen Fehler, indem wir für unseren Proviant und unsere Kochutensilien eine ziemlich große Styroporkiste erstanden. Diese äußerst unhandliche Kiste mussten wir nämlich auf den diversen Portagen über teilweise mehr als 2 km zwischen den einzelnen Seen neben Kanu, Zelt und Rucksäcken tragen, was mehrere Wege hin und her erforderte und extrem anstrengend war. Na ja, im Laufe der Woche wurde die Kiste leichter und unsere Kondition besser, wir haben es jedenfalls geschafft. Und das Wetter war diesmal wirklich gut. So haben wir die Tour durchaus genossen. Der weitere Verlauf dieser Reise von 1988 bot noch zwei besondere Highlights. Da war zunächst einmal die Inside Passage per Schiff von Prince Rupert an der Pazific-Küste südwärts durch das von vielen felsigen Inseln und diversen Fjorden geprägte gebirgige Gebiet bis nach Vancouver Island, eine sehr eindrucksvolle und uns nicht anstrengende Unternehmung. Anstrengend wurde es dann wieder, als wir auf Vancouver Island den sogenannten West-Coast-Trail in Angriff nahmen. Es handelt sich beim West-Coast-Trail um einen schmalen Pfad, der ursprünglich mal zur Rettung von Schiffbrüchigen, die sich auf die Insel hatten retten können, aber ohne den Pfad in der Wildnis verloren gewesen wären, angelegt worden war. Der Pfad führt teilweise direkt am oberen Rand der felsigen Steilküste durch den dortigen Regenwald, teilweise auch unten auf dem der Steilküste vorgelagerten und wild zerklüfteten felsigen Shelf entlang. Oftmals musste man von unten nach oben und umgekehrt 30m oder 40 m auf steilen Leitern überwinden, ziemlich anstrengend mit Rucksack, in dem wir wieder alles Lebensnotwendige incl. Zelt und Lebensmittel mitschleppen mussten. Und den Tidenkalender mussten wir auch beachten, denn unten auf dem Shelf konnten wir nur bei Ebbe wandern; wenn die Flut kam und der Wanderer befand sich an eine Stelle, an der es unmöglich war, oben auf die Steilküste zu gelangen, hatte er schlechte Karten. Wir durchmaßen nicht den gesamten Trail, was etwa eine Woche in Anspruch genommen hätte, sondern gingen lediglich zwei Tage von Süden hinein und zwei Tage wieder zurück an unseren Ausgangspunkt, zu dem und von dem wir mit einem kleinen Motorboot über eine Meeresbucht gebracht worden waren. Auch diese Unternehmung war eindrucksvoll und geradezu gespenstisch, wenn sich das von Sonne und Salzwasser ausgeblichene Treibholz in der Abenddämmerung und dann nach einem Schluck Whisky im Schein des Lagerfeuers scheinbar in Dämonen und Kobolde verwandelte.

Zehn Jahre später, im Sommer 1998, unternahmen Hartmut und ich unsere dritte und letzte Reise nach Canada. Wir setzten uns erneut ins Kanu und nahmen den Bowron Lake und die übrigen Seen unter unsere Paddel. Da wir ja nun zehn Jahre älter geworden waren, gönnten wir uns für die zu bewältigenden Portagen so eine Art von Sulky, also einen einachsigen Miniwagen, auf den wir unser Kanu setzen und so die Landpassagen viel leichter überwinden konnten. Verbotenerweise packten wir unser gesamtes Gepäck (diesmal ohne eine unhandliche Kiste) auch in das Kanu, so dass wir die Wegstrecken nur einmal bewältigen und nicht mehrfach machen mussten. Irgendwann unterwegs trafen wir zwei jungsche Typen aus Deutschland, die in einer Mischung aus Mitleid und Bewunderung zu uns sagten „dass ihr in eurem Alter diese Tour noch unternehmt, finden wir erstaunlich." Wir wussten nicht so genau, ob wir uns über diese Äußerung ärgern sollten. Wenige Tage später kamen wir an die einzige kleine Stromschnelle der Rundtour, die wir schon zweimal gut bewältigt hatten und auch diesmal als erfahrene Kanuten ohne Schwierigkeiten durchfuhren. Wir waren schon ein bisschen schadenfroh, als wir mitbekamen, dass die beiden Jungspunde dort mitsamt ihrem Kanu umkippten.

Auch diese Reise bot neben der Kanutour noch ein zweites spätes Highlight. Ich überredete nämlich Hartmut, noch einen zweitägigen Aufenthalt auf der „Top of the World Ranch" einzulegen. Dort nahmen wir an zwei jeweils mehrstündigen Ausritten teil. Für mich als geübten Reiter war das kein Problem, sondern ein Vergnügen, zumal das Reiten im Westernsattel entspannter als im englischen Sattel ist. Hartmut hatte noch nie auf einem Pferd gesessen, wollte es - er ist ja ein sportlicher Typ - trotzdem probieren. Und ich muss sagen, er hat tapfer durchgehalten, obwohl er nicht verhindern konnte, dass sein Pferd sich mit seiner Nase immer ganz dicht am Hinterteil des Vorderpferdes befand. Dass Hartmut für das Reitvergnügen sogar einen gewissen Blutzoll entrichten musste, bemerkte ich erst einen Tag später, als er in einem Motel nackt aus der Dusche kam und ich zwei 5-Mark-Stück große blutunterlaufene Stellen rechts und links an seinem Kreuzbein entdeckte. Eine späte Reiterkarriere hat Hartmut nicht gestartet. Abgerundet hat diese Reise der Umstand, dass wir ziemlich zum Schluss am Straßenrand einen jungen Schwarzbären sahen, der genüsslich Kräuter und Beeren naschte.

Die drei Reisen mit Hartmut haben Spaß gemacht; auch jetzt noch, nahezu 25 Jahre später, erinnern wir uns von Zeit zu Zeit noch gerne an die gemeinsamen Erlebnisse. Gleichwohl muss ich aus einer selbstkritischen Rückschau sagen, dass ich vielleicht - jedenfalls bei den ersten beiden Reisen - die diesbezügliche Toleranz von Gesa überstrapaziert habe. Robert war bei der ersten Reise erst zehn Monate alt, bei der zweiten vier Jahre und zehn Monate. Es könnte sein, dass es von mir etwas (zu) egoistisch war, Gesa für jeweils vier Wochen in dieser Situation allein mit unserem Sohn zu lassen. Eine entsprechende Verhaltensweise von Robert gegenüber Yasi und den beiden Töchtern kann ich mir schlechterdings nicht vorstellen.

Mit Gesa habe ich nach der Erstreise von 1980 noch vier weitere Reisen in die USA unternommen. 1993 und 1996 waren wir als Familie zu Dritt unterwegs, im Jahr 2000 haben wir Robert nach seinem sechsmonatigen Aufenthalt bei seinem „Gast-Opa" Bill Kershaw in Goldendale im Staat Washington nach vorheriger Rundreise zu zweit abgeholt und letztmalig waren Gesa und ich 2009 in den USA.

Die Reise von 1993 habe ich in guter Erinnerung. Höhepunkt war die viertägige Floßfahrt auf dem Colorado von Moab im

Staat Utah bis zum Lake Powell. Auf drei Flößen waren jeweils neun Gäste und ein Floßführer unterwegs. Nachts schliefen wir in Zelten, beim Aufbauen mussten wir auf Klapperschlangen achten. Während wir unsere Zelte errichteten, bauten die Expeditionsleiter die Toilette auf (primitiv, aber effektiv). Auch eine „Feldküche" errichteten sie und waren in der Lage, darauf fast aus dem Nichts für uns alle sehr schmackhafte Mahlzeiten zuzubereiten. Kühles Trinkwasser wurde in ausreichender Menge mitgeführt. Die Fahrt auf dem sich teilweise träge dahin windenden und manchmal auch reißenden Colorado durch eine wilde ursprüngliche Natur war einfach eindrucksvoll. Am spannendsten war der Rückflug vom Lake Powell nach Moab in mehreren kleinen einmotorigen Flugzeugen. Die Thermik über den heißen Felsen führte zum mehrfachen plötzlichen Durchsacken der Maschine, mitunter befürchtete ich, das letzte Stündlein hätte für die Familie Schweckendieck geschlagen. Letztlich kamen alle Gäste unbeschadet wieder am Boden an, aber etwa ein Drittel aller Fluggäste mit kreideweißen Gesichtern und einer gefüllten Tüte in der Hand. Schon vor dem Rafting Trip hatten wir den Yellowstone Park besucht und dort gezeltet. Eines Morgens wollten Robert und ich nach der Morgentoilette die Waschräume verlassen, als uns plötzlich ein mächtiger Buffalo, der in aller Seelenruhe quer über den Campground stapfte, den Weg versperrte. In respektvollem Abstand standen viele Camper mit gezücktem Fotoapparat um ihn herum. Nach einer Weile trottete er weiter und wir konnten unbeschadet unseren Fluchtraum verlassen. Im weiteren Verlauf der fünfwöchigen Reise haben wir auch noch Jocelyn, die Tochter von Peter Graef (vgl. Reise von 1980) besucht, die damals in Taos, New Mexico, gelebt hat. Wir hatten mit ihr nette Tage. Zum Abschluss unserer Rundtour waren wir noch am Grand Canyon und in Los Angeles.

1996 war die Durchführung unserer Reise lange ungewiss,

da unklar war, wie sich der Gesundheitszustand meiner Mutter entwickeln würde. Sie verstarb am 13. Mai 1996. An die im Sommer erfolgende Reise habe ich nicht so sehr viele Erinnerungen. Wir haben jedenfalls an einer mehrtägigen kombinierten Planwagen- und Pferdetour auf den Spuren des Oregon-Trail (einer alten Auswandererroute) teilgenommen, die vom Ort Casper in Wyoming startete. Der Treckführer war ein cooler Typ, der aussah wie Buffalo Bill; seine beiden Töchter, 17 und 15, waren mit von der Partie. Es war ein durchaus spannendes Erlebnis. In Erinnerung sind mir der ständige heftige Wind in den Prärien und der von uns nachgespielte Indianerüberfall auf eine Einheit der US-Kavallerie geblieben. Später waren wir noch eine Woche auf einer Guest-Ranch. Wir konnten dort viel reiten, was insbesondere Robert und mir Spaß gemacht hat. Gesa hatte leider einen kleinen Reitunfall, weil ein Sattelgurt nicht hinreichend festgezurrt worden war. Zum Glück war der Knöchel nicht gebrochen, nur gestaucht.

Die erste Hälfte des Jahres 2000 verbrachte Robert als Austauschschüler in den USA. Er hatte keine Gastfamilie gefunden, sondern lediglich einen „Gast-Opa", was bei mir berufsbedingt zu gewissen Besorgnissen führte, die sich aber als gänzlich unbegründet erwiesen haben. Bevor wir ihn abholten und noch eine Woche gemeinsam unterwegs waren, sind Gesa und ich beim Mt. Rushmore (den vier in den Fels gehauenen Präsidentenköpfen - würden heutzutage die Naturschützer nicht mehr gestatten) gewesen und haben die Badlands, eine extrem einsame Gegend in South Dakota durchfahren. In der Nähe der Badlands befindet sich Wounded Knee, wo 1890 das letzte große Massaker der US-Kavallerie an den Sioux stattfand. Wir haben schließlich auch noch Familie Harms auf ihrer großen Ranch in der Nähe von Livingston, nördlich des Yellowstone Parks, besucht. Die Familie hatten wir 1996 als gemeinsame

Besucher eines Rodeos kennengelernt. Ihre Ranch liegt toll, auf einem mit saftigem Gras bewachsenen Hügelland, in drei Richtungen sieht man am Horizont schneebedeckte Berge. Das Wiedersehen mit Robert nach sechs Monaten und das gemeinsame Erlebnis des 4. Juli in Seattle am Hafen mit einem fulminanten Feuerwerk waren schön.

Neun Jahre später waren Gesa und ich wiederum in den USA. Von Denver aus ging es zunächst nördlich zu einem erneuten Besuch bei Familie Harms, dann besuchten wir den Yellowstone Park (der ist immer wieder einen Besuch wert), wo wir tatsächlich einen Bären sahen, was uns in gewisse Aufregung versetzte. Über den Teton Park (wir sahen zwei sehr große Elchbullen) ging es in die sehr adrette und aufgeräumte Mormonenstadt Salt Lake City (fällt einem Bewohner des verwahrlosten Berlin besonders auf). Von dort flogen wir nach San Francisco und besuchten Jocelyn, die inzwischen Barry, einen sehr sympathischen Mann, geheiratet hatte. Gemeinsam fuhren wir für einige Tage in den Yosemite Park. Im Raum San Francisco besuchten wir noch zwei weitere Bekannte; sich so schnell auf jeweils andere Gesprächspartner umstellen zu müssen und dann auch noch überwiegend englisch reden zu müssen, fiel mir nicht immer so ganz leicht, aber im Großen und Ganzen klappte es gut. Auch dieser Aufenthalt in den USA war wieder ereignisreich.

Obwohl Gesa und ich bei allen Reisen nach Nordamerika viele tolle und mitunter einmalige Erlebnisse hatten, kann ich nicht umhin festzustellen, dass unser Zusammensein phasenweise getrübt wurde durch aus meiner Sicht nicht erforderliche, für mich oft aus heiterem Himmel entstandene und mitunter für uns beide ziemlich belastende Beziehungsgespräche; ich hätte darauf gut verzichten können.

Zehn Jahre sind vergangen. In dieser Zeit ist viel geschehen.

Am 21. Juli 2015 ist meine Ehefrau Gesa nach mehr als drei-
unddreißig gemeinsamen Ehejahren verstorben. Ende März
2017 war meine von mir über fast achtunddreißig Jahre engagiert ausgeübte Tätigkeit als Richter beendet, ab dem 1. April
2017 war ich Pensionär. Seit dem 21. November 2014 bin ich
Opa, seit dem 11. November 2019 sogar zweifach. Im Mai
2017 begann als zunächst noch ganz zartes Pflänzchen meine
Verbindung zu Gisela. Diese Ereignisse werden in den Folge-
kapiteln noch behandelt.

In dieses Kapitel gehört aber eine Kurzschilderung meiner
(bislang) letzten Nordamerikareise im Spätsommer 2019 mit
Gisela. Für sie war es die erste Reise ins außereuropäische
Ausland. Als Naturliebhaber waren wir beide uns einig, dass
Schwerpunkt unserer Reise nicht die nordamerikanischen
Städte, sondern die grandiose Natur sein sollte. Eine Vielzahl
der von uns angesteuerten Ziele war mir aus meinen früheren Amerikaaufenthalten bekannt; ich habe Gisela natürlich
die Highlights vorgeschlagen. Gleichwohl war die Reise auch
für mich alles andere als langweilig, weil die Natur jedes Mal
wieder atemberaubend ist und außerdem eine Reise mit der
sportlichen Gisela sich erheblich von den Fahrten mit Gesa
und auch den Kanutouren mit Hartmut unterscheidet. So viele
Wanderungen wie diesmal habe ich auf keiner meiner bishe-
rigen neun Reisen nach Amerika unternommen. Unsere Route
führte uns zunächst von Seattle über die Grenze nach Canada.
Teilweise auf Schotterstraßen fuhren wir mit unserem kleinen
und praktischen Honda Fit (Honda Jazz) durch British Columbia nach Alberta in die Rocky Mountains. Über den Mount
Robson ging es nach Jasper mit dem eindrucksvollen Maligne
Lake, später über den berühmten Lake Louise nach Banff.
Im Waterton Lakes National Park an der Grenze zu den USA
verbrachten wir zwei Nächte im Zelt; in der zweiten Nacht war
ich wegen eines heftigen Gewitters beunruhigt, anders Gisela,

die trotz Blitz und Donner wie ein Baby schlief. Weiter ging es über den Glacier National Park und die going-to-the-sun-road zum Yellowstone Park. Dieser Park ist mit seiner reichhaltigen Tierwelt und den vielen geologisch spannenden (und teilweise stinkenden) Aktivitäten immer wieder beeindruckend. An Salt Lake City vorbei fuhren wir dann durch Nevada zum Yosemite National Park; Höhepunkt dort war eine Wanderung auf den (nicht so sehr) gefährlichen Lembert Dome. Den Abschluss unserer Reise bildeten zunächst einige Tage am Pazific incl. 17-Mile Drive Tour und (erfolgreichem) Whale Watching, bevor wir die Reise mit einem mehrtägigen und sehr schönen Aufenthalt bei Jocelyn und Barry in Vallejo ausklingen ließen. Dieser Aufenthalt beinhaltete natürlich auch einen Besuch in San Francisco mit der Golden Gate Bridge und Pier 39 mit den Seelöwen. Auf dieser vorerst letzten Reise in die USA und nach Canada habe ich festgestellt, dass die Natur unverändert großartig ist, dass es aber in den touristisch interessanten Gegenden voller geworden ist. Attraktiv gelegene Campingplätze waren sehr oft belegt, auch in Motels war es mitunter schwierig, noch ein Appartement zu bekommen. Sehr genossen habe ich das immer harmonische Zusammensein mit Gisela.

XIV.

Midlife crisis

Ich war fünfundvierzig Jahre alt, als ich meinen Freunden und Bekannten von meinem Vorhaben berichtete. Einige reagierten doch eher mit Unverständnis und fragten mich „hast du deine Midlife crisis?". Außerdem bekam ich viele Horrorgeschichten zu hören; der Exschwager ihrer Nachbarin sitze mit einer Querschnittslähmung im Rollstuhl, ein Cousin zweiten Grades eines Kollegen im Büro liege mit diversen Knochenbrüchen im Krankenhaus. Was hatte ich ihnen offenbart? Nun, ich hatte mich entschlossen, den Motorrad-Führerschein zu machen. Auf die Frage nach der Midlife crisis antwortete ich „ja, die habe ich, eigentlich wollte ich mir zu deren Überwindung eine zwanzigjährige Freundin zulegen, aber das schien mir dann zu anstrengend, da habe ich mich für den Motorrad-Führerschein entschieden." Ich ließ mir mein Vorhaben jedenfalls nicht ausreden, Gesa war auch einverstanden, in diesen Dingen war sie durchaus tolerant. In einer Fahrschule am Mexikoplatz, ganz in unserer Nähe, meldete ich mich an. Mein Fahrlehrer war älter als ich. Ich sollte „Manfred" zu ihm sagen (Biker duzen sich!). Obwohl ich damals schon siebenundzwanzig Jahre den PKW-Führerschein hatte, ist mir das Erlernen des Motorradfahrens nicht ganz leicht gefallen. Zwar hatte ich als erfahrener Autofahrer keine Probleme mit dem Verkehrsfluss, aber die Handhabung eines Motorrades ist durchaus gewöhnungsbedürftig. Du machst mit jeder Hand und mit jedem Fuß etwas Unterschiedliches. Mit der rechten Hand gibst du Gas, mit der linken Hand kuppelst du. Mit der rechten Hand betätigst du aber auch die Vorderradbremse, mit dem rechten Fuß die Hinterradbremse. Mit dem linken Fuß betätigst du die Schaltung, mein Schulungsfahrzeug hatte sechs Gänge; man kann nicht - wie beim Auto - etwa vom vierten in den zweiten Gang schalten, du musst immer einen Gang nach dem anderen einlegen. Besonders mit dem Abbremsen aus 50 km/h bis zum Stillstand hatte ich Schwierigkeiten; während der insgesamt so etwa zwanzig Unterrichtsstunden, oft auf dem Platz des 4. Juli in Lichterfelde, hielt ich bei dieser Übung oft mit laut aufheulendem Motor an, weil ich während der Betätigung des Vorderbremshebels gleichzeitig am Gashahn gedreht hatte. Und außerdem musste man bei dieser Übung parallel noch vom vierten über den dritten und den zweiten Gang in den ersten Gang schalten, also die beiden linken Extremitäten waren auch im Einsatz. Manfred war mit mir sehr geduldig, was ich gegenüber seiner Frau, die Sekretärin in der Fahrschule war, lobend erwähnte; daraufhin entgegnete sie mir trocken „was meinen Sie, wie er zu Hause ist!" Da musste er sich wohl von seinen ungeschickten Schüler etwas abreagieren. Ich hatte vor der Prüfung auch eine Nachtfahrt und eine mehrstündige Überlandfahrt zu absolvieren; ich weiß noch, dass ich nach letzterer so kaputt war, dass ich es kaum schaffte, das Motorrad hinterher aufzubocken. Am 1. Juli 1997 war es dann soweit; ich war stolzer Besitzer des Motorradführerscheins.

Der Führerschein allein half mir noch nicht wirklich bei der Überwindung meiner Midlife crisis. Es musste eine Maschine her! Bei mir geht so was nicht so schnell, den Kauf eines neuen Autos überlege ich mir in der Regel zwei bis drei Jahre. Beim Motorrad ging es etwas schneller; ab dem 5. Mai 1998 war ich stolzer Besitzer und sogar Eigentümer einer roten Kawasaki ER 5 „Twister". Ich hatte in der ADAC-Zeitschrift „Motorwelt" über dieses „Bread and Butter Bike" gelesen, es schien mir für mich als Späteinsteiger geeignet. Es handelt sich dabei um einen „Sporttourer" ohne irgendwelchen Schnickschnack mit 500 ccm und 50 PS. Die beiden ersten Jahre musste die

Maschine freilich auf 34 PS gedrosselt werden, bevor die „freie Fahrt für freie Bürger" auch für mich und mein Bike uneingeschränkt möglich wurde. Die Maschine habe ich jetzt, mehr als 23 Jahre später, immer noch. So lange habe ich keines meiner Autos besessen. Meine Kawa ist wendig, spritzig, zuverlässig und sparsam; sie verbraucht bei meiner (moderaten) Fahrweise etwa einen Liter weniger als im Prospekt angegeben, nämlich ca. 4,5 l auf 100 km. Da das Motorrad mit 180 kg Leergewicht relativ leicht ist, ist die Beschleunigung ziemlich gut (ich lasse so manchen BMW oder Mercedes an der Ampel stehen und das macht mir auch mit fast 70 Jahren noch Spaß!) und auch die Höchstgeschwindigkeit ist mit etwa 180 km/h ganz gut. Dabei ist das Heizen auf der Autobahn eher öde und durch Fahrtwind und Fahrtgeräusche auch ziemlich anstrengend. Richtig Spaß macht das Fahren auf einem Bike auf guten Straßen in einem leicht kurvigen und hügeligen Gelände mit Geschwindigkeiten von um die 80 km/h, wenn man sich rhythmisch in die Kurven legen und aus diesen heraus zügig beschleunigen kann. Natürlich ist Motorradfahren um ein Vielfaches gefährlicher als Autofahren; als Knautschzone hat man, wie mein Kollege Peter Schuster sagte, nur das eigene Nasenbein. Insofern hatten meine Bekannten mit ihren Warnungen nicht ganz unrecht. Ich fahre daher nur gut ausgeruht, möglichst nur bei gutem Wetter (nicht zu heiß, nicht zu kalt, nicht bei Regen) und ohne auch nur einen Tropfen Alkohol konsumiert zu haben. Meine weiblichen Partner scheinen jedenfalls Vertrauen in meine Fahrweise (gehabt) zu haben. Sowohl Gesa als auch Gisela sind auf dem Soziussitz mitgefahren, wobei mein Bike für lange Strecken im Zweierbetrieb zu klein ist; da bräuchte ich eine Honda Goldwing oder eine fette Harley. Inzwischen stehe ich vor einem kleinen Problem; irgendwann ist es angebracht, mit dem Motorradfahren aufzuhören. Noch fühle ich mich auf dem Bock sicher, das größte Problem ist das Auf-

und Absteigen bei allmählich nachlassender Beweglichkeit der Beine. Ich will meine Biker-Karriere jedenfalls selbstbestimmt beenden und nicht durch äußere Umstände dazu gezwungen werden. Hoffentlich erwische ich den richtigen Zeitpunkt!

Zweifelsohne ist ein Motorrad gerade auch in der Stadt praktisch. Du findest immer einen Parkplatz unmittelbar an deinem Ziel, zumal die Polizei es toleriert, wenn man sein Bike auf dem Rand des Bürgersteiges abstellt. Viele Jahre bin ich im Sommer mit dem Motorrad ins Gericht nach Moabit gefahren; nur dezent verkehrswidrig, habe ich auf der AVUS den Standstreifen genutzt, um an den im Stau stehenden PKWs vorbeizufahren. Wenn man das mit lediglich 30 km/h im zweiten Gang macht, tolerieren das die Autofahrer; Aufmerksamkeit ist aber geboten, falls ein Autofahrer einen ärgern will und nach rechts rüberzieht oder falls mal ein Beifahrer plötzlich die Tür aufmacht. Ganz unfallfrei ist mein bisheriges Bikerdasein nicht verlaufen. Einmal hat mich eine Autofahrerin in der Wilsnacker Straße unmittelbar vor meinem Gericht von hinten über den Haufen gefahren; mir ist nichts passiert, aber das Bike war etwas lädiert. Günstig war, dass ein mir gut bekannter Anwalt Zeuge des Geschehens war. Ein anderes Mal ist mir am Mexikoplatz ein Autofahrer unvermittelt vor die Nase gefahren; reflexartig bremste ich (zu) stark ab, das Vorderrad blockierte und ich lag auf der Straße, während der Autofahrer weiterfuhr. Mir tat hinterher der linke große Zeh weh. Dieser Unfall machte mir deutlich, dass ein Antiblockiersystem (ABS) beim Motorrad viel wichtiger als beim Auto ist, weil zwei Räder deutlich schwieriger zu beherrschen sind als vier.

Ein Kapitel über meine Motorradfahrer-Karriere wäre nicht vollständig ohne Schilderung jedenfalls einiger der von Hubert und mir gemeinsam unternommenen jeweils rund einwöchigen

Touren, die uns in viele Teile Deutschlands und sogar bis nach Italien an den Gardasee führten. Bevor ich jetzt weiterschreibe, muss ich erst mal mein Gedächtnis auffrischen durch einen Blick in meine jährlichen Rundbriefe und in meine Ausgabenbücher (ja, die sind zu etwas nutze!). Dabei habe ich festgestellt, dass wir beide zwischen 1999 und 2009 insgesamt acht, möglicherweise auch neun gemeinsame Reisen unternommen haben (ich habe ja schon darauf hingewiesen, dass Gesa insoweit tolerant war). Wir haben uns auf den Reisen immer gut vertragen; mit Hubert, der ein Gemüt wie ein Schaukelpferd hat, kann man sich auch nicht wirklich zanken. Gleich auf unserer ersten Biker-Tour, die uns an die Ostsee führte, gab es ein amüsantes Erlebnis. Ich glaube, wir trafen uns in Wittenberge (nicht: Wittenberg) an der Elbe und fuhren dann gemeinsam Richtung Darß. Im idyllisch gelegenen Ostseehotel kurz vor dem Ort Wustrow zwischen der Ostsee und dem Saaler Bodden nahmen wir uns ein Zimmer. Nach einem reichlichen Abendessen und ein, zwei Bierchen legten wir uns schlafen. Mitten in der Nacht krachte unser Doppelbett ein. Der handwerklich versierte Hubert stellte fest, dass irgendwelche Vollpfosten das Bett verkehrt herum zusammengebaut hatten, die Haken der beiden Längsteile, die in Kopf- und Fußteil verankert werden mussten, zeigten nach oben, kein Wunder, dass das Bett plötzlich zusammenbrach. Wir bauten es dann richtig zusammen und schliefen nach dieser unfreiwilligen Unterbrechung weiter. Am nächsten Morgen monierte ich an der Rezeption dieses Malheur, verbunden mit dem Hinweis, dass ich nicht gewillt sei, für das Zimmer den vollen Preis zu zahlen. Die unfreundliche Tussi an der Rezeption wollte mir nicht recht glauben und meinte „in diesem Bett haben sogar schon junge Ehepaare übernachtet!" Was unterstellte sie Hubert und mir? Schließlich ließ sie uns widerwillig 20,- DM vom Preis ab. In diesem Hotel habe ich nie wieder übernachtet. Ansonsten war unsere erste gemeinsame Biker-Reise ein voller Erfolg und wir beschlossen, eine solche Unternehmung zukünftig zu wiederholen.

Zweimal, 2001 und 2005, nutzten wir den Autoreisezug, der uns und unsere Maschinen in einem Abstand von nur 30 min von Berlin bzw. Düsseldorf nach München brachte, was uns beiden die lange Anfahrt ersparte. 2001 wollten wir in den Alpen herumfahren; weil das Wetter aber exorbitant schlecht war, haben wir - um mit Loriot zu sprechen - kurzfristig umdisponiert und sind an den Gardasee gefahren. Von unserem Standquartier in Riva am Nordufer haben wir viele schöne Touren unternommen. Auch 2005 scheiterte unser Alpenplan am Wetter. Wir fuhren schließlich durch teilweise strömenden Regen bis nach Löffingen im Schwarzwald. Dort quartierten wir uns in einer der Ferienwohnungen im Haus von Traute (die Schwester von Herrn Riemann) und ihrem Mann Arthur ein, mieteten ein Auto und verbrachte dort einige nette, wenn auch für Biker untypische Tage, unter anderem mit einem Ausflug an den Rheinfall in Schaffhausen.

Erwähnenswert sind noch zwei weitere besonders schöne Touren. 2002 trafen wir uns erneut an der Elbe (eventuell in Hitzacker) und fuhren dann die Elbe abwärts bis zur Nordsee, ein Stück an der Küste entlang bis zur Wesermündung und die Weser dann flussaufwärts bis Hannoversch Münden („wo Werra sich und Fulda küssen"). Im Folgejahr trafen wir uns in Hof und fuhren an der deutsch-tschechischen Grenze entlang durch den Bayrischen Wald bis Passau und dann über das Altmühltal zurück bis Hof.

Einmal waren wir auch im Harz (das Jahr konnte ich auch mittels meiner Recherchen nicht feststellen), wo Hubert einen Unfall, glücklicherweise nur mit Blechschaden, hatte. Thüringen haben wir mehrfach als Ziel ausgewählt, auch auf unserer letzten gemeinsamen Tour im Jahr 2009. Einmal übernachteten wir in Weimar in einem Hotel, dass sich „Christliches Hospiz" nannte. Dort hatten Gesa und ich ein Jahr zuvor anlässlich einer unserer Kurzreisen zum Hochzeitstag genächtigt. Trotz des bei der Buchung ausdrücklich genannten Zwecks unserer Reise bekamen wir ein Zimmer mit zwei separat stehenden Betten; na, ja, dachte ich, das ist eben christlich-sittlich. Umso erstaunter war ich, als ich mit Hubert dort ein schönes Doppelbett bekam. Eigentlich wirken wir beide doch nicht so, als ob wir an engeren nächtlichen Kontakten interessiert seien!

Ich habe die Zeit unserer gemeinsamen Touren in sehr guter Erinnerung. Es ist schade, dass Huberts Gesundheitszustand die Fortsetzung dieser nicht nur hinsichtlich der geschilderten Übernachtungen erlebnisreichen Unternehmungen unmöglich gemacht hat.

Bevor ich das Biken endgültig aufgebe, will ich jedenfalls einmal auf die nur drei Kilometer von meinem Zuhause entfernte „Spinnerbrücke" fahren, einen bundesweit bekannten Biker-Treffpunkt; bisher habe ich mich noch nicht getraut.

XV.

Tommy oder der Geburtstagsanruf

Es war der 18. Oktober 1997, Roberts vierzehnter Geburtstag. Wir saßen zu Hause in familiärer Runde am Kaffeetisch, als - zum wiederholten Mal - das Telefon klingelte. Robert nahm den Anruf in der Erwartung eines weiteren Glückwunsches entgegen. Sein Onkel Peter, Gesas Bruder, war am Apparat; Robert freute sich, weil Peter normalerweise den Geburtstag seines Neffen wie auch die meisten anderen Geburtstage in der Familie vergisst; nach solchen Daten musste er immer Gesa fragen, die diese alle im Kopf hatte. Robert wurde aber enttäuscht, denn Peter forderte seinen Neffen in der für ihn typischen etwas hektischen Art auf „gib mir mal deine Mutter!" Das tat Robert und Gesa meldete sich; darauf meinte Peter, der sich mit seiner zweiten Frau Astrid auf Mallorca in einem seinen vielen Häuser befand, „du musst sofort herkommen, wir haben hier einen Hund für euch gefunden!" Gesa, wie üblich schlagfertig, erwiderte ihm „such' du einen Hund aus und bring uns den mit!" Damit war das Gespräch beendet.

Was war der Hintergrund dieses überraschenden Telefonanrufes? Nun, Gesa und Robert hatten schon seit einiger Zeit den Wunsch geäußert, wir mögen uns einen Hund anschaffen. Gesa wollte das schon als Kind, aber ihre Eltern hatten ihr das verboten. Ich als vernunftorientierter Mensch machte einige Bedenken geltend; das wäre eine große Verantwortung, man müsste sich täglich kümmern, wie würde das auf Reisen sein. Aber gegen die geballten Emotionen von Gesa und Robert hatte ich keine Chancen und so war die grundsätzliche Entscheidung mit 2:1 Stimmen bald getroffen. Wir äußerten diesen Wunsch auch im erweiterten Familienkreis. Weil wir, wie ziemlich viele potentielle Hundefreunde und insbesondere -freundinnen, ein gutes Werk tun wollten, gingen wir eines Tages ins Tierheim Lankwitz. Es war für uns alle drei ein traumatisches Erlebnis. Ohrenbetäubendes Gekläff aus Dutzenden von Hundekehlen scholl uns entgegen und es herrschte ein geradezu bestialischer Gestank. Treue und zugleich verzweifelte Hundeaugen sahen uns bittend an, als wir an den Zwingern entlang gingen. Wir waren alle drei hinterher völlig deprimiert und entschlossen uns, von der „guten Tat" Abstand zu nehmen, weil wir zu der Auffassung gelangt waren, dass ein Hund, der sich dort auch nur vorübergehend aufgehalten habe, zwangsläufig eine Macke bekommen haben müsse. Also musste ein Hund aus einer Züchtung her. Und solche Hunde hatten Peter und Astrid auf „Malle" entdeckt, wo im Hinterland fern von jedem Autoverkehr eine Britin „Flat Coated Retriever" züchtete. Flat Coated Retriever sind die schwarze Variante der allseits bekannten Golden Retriever. Sie sind ursprünglich in England gezüchtet worden und darauf spezialisiert, geschossene Enten aus den britischen Mooren zu bergen und zu ihrem „Herrchen" (darf man heutzutage diesen Begriff eigentlich noch benutzen?) zu bringen. Es gab dort also einen Wurf und Peter und Astrid suchten gemäß Gesas Ansinnen einen kleinen Rüden für uns aus. Inzwischen weiß ich, welchen Preis gezüchtete reinrassige Hunde dieser Art haben, es war ein wirklich großzügiges Geschenk von den beiden.

Als die Mallorca-Reisenden einige Tage später mit einem jungen schwarzen Hund im Ankunftsbereich des Flughafen Tegel erschienen, fiel es uns dreien anfangs etwas schwer, die erwartbare Begeisterung ob eines niedlichen Welpen an den Tag zu legen. Der noch namenlose junge Rüde war etwa vier Monate alt, hatte einen langen rattenähnlichen Schwanz und blickte mit leicht schrägen Schlitzaugen etwas orientierungslos in die Gegend; er war noch durch die Auswirkungen der für den Flug erforderlichen KO-Tropfen gezeichnet. Wer hätte damals gedacht, dass sich unser Geschenk in einen bildschönen, stattlichen und extrem lieben Hund entwickeln würde, der uns mehr als elf Jahre viel Freude bereitet hat. Wir tauften unseren Familienzuwachs auf den Namen „Tommy" (alias Tom alias TomTom), wobei ich vergessen hatte, wer sich diesen Namen ausgedacht hat und warum. Auf meine anlässlich des Verfassens dieses Kapitels an Robert gestellte diesbezügliche Frage meinte er, er habe seinerzeit den Namen aussuchen dürfen und sei von seiner ursprünglichen Idee „Indi" in Anlehnung an Indiana Jones auf „Tommy" ausgewichen, weil alle „Indi" für einen Hundemädchennamen gehalten hätten. Den hochkomplizierten offiziellen Züchternamen unseres Hundes habe ich nicht mehr in Erinnerung. Die Erziehung von Tommy gestaltete sich auch für uns unerfahrene Hundeanfänger relativ unkompliziert. Nachdem wir ihn in den ersten Tagen stets an der Leine führten, forderte uns eines Tages ein anderer Hundebesitzer, den wir beim Spaziergang trafen, auf „haben sie doch mal Vertrauen zu ihrem Hund und lassen sie ihn von der Leine!" Das taten wir und es klappte besser als gedacht, wenngleich es natürlich auch Rückschläge gab. An jeder Bordsteinkante musste Tommy „sitz!" machen und er durfte die Straße erst nach ausdrücklicher Aufforderung überqueren. Das hatte er im Laufe der Jahre so sehr verinnerlicht, dass er schon mal sitzen blieb, während wir weitergingen, weil wir vergessen hatten, „komm!" zu sagen. Nur wenn ein Fuchs zu sehen war und das kommt in Schlachtensee durchaus ab und zu einmal vor, vergaß Tommy seine gute Erziehung und raste quer über die Straße, ohne allerdings die cleveren Füchse jemals in ernsthafte Gefahr zu bringen; gefährdet war nur Tom selbst durch etwaige Autos, aber er hatte insoweit immer Glück. Den noch jungen Tommy habe ich zweimal im Grunewald verloren, als ich mit ihm und dem Fahrrad unterwegs war. Einmal habe ich ihn, als ich auf derselben Strecke zurückfuhr, verängstigt an einem Baum im Wald liegend wiedergefunden. Beim zweiten Mal hatte ihn, wie ich allerdings erst nach meiner Rückkehr in den Ilsensteinweg erfuhr, eine Freundin von Robert in der Nähe des Schlachtensee entdeckt, fälschlich als entlaufen angesehen und mitgenommen, während ich ihn verzweifelt suchte und rief. Es war für mich ein ziemlich unangenehmes Gefühl, ohne Hund nach Hause zu kommen; glücklicherweise hatte sich die Freundin in der Zwischenzeit bereits bei Robert bzw. Gesa gemeldet.

An manche Begebenheiten aus Toms Jugend musste mich Robert erst wieder erinnern. Von meiner Großmutter väterlicherseits habe ich einen etwa 25 cm großen Porzellan-Eisbären von der KPM geerbt; als Tommy diese auf einem Bücherregal stehende Figur entdeckte, hielt er sie für einen gefährlichen Feind und knurrte sie an. Mindestens genauso gefährlich erschien ihm eine an einen Baum gelehnte Radkappe, die ein Autofahrer verloren hatte. Ein gewisses Verständnis mag man dafür entwickeln, dass unser Hund vor den lebensgroßen Bärenfiguren aus Kunststoff, die seinerzeit in aufgerichtetem Zustand in dem einen oder anderen Garten standen, einen Mordsrespekt hatte. Höchst erstaunt war ich allerdings, dass Tommy aufgeregt bellte, als er mich (in der Wohnung!) erstmals nackt sah; so sehr furchterregend erscheine ich in diesem Zustand doch wohl nicht!

Auf der Straße oder im Wald erstreckte sich die Wahrnehmungsfähigkeit unseres Hundes auf den Boden und den Bereich bis zu einer Höhe von 50 cm. Wenn eine Katze, die Tommy grundsätzlich gerne verscheuchte, auf einem Mauerpfosten in einem Meter Höhe direkt über seinem Kopf saß, bemerkte er sie nicht. Wenn ich aus dem geöffneten Badezimmerfenster in der ersten Etage Tommy, der sich mit Gesa oder Robert vor unsere Eingangstür auf der Straße befand, rief, hörte er mich zwar, war aber nicht in der Lage, nach oben zu sehen, sondern blickte nur irritiert nach links und rechts. Übermäßig pfiffig war unser Hund also nicht. In einer politisch nicht korrekten, dafür aber anschaulichen Weise könnte man sagen, Tommy war so, wie manche Männer sich ihre Frau wünschen: Sehr schön, sehr lieb und ein bisschen doof.

Unser Hund war, wie wohl die meisten Hunde, sehr verfressen. Beim Bäcker bekam er, weil er ein charming boy war, oft ein altes Brötchen, das ihm die Verkäuferin höchstpersönlich ins Maul gab (Tom hat nie zugeschnappt) und das er stolz wie Bolle mit hocherhobenem Schwanz nach Hause trug, um es sodann zügig zu verzehren. Unser langjähriger Nachbar Herr Both war gutmütig und tierlieb; wenn er in der Küche Bouletten machte, saß Tom mit einem ziemlich unwiderstehlichen „Dackelblick" so lange vor dem Küchenfenster, bis eine Boulette herausgeflogen kam, die aus der Luft gefangen und innerhalb von Sekunden verschlungen wurde. Eines Tages kam ich morgens nach unten in die Diele und wunderte mich, warum es so kalt und zugig war. Das lag daran, dass unsere Haustür sperrangelweit offen stand und Tom auf dem Bürgersteig lag; er hatte nämlich gelernt, die nach außen öffnende Haustür mittels seiner Vorderpfoten zu öffnen, und von dieser Fähigkeit machte er öfter, mitunter auch nachts, Gebrauch. Er lag dann auf dem Bürgersteig und rührte sich keinen Millimeter von der Stelle, wenn sich ein Fußgänger näherte. Dieser hatte in der Regel vor einem großen schwarzen Hund gehörigen Respekt und machte einen Bogen um ihn. Leider konnte unser Hund die Haustür nicht wieder schließen, wenn er von seinem Beobachtungsposten auf dem Bürgersteig genug hatte und wieder ins Haus kam.

Tom sorgte auch für die Erweiterung unseres Freundeskreises. Durch das regelmäßige „Gassi gehen" lernten wir, insbesondere die kontaktfreudige Gesa, im Laufe der Zeit viele andere Hundebesitzer kennen, wobei wir meistens nur die Namen der Hunde, nicht aber die der Besitzer kannten. Unter diesen Hundebekanntschaften war auch eine attraktive Gordon Setter-Hündin Tosca mit einer ähnlich attraktiven Besitzerin. Am Dubrowplatz, dem beliebten Treffpunkt der in den umliegenden Straßen wohnenden Hundeleute, kam Gesa mit der Besitzerin von Tosca zwanglos ins Gespräch, zumal Tosca sich etwas in Tom verliebt hatte, was den allerdings nicht interessierte. Eines Tages hatte Gesa ihren Hausschlüssel vergessen und ich war noch im Gericht, Robert war auch nicht zu Hause. Da fragte Gesa die Besitzerin von Tosca, ob sie ihr für eine begrenzte Zeit „Asyl" gewähren würde, was bejaht wurde. Es stellte sich heraus, dass die Besitzerin von Tosca, Inge Hernadi, mit ihrem Mann Lutz Albrecht im Eiderstedter Weg, einer Parallelstraße des Ilsensteinweg, wohnte. Im Laufe der Zeit lernten sich dann auch die beiden Männer kennen und es entwickelte sich peu a peu eine gute Freundschaft, die sich bei unserem nächsten Hund (vgl. Folgekapitel) noch intensivierte und bis heute besteht, wenngleich Gesa und Inges Mann nicht mehr am Leben sind.

Hunde sind ja sensible Geschöpfe, und so glaube ich, dass Tommy instinktiv die ernste Erkrankung, mit der sich Gesa ab dem Herbst 2003 auseinandersetzen musste, spürte. Vielleicht bilde ich es mir auch nur ein, dass er sie in den Folgejahren bei ihren vielen Spaziergängen, häufig mit Inge oder auch mit Bärbel Lütke, einer anderen Hundebekanntschaft aus der Nachbarschaft, besonders anhänglich begleitete.

Auch auf Reisen war Tom total unproblematisch, ähnlich wie Robert als Kind. Wir konnten lange Autofahrten mit ihm machen, er passte sich auch in fremder Umgebung an, wenn es nur genug zu fressen gab. Er war zudem extrem gutmütig. Eines Tages, wir hatten eine Familienreise nach Bornholm gemacht, buddelten Robert und ich Tommy im weichen Ostseesand so weit ein, dass nur noch sein Kopf zu sehen war (für die Ungläubigen: ich kann das mit Fotos unter Beweis stellen). Er ließ es gelassen mit sich geschehen. Und trotz seiner Verfressenheit und obwohl er über ein ziemlich stattliches Gebiss verfügte, konnten wir ihm ein Brötchen aus dem Maul nehmen; das müsst ihr mal mit einem Dackel versuchen! Besonders mutig war Tom nicht; das hatte durchaus seine Vorteile, weil es nie zu Beißereien mit anderen Hunden kam. Im Wald versuchte Tom eher, sich unsichtbar zu machen, indem er sich mit nach hinten geklappten Ohren ganz dünn machte und, wenn eine Meute Hunde auf ihn zugestürmt kam, sich seitwärts in die Büsche schlug. Nur wenn ein Zaum zwischen ihm und dem Konkurrenten war (ich denke da an Theo im Ilsensteinweg), konnte er auch mal zähnefletschend richtig gefährlich aussehen.

Unser Hund konnte von Zeit zu Zeit auch intensiv riechende Darmwinde von sich geben. Der Geruch passte ihm offensichtlich selber nicht; er erhob sich dann, blickte leicht indigniert um sich und ließ sich einige Meter entfernt wieder nieder. Gaby und Ulli können davon anlässlich einer gemeinsamen Kurzreise per Auto in den Rheinsberger Raum ein Lied singen.

Nach mehr als elf Jahren, kurz vor Weihnachten 2008, mussten wir Tommy, nachdem er in einer Nacht mehrere Herzanfälle erlitten hatte, einschläfern lassen. Ich hätte es vorher nicht für möglich gehalten, wie sehr der Tod des eigenen Hundes mich emotional berührt hat. Ich habe mehr geweint als bei dem Tod manch eines mir nahestehenden Menschen. Gesa und Robert ging es ähnlich. Ein liebenswertes und immer gut gelauntes Familienmitglied war von uns gegangen. Wir haben unseren Tom in einem Tierkrematorium einäschern lassen und die Asche am Weststrand von Ahrenshoop, den wir alle sehr lieben, der Freiheit übergeben.

XVI.

Sunny oder der Geburtstagskuchen

Viele Hundebesitzer haben zwei Wochen nach dem Tod ihres langjährigen vierbeinigen Begleiters schon wieder den nächsten Hund. Das war bei Gesa und mir anders. Wir wollten nicht quasi nahtlos von einem zum anderen Hund übergehen. So merkwürdig es klingen mag, aber eine gewisse „Trauerarbeit" war für uns beide erforderlich. Im Geiste sah ich Tommy noch oft zusammengerollt an seinem Lieblingsplatz in der unteren Ecke unserer Treppe liegen. Robert ging es ähnlich, wenn er anlässlich eines Besuches bei uns nachts von einem Treffen mit Freunden zurück kam. Wenn ich spazieren ging, blieb ich aus alter Gewohnheit häufig an der Bordsteinkante stehen, obwohl da niemand mehr neben mir stand, der „sitz" machen musste.

Es dauerte mehr als ein Jahr, bis Gesa erneut den Wunsch nach einem Hund äußerte. An Tommy hatte ich gemerkt hatte, dass das Zusammenleben mit einem Hund auch mir Freude bereitet hat, deswegen war ich dieses Mal kein Bedenkenträger. Um Vergleiche mit Tom, die jeder Zweithund hätte verlieren müssen, von vorne herein auszuschließen, wollte Gesa diesmal ein Hundemädchen, eine andere Rasse (bei Hunden gibt es so was ja noch!) und auch einen etwas leichteren Hund (Tom wog 36 kg). Weil eine Bekannte einen solchen Hund hatte, fragte Gesa mich, ob ich mir einen Australian Shepherd (Aussie) vorstellen könne. Bei dieser Rasse handelt es sich um Hütehunde, die ziemlich aufgeweckt sein sollten, wie wir aus dem Internet erfuhren, ähnlich wie Border Collies. Ich war einverstanden und so begann die Suche im Internet. Irgendwann im Frühsommer 2010 entdeckten wir auf der Website einer Züchterin aus Gütersloh Fotos von niedlichen Aussie-Welpen. Besonders ein dreifarbiges Hundemädchen (schwarz-weiß-hellbraun) hatte es uns angetan. Wir nahmen Kontakt mit der Züchterin auf und bekundeten unser Interesse, wollten eine endgültige Entscheidung aber erst nach persönlichem „Kennenlernen" treffen. Also fuhren wir - ich glaube, es war Ende Juni oder Anfang Juli 2010 - die 450 km vom Ilsensteinweg bis zu der Züchterin nach Gütersloh. Diese betrieb im Hauptberuf ein Nagelstudio, und so sah sie auch aus. Die Entscheidung, ob wir den „ausgekuckten" Welpen tatsächlich erwerben würden, wurde uns insofern abgenommen, als - kaum dass wir ausgestiegen waren - ein kleiner Wirbelwind auf Gesa zuraste und sich von ihr intensiv streicheln ließ. Da waren die Würfel gefallen. Wir schlossen einen schriftlichen Kaufvertrag ab, zahlten die recht stattliche Summe von 1500,- € und nahmen unser neues Hundebaby mit nach Berlin. Sunny - denn so tauften wir unser neues Familienmitglied ob ihres sonnigen Gemütes - saß während der Rückfahrt mehr als vier Stunden auf Gesas mit einem dicken Frotteehandtuch abgesicherten Schoß, auf den sie lediglich zwei mal pinkelte und ansonsten die Fahrt ohne Probleme überstand. Unsere Kleine lebte sich ganz schnell in ihrem neuen Zuhause ein. Ihre Erziehung gestaltete sich aber erheblich schwieriger als bei Tommy. Sie war viel temperamentvoller und hatte einen ausgeprägten eigenen Willen. Im ersten Jahr habe ich so manches Mal gedacht, wir haben uns mit ihr übernommen. Ich besuchte mit ihr auch eine Hundeschule, die von einem Tierärztepaar betrieben wurde. Bei irgendeiner Übung sollten wir, sofern unser Schützling sie gut absolviert haben sollte, den Hund in den höchsten Tönen und so intensiv, wie es uns nur möglich wäre, loben. Die pfiffige Sunny machte genau das, was sie tun sollte. Deswegen äußerte ich „hast du gut gemacht, Sunny"; der Hundetrainer meinte daraufhin zu mir „Hauptsache, ihr Hund weiß, dass das ihr größtes Lob ist". Als ich diese kleine Geschichte zuhause Gesa und dann auch

Freunden erzählte, lachten diese und meinten „das ist typisch Helmut". Ich weiß gar nicht, warum.

Erziehung von kleinen Kindern und jungen Hunden basiert auf Liebe und Konsequenz (letzteres hatte auch Gültigkeit bei meiner Tätigkeit als Richter einer Jugendstrafkammer). Insofern war es gut, dass ich in den ersten zwei Jahren nicht aufgegeben habe und immer wieder mit Sunny geduldig geübt habe, manchmal dabei auch durchaus streng war. Es hat sich gelohnt. Sie war im weiteren Verlauf ihres Lebens ein wirklich gut erzogener Hund, ohne dass sie einen Kadavergehorsam an den Tag gelegt hätte. Ich konnte sie nahezu immer ohne Leine frei herumlaufen lassen, sie lief nicht auf die Straße, selbst wenn das von ihr sehr geliebte Frisbee - das fing sie später aus der Luft - oder ein Ball versehentlich von mir dort hingeworfen wurde. Sie war auch insofern ein völlig unproblematischer Hund, als sie sich ganz schnell bei anderen Menschen einlebte und auch auf diese hörte, wenn mal eine Alternativbetreuung erforderlich wurde.

Ihre erste richtig große Reise machte Sunny mit uns schon wenige Wochen nach ihrem Umzug nach Schlachtensee. Wir waren nämlich von Inge und Lutz in ihr Ferienhaus nach Elba eingeladen worden. Die Hinfahrt über zwei Tage mit Zwischenstopp in Sterzing in Südtirol und der abschließenden Übersetzung mit der Fähre klappte gut. In dem an einem Hang gelegenen Haus bewohnten Gesa, Sunny und ich die untere Etage, während Inge, Lutz und Tosca oben residierten. Während dieses Urlaubes bekam Sunny ihren ersten Spitznamen „Shadow" Sie begleitete nämlich Inge, die sich dort nie helfen lassen wollte, ganz regelmäßig in die Küche und beobachtete aufmerksam, was dort geschah; es könnte ja mal was runterfallen. Zu der sich hier bereits andeutenden Gefräßigkeit von Sunny später mehr. In Erinnerung von diesem gemeinsamen Urlaub habe ich noch eine Wanderung zu einer in den Bergen gelegenen Kapelle; Sunny machte den Weg ungefähr vierfach, weil sie pausenlos hin und her raste. Bei der anschließenden Rast in einem Cafe in Marciana Alta war sie so kaputt (sie war erst vier Monate alt), dass sie unter dem Tisch einschlief und nachher zum Auto getragen werden musste. Schon in diesem jungen Alter zeigte sich auch ihre Eigenschaft als Hütehund; sie mochte es gar nicht, wenn beim Spazierengehen zwischen uns vier Personen eine Lücke entstand. Sie sprintete immer von Gruppe zu Gruppe und war erst zufrieden, wenn wir alle vier zusammen waren. Das Hütehundgebaren zeigte sich in etwas problematischer Weise auch daran, dass Sunny vorbeifahrende Radfahrer einfangen und zurückbringen wollte, was diese mitunter nicht so witzig fanden und was wir ihr im Laufe der Zeit abgewöhnen konnten. Was Katzen betraf, war sie wie Tommy der Auffassung, dass diese gefälligst vor einem Hund Reißaus zu nehmen hätten; im Unterschied zu Tom wollte sie am liebsten den Katzen auf den Baum nachklettern. Wenn allerdings eine Katze widerständig war und nicht wegrannte, war Sunny verdattert und wusste nicht, was sie nun machen sollte; ich habe einmal beobachtet, wie sie gegenüber einer kleinen schwarzen in der Mitte des Bürgersteiges regungslos mit strengem Blick verharrenden Katze einen respektvollen Bogen machte. Ähnlich wie Tom war sie nicht streitsüchtig, sondern auch eher ängstlich, was andere Hunde betraf. Wenn eine Hundegruppe (und davon gibt es im Grunewald viele, weil die Zehlendorfer für ihre Kinder gerne mal einen Hund kaufen, den dann aber von professionellen Hundeausführern betreuen lassen, weil keiner aus der Familie dazu Lust hat) auf sie zugelaufen kamen, lief sie eher ängstlich im Wald in einem sehr großen Bogen um die Gruppe herum; sie hatte mit einer solchen Horde mal schlechte Erfahrungen gemacht, wie mir Gesa erzählte. Sunny hatte im Übrigen durchaus einen Sinn für das Geschehen oberhalb ihrer Körperhöhe bis in den Himmel hinein. Am Meer war sie der Auffassung, dass sämtliche Möwen in die Luft gehörten; mit Höchsttempo jagte sie den Strand auf und ab - wir konnten sie manchmal kaum noch sehen - und sorgte dafür, dass alles, was fliegen konnte, stets am Himmel war. Auf Amrum hatten wir den Eindruck, die Möwen machten sich einen Spaß damit, Sunny immer hin und her zu hetzen. Einmal sauste sie mit gen Himmel gerecktem Kopf unbeabsichtigt ins Meer und wunderte sich, dass es plötzlich nicht mehr so schnell ging und sie nass wurde.

Im Laufe der Zeit wurde deutlich, dass Sunny eine Rassistin war. Sie war sehr wählerisch, mit welchem Hund sie sich auf ein Spiel einließ. Wir stellten fest, dass andere Aussies durchaus willkommen waren. Besonders fuhr Sunny aber auf Windhunde ab, vielleicht weil die ihr an Geschwindigkeit nicht nur ebenbürtig, sondern sogar überlegen waren; andere Hunde hängte Sunny beim Spurten hinter dem Frisbee oder dem Ball immer ab. Viele Artgenossen, auch wenn die nach meiner Auffassung sowohl schön als auch nett waren, ignorierte Sunny völlig. Rassistische Tendenzen zeigte sie auch gegenüber Menschen. Wenn ein in der Nähe wohnender Japaner seine kleine Tochter zur Schule brachte und wir diese beim Gassi gehen auf der gegenüberliegenden Straßenseite sahen, bellte Sunny immer aufgeregt. Völlig ausgeflippt ist sie, als sie einen jungen Mann sah, der (die uns hier ziemlich nervenden) Kärtchen, wonach das Auto jederzeit gegen sofortige Barzahlung gekauft würde, hinter die Windschutzscheiben klemmte; es handelte sich bei dieser Person um jemanden, den ich früher als Neger hätte bezeichnen dürfen; Sunny drehte geradezu durch.

Ansonsten war sie hier in Schlachtensee everybodys darling und bekannt wie der sprichwörtliche „bunte Hund". Wir hatten über Inge und Lutz auch deren Nachbarn und Freunde, Sabine und Enno Eglit, kennengelernt. Sabine, gelernte Tierärztin, hatte früher auch einen (sehr großen) Hund. Enno kannte ich ganz flüchtig aus früheren Zeiten in der Reitschule Onkel Toms Hütte. Gesa, Inge und Sabine gingen ab und zu gemeinsam mit Sunny spazieren, wobei sich zeigte, dass Sabine besonders gut mit Sunny umgehen konnte und es auch schaffte, dass sie an der Leine nicht zerrte. Interessant war, wie begeistert Sunny Menschen, die sie gut kannte, begrüßen konnte; dabei hatte sie ein mir von keinem anderen Hund bekanntes Repertoire an Lauten und Verhaltensweisen, die sich von Mensch zu Mensch jeweils unterschieden. Zu diesen besonders geliebten Menschen zählten neben Inge und Sabine später auch Anette Becker (die mir bei Sunnys Betreuung half, als ich später alleine war), unsere Haushaltshilfe Aga, natürlich Robert und später auch Gisela. Etwas kompliziert wurde es, wenn von diesen Personen mehrere gleichzeitig zu begrüßen waren, zumal jeder hoffte, dass die Begeisterung bei ihm am allergrößten sein möge. Layla, meine „große" Enkeltochter, fand die Begrüßungen von Sunny immer etwas zu stürmisch, war ansonsten aber auch gut Freund mit ihr.

Jetzt wird es Zeit für den Abschnitt „Verfressenheit"; drei Beispiele mögen diese Eigenschaft von Sunny verdeutlichen. In dem Kapitel „Räuber haben immer viel Hunger" habe ich schon kurz eine gemeinsame Reise mit Hubert und Volker nach Riedlhütte in den Bayrischen Wald erwähnt. Ich glaube, es war im Frühsommer 2016. Volker und ich bestiegen den Lusen, einen der höheren Gipfel im Nationalpark; Hubert machte es sich anderweitig gemütlich. Der Anstieg ist in der letzten Phase ziemlich steil und führt über ein Geröllfeld zum Gipfelkreuz. Oben angekommen, waren wir außer Puste und wollten uns etwas ausruhen. Gleiches hatte eine andere Familie, bestehend aus Vater, Mutter und zwei Kindern, vor. Der Vater hatte sich etwa 5 m von uns entfernt auf einen Felsblock gesetzt und soeben sein Wurstbrötchen ausgepackt und neben sich gelegt. Schneller als man überhaupt denken, geschweige denn reagieren konnte, war Sunny mit zwei Sprüngen bei dem Brötchen, schnappte es sich und verschlang es ohne zu kauen in Sekundenschnelle. Wir alle waren total verdattert; pflichtschuldig schimpfte ich nach einer Schrecksekunde mit Sunny, wobei ich mir innerlich ein Lachen verkneifen musste, weil es auch irgendwie witzig war. Zum Glück hatte die andere Familie und insbesondere der um sein Brötchen gebrachte Vater Humor; er war nicht sauer, sondern lachte auch, zumal die Familie ebenfalls einen - nicht so verfressenen - Hund bei sich hatte.

In meinem zweiten Beispiel spielt unsere Freundin Sabine Eglit eine Rolle. Sabine war immer mächtig beeindruckt von der Intelligenz von Sunny; eigentlich war nahezu alles, was Sunny tat, Ausdruck ihrer intellektuellen Fähigkeiten. Eines Tages holte ich Sunny, die an diesem Tage bei Eglits zur Betreuung war, nachmittags ab. Im Bereich unmittelbar vor der eigentlichen Wohnung befindet sich eine Abstellkammer, die von Sabine auch als Speisekammer benutzt wird. Als ich Sunny abholte, stand die Tür dieser Kammer einen Spalt offen und Sunny verschwand durch dieselbe. Sabine bewunderte wiederum Sunnys Intelligenz, weil sie sich offensichtlich erinnerte, dass sie dort vor Tagen einige Leckerli erhalten habe. Wir plauderten noch ein wenig über dies und das, bis Sabine plötzlich mit einem Aufschrei in die Abstellkammer stürzte. Ihr war nämlich eingefallen, dass sie dort auf einem niedrigen Schemel eine selbstgebackene Torte für den am morgigen Tag anstehenden Kaffeebesuch deponiert hatte. Über diese Torte hatte sich Sunny natürlich hergemacht; für den Besuch war sie nicht mehr zu verwenden. Auch diesmal schimpfte ich und mir war es peinlich, obwohl die witzige Komponente wiederum nicht zu leugnen war. Sabine und Enno haben Sunnys Angriff auf die Torte mit Humor genommen; zwar musste Sabine für den Besuch einen Zweitkuchen backen, die angenagte Torte haben die beiden nach Beschneidung der angefressenen Partien aber noch selbst genießen können.

Der Gipfel an fresssuchtbedingter Dreistigkeit trug sich anlässlich meines Geburtstages am 18. März 2019 in Ahrenshoop zu. Gisela und ich haben die schon seit über zwanzig Jahren bestehende Tradition, über meinen Geburtstag für einige Tage an die Ostsee zu fahren, aufrecht erhalten. Wir freuten uns auf das reichhaltige Frühstück im „Haus Morgensuenn" und das zusätzlich an diesem Tag kredenzte Glas Sekt. Schon vor dem Frühstück hatte Gisela mir meine Geburtstagsgeschenke überreicht, zu denen auch vier kleine Stückchen Torte gehörten, die sie auf einem Porzellanteller positioniert hatte, den wiederum sie auf dem Aufbau eines kleinen Sekretärs in einer Höhe von geschätzt 1,20 m abgestellt hatte. Ich gab Sunny ihr Trockenfutter und schärfte ihr ein, keine „Böhmänner" ins Zimmer zu lassen; anschließend verließen wir unser Zimmer und begaben uns in den Frühstücksraum. Nach etwa einer Dreiviertelstunde kehrten wir zurück und ich freute mich auf ein Stückchen Torte zur Abrundung des Geburtstagsfrühstücks. Meine Überraschung und auch Empörung war groß, als auf dem weiterhin unbeschädigt auf dem Sekretär stehenden Teller kein einziges Stück Torte mehr vorhanden war. Wie Sunny das geschafft hat, aus immerhin einer beträchtlichen Höhe alle vier Stücke wegzustibitzen, ohne den Teller runterzuwerfen, ist mir schleierhaft. Auch diesmal schimpfte ich wieder, aber das kratzte Sunny wenig; ihren Genuss konnte ihr keiner mehr nehmen und Torte schmeckt nun mal besser als Trockenfutter.

Sunny hatte nicht nur einen stets guten Appetit, sondern auch ein ziemlich ausgeprägtes Kuschelbedürfnis. Gesa, die Sunny ob ihrer Fellzeichnung den weiteren Spitznamen „Micky Mouse" gegeben hatte, ging auf dieses auch ihr innewohnende Kuschelbedürfnis in der Weise ein, dass sie unserem Hund häufig gestattete, auf dem Sofa neben ihr Platz zu nehmen. Da hielt ich eigentlich nichts von, und in der Zeit meiner alleinigen Verantwortlichkeit für Sunny durfte sie das auch nicht. Frauen scheinen diesbezüglich aber anders zu ticken, denn auch Gisela fand das gemütlich, wenn sich Sunny auf dem Sofa an sie kuschelte. Sunny sah mich im Vorfeld eines von ihr beabsichtigten Sprunges auf das Sofa erst zweifelnd und fragend, nach erfolgreichem Sprung mit anschließendem Kuscheln dann triumphierend an. Na, was sollte ich gegenüber so viel Frauenpower machen?

Ein weiteres und gegenüber ihrer Verfressenheit und dem Kuschelbedürfnis auf dem Sofa grundsätzlich unproblematisches Hobby von Sunny war ihr erfolgreichen Bestreben, Hundeskeptiker davon zu überzeugen, dass zumindest sie ein liebenswerter Hund sei, den zu streicheln es sich lohne. Auch da seien drei Beispiele erwähnt. Gesas Schwester Verena hatte zwar keine Angst vor Sunny, legte aber doch ihr gegenüber eine gewisse Reserviertheit an den Tag. Diese zu überwinden war nun Sunnys Bestreben. Dabei legte sie durchaus eine Raffinesse an den Tag. Verena saß bei uns im Wohnzimmer auf dem Sofa. Sunny saß am Boden in ihrer Nähe; nun rückte sie Stück für Stück immer näher, bis Verenas über die Sofalehne hinabhängender linker Arm plötzlich das weiche Fell von Sunnys Rücken berührte, und fast unbewusst fing Verena an, Sunny zu streicheln, denn ihr weiches Fell hatte insoweit einen ausgeprägten Aufforderungscharakter. Ähnlich ging Sunny bei meiner langjährigen Kollegin Margrit Schröder vor, die von Hunden nicht wirklich viel hielt und das auch gemäß ihrer immer direkten Art äußerte; auch sie war auf die Dauer dem Charme von Sunny erlegen. Den bemerkenswertesten Beweis ihrer Überzeugungskünste lieferte Sunny gegenüber der damals bereits 89-jährigen Mutter von Gisela. Wir besuchten sie in ihrer Wohnung in Nordenham. Gisela hatte mich vorgewarnt, ihre Mutter halte nicht viel von Tieren und würde sie allenfalls aus einer gewissen Distanz tolerieren, wie sie am Beispiel ihre drei Katzen mehrfach habe feststellen können. Das war nun eine echte Herausforderung für Sunny. In der kleinen Zwei-Zimmer-Wohnung, in der sich viele Erinnerungsstücke wie gerahmte Fotos, Porzellantassen, schöne Gläser und andere zerbrechliche Dinge befanden, entdeckte Sunny einen kleinen Ball mit Noppen, den Mutter Behnke üblicherweise zum Training ihrer Hände benutzte. Sunny war ja nun ein Ballfreak, schnappte sich diesen Ball und legte ihn der mit uns am Kaffeetisch sitzenden alten Dame in den Schoß. Und entgegen Giselas Prophezeiung rückte die Mutter nicht pikiert weg, sondern äußerte „ach, ich soll wohl den Ball mal werfen", worauf Sunny mit dem für sie typischen leicht schief geneigten Kopf Zustimmung signalisierte. Also warf Mutter Behnke und Sunny fing den Ball aus der Luft, brachte den Ball zurück zur Werferin und stupste sie mit der Schnauze gegen den Oberschenkel. „Du möchtest, dass ich noch mal werfe, na gut". Dieses Spielchen wiederholte sich nun etliche Male, und ich schwitze Blut und Wasser, weil ich befürchtete, irgendwann würde jetzt doch mal was zu Bruch gehen. Aber das geschah nicht, die alte Lady konnte gut werfen und Sunny war äußerst geschickt im Fangen. Beide sind nach unserem Besuch als ziemlich beste Freunde geschieden.

Geradezu phänomenal war Sunnys Sprungvermögen. Sie konnte sich gleichsam im Schlusssprung in beträchtliche Höhen katapultieren; obwohl deutlich kleiner als Tom, schaffte sie es auf diese Weise ebenfalls, unsere Haustür zu öffnen, indem sie nach einem solchen Sprung in der Sinkphase mit den Vorderpfoten die Türklinke herunterdrückte. Wenn wir Inge besuchten, sprang sie vor der Gartenpforte so hoch, dass sie über die Pforte hinweg auf das Grundstück sehen konnte; wenn wir sie bei uns in die Küche gesperrt hatten, damit wir ankommenden Besuch erst mal in Ruhe begrüßen konnten, schoss sie auch wie ein Flummiball in die Höhe. Eindrucksvoll untermauerte Sunny Anfang Dezember 2019 ihre sportlichen Fähigkeiten. Wir verbrachten mit ihr in der noch corona-freien Zeit eine Woche in einer Ferienwohnung in Hörnum auf Sylt. Mit Höchsttempo jagte sie den Strand auf und ab, um auch hier die Möwen in der Luft zu halten. Die Steilküste erklomm sie mit bestimmt zwei Meter hohen Sprüngen, unglaublich, so was habe ich sonst bei keinem anderen Hund gesehen.

Es kommt mir auch in der Rückschau unwirklich vor, dass wir Sunny nur drei Monate später wegen eines unheilbaren Nierenversagens einschläfern lassen mussten. Bei dieser schweren, aber alternativlosen Entscheidung haben mich Gisela und Sabine unterstützt. Sunny ist keine zehn Jahre alt geworden. In dieser Zeit hat sie mir und vielen anderen Menschen viel Freude gemacht.

XVII.

Und wenn der Herr Präsident zu Besuch kommt

Die Turmstraße, der Tegeler Weg und die Salzburger Straße. Nicht nur Berliner Juristen wissen, dass damit das Kriminalgericht, das Landgericht in Zivilsachen und die Senatsverwaltung für Justiz gemeint sind. In allen drei Institutionen war ich während meines achtunddreißig Jahre währenden Berufslebens tätig. Über meine Tätigkeit am Kriminalgericht habe ich bereits in zwei Büchern („Der tote Richter …" und „Der Tod an der Grenze") berichtet. Es gibt über die in diesen beiden Büchern geschilderten Verfahren hinaus einige überwiegend amüsante Begebenheiten aus meiner Berufslaufbahn und dem Weg dorthin zu erzählen.

Anfangen möchte ich mit der mündlichen Prüfung zu meinem ersten Staatsexamen im Januar 1976. In meinen beiden oben genannten Büchern habe ich mir dazu Ausführungen verkniffen (nicht zuletzt auf Anraten von Gisela), aber in diesem doch eher persönlichen Buch ist es mir ein Bedürfnis, auch nach mehr als fünfundvierzig Jahren die Dinge beim Namen zu nennen. Vorsitzender der Prüfungskommission war ein Senatsrat, der damals unter Studenten und Referendaren einen denkbar schlechten Ruf als Prüfer hatte. Diesem schlechten Ruf ist er in meiner mündlichen Prüfung vollauf gerecht geworden. Als ich eine durchaus zutreffende Antwort gab, die dem Vorsitzenden offensichtlich nicht gefiel, meinte er zu mir „na, Herr Schweckendieck, das ist Schnee von gestern, da bekommen sie keinen Punkt für". Gedacht habe ich in diesem Augenblick „auf den Punkt kann ich auch verzichten", aber in der Situation eines Prüflings sagt man das doch lieber nicht laut. Ich war im weiteren Verlauf meiner Berufslaufbahn viele Jahre selbst nebenamtlicher Prüfer am Justizprüfungsamt, aber so ein Spruch ist mir nie über die Lippen gekommen. Als mein ehemaliger Prüfungsvorsitzender und ich Jahre später beide als Vorsitzende Richter am Kriminalgericht Moabit tätig waren und sogar dieselbe Geschäftsstelle hatten, war er dann als Kollege ganz freundlich zu mir. Ich konnte es mir aber nicht verkneifen, ihn kurz vor seiner Pensionierung auf seine von mir nicht geschätzte Rolle in meinem ersten Staatsexamen anzusprechen; das war ich meinem Seelenfrieden schuldig. Er hat diese kritische Äußerung immerhin kommentarlos zur Kenntnis genommen. Dass mein früherer Prüfungsvorsitzender aus den zwei wichtigsten Verfahren, die er als Vorsitzender hätte führen sollen (dem Verfahren gegen Erich Honecker und andere Mitglieder des „Nationalen Verteidigungsrates" und dem Verfahren gegen Egon Krenz, Günther Schabowski und weitere Mitglieder des „Politbüros"), jeweils von seinen Kollegen wegen begründeter Besorgnis der Befangenheit rausgekickt worden ist, habe ich nicht eben bedauert.

Aber jetzt zu einigen Begebenheiten meines Berufslebens: Ende April 1979 fing ich als Beisitzer in einer großen Strafkammer in Moabit an. Es folgte dann ab 1980 eine Zeit beim Amtsgericht Tiergarten; dort hatte ich einige Schwierigkeiten, ich bekam zweimal eine eher schlechte dienstliche Beurteilung. Insofern war es wichtig, dass ich ab dem Herbst 1981 in einer Zivilkammer am Tegeler Weg wieder erfolgreich arbeiten würde, damit meine Ernennung zum Lebenszeitrichter nicht gefährdet wäre. Am Tegeler Weg hatte ich in den ersten Wochen einen sehr netten Vorsitzenden, der allerdings bald zum Kammergericht wechselte; er schrieb mir zuvor noch ein sehr positive dienstliche Beurteilung, so dass meiner Ernennung zum Richter am Landgericht im Frühjahr 1982, nahezu zeitgleich mit meiner

Eheschließung, nichts mehr im Wege stand. Nach Weggang des netten Vorsitzenden hatten wir in unserer Zivilkammer einige Monate ein „Interregnum" ohne ordentlichen Vorsitzenden. Die Kammer bestand aus einem erfahrenen Richter, der den Vorsitzenden „spielte", aus einer jüngeren Richterin und aus mir. Die junge Kollegin war Anna-Maria, die gebürtige Wienerin. Die ehrgeizige Anna kannte ich schon von Studium und Repetitor, vorübergehend hatte ich auch mal mehr als nur ein juristisches Interesse an ihr. Anna hatte neben ihren juristischen Qualitäten eine Kodderschnauze; über unseren faktischen Vorsitzenden, einen verklemmten Junggesellen, der zudem bald in Anna verliebt war und abends mitunter um ihr kleines Wohnhaus im Norden Berlins strich, äußerte sie sich in einer Weise, die nicht jugendfrei ist und die ich hier nicht wiedergeben kann.

Bald bekamen wir wieder eine reguläre Vorsitzende, nachdem der verliebte Junggeselle die Kammer verlassen hatte. Unsere neue Vorsitzende war so etwa Mitte vierzig, hatte vor dem Jurastudium einige Semester ein anderes Fach studiert und war nach der bemerkenswert kurzen Zeit von nur vier Jahren als Lebenszeitrichterin schon Vorsitzende geworden. Ob dabei der Umstand hilfreich war, dass der inzwischen schon kurz vor der Pensionierung stehende Präsident des Landgerichts ein glühender Verehrer unserer etwas spröden, gleichwohl netten und relativ attraktiven neuen Vorsitzenden war, entzieht sich meiner Kenntnis. Ich habe jedenfalls einen Landgerichtspräsidenten in sämtlichen Jahrzehnten meiner Zugehörigkeit zu diesem Gericht nie wieder so häufig wie damals gesehen; zweimal pro Woche erschien er zumindest auf einen Plausch mit der von ihm verehrten Vorsitzenden in unserer Kammer. Mittwochs war unser Beratungstag, an dem die Vorsitzende mit uns Beisitzern die in der nächsten Woche anstehenden Fälle besprach. Zu diesen Besprechungen kochte unsere „Chefin" immer für uns Kaffee, was ja wirklich nett war. Da sie blonde Haare und eine „Betonfrisur" hatte, erinnerte sie mich ein wenig an Frau Sommer aus der Jacobs-Reklame, die damals regelmäßig im Fernsehen zu sehen war. Als Werbefachmann erfand ich sogleich eine neue Reklame, die ich bei unserer nächsten Zusammenkunft im Gericht vortrug.

Vorsitzende: „Ach, Frau Sommer, mittwochs kommen doch immer meine Beisitzer zur Besprechung, welchen Kaffee soll ich da nur machen?"
Frau Sommer: „Hier, nehmen Sie Jacobs, der hat das ganze Aroma! Und wenn der Herr Präsident zu Besuch kommt, das Beste von Jacobs, die Krönung!"

Das war ja eigentlich ziemlich frech von mir. Aber unsere Vorsitzende lachte doch, wenngleich mit hochrotem Kopf. Insgesamt war die Zeit am Tegeler Weg ganz nett, hauptsächlich wegen der sympathischen Kollegen. Aber wirklich interessiert haben mich die Bauprozesse, wenn Hunderte von Mängeln gerügt wurden und keiner der Beteiligten am Ende noch so richtig durchgeblickt hat, nicht. Ich wollte im Strafrecht tätig sein, da geht es nicht nur um Geld und man ist doch auch als Richter mit mehr Herzblut dabei. So wechselte ich zum Jahresbeginn 1983 wieder nach Moabit in die Turmstraße. Und dort blieb ich - unterbrochen nur durch ein knapp dreieinhalbjähriges Intermezzo bei der Senatsverwaltung für Justiz - bis zu meiner Pensionierung im Frühjahr 2017.
Bis zu dem Intermezzo war ich überwiegend in der Jugendstrafkammer 9 tätig, deren Vorsitzender Dr. Fitzner war, mit dessen Sohn Uwe ich gemeinsam Abitur gemacht habe. Beisitzerin war Margrit Schröder, mit der ich bis heute befreundet bin. Wir hatten dort gemeinsam eine gute Zeit, die nur einmal für etwa fünfzehn Monate unterbrochen wurde, als ich mehr

oder weniger zwangsweise in eine andere Kammer delegiert wurde, in der ein Vorsitzender (Spitzname „Django") mit ganz erheblichen persönlichen Defiziten tätig war. Er fand Gefallen daran, Angeklagte, Zeugen, auch Sachverständige und Verteidiger, zusammenzufalten, die nicht in der Lage waren, sich zu wehren; bei selbstbewusst und dominant auftretenden Personen traute er sich das nicht. Mehr über ihn zu schreiben lohnt nicht.

Es lohnt sich aber, einige Sätze über meine Zeit im Berliner Landesministerium für Justiz, allgemein SenJust genannt, zu verlieren. Die Zeit von knapp dreieinhalb Jahren (von Herbst 1987 bis Frühjahr 1991) hat für mich eine ähnliche Bedeutung wie für andere junge Männer die Zeit ihres (damals noch relevanten) Wehrdienstes bei der Bundeswehr. Diese jungen Männer fanden die Bundeswehr entweder ganz toll oder ziemlich schrecklich, wichtig aber in jedem Fall; ausgewogene Meinungen gab es selten. Meine Bundeswehr war SenJust, und ich fand die Zeit eher schrecklich, gleichwohl für meinen weiteren beruflichen Werdegang auch bedeutsam. Von erfahrenen Mitarbeitern des Ministeriums (nicht -innen, auch ohne *, denn die Informanten waren Männer) bekam ich einige wertvolle Tipps, etwa folgenden: „Wenn Sie für die Hausspitze (Senator und Staatssekretär) einen Vermerk schreiben sollen, benutzen Sie den Stil von BZ oder Bild; sonst verstehen die das nicht". Oder, ganz wichtig für das angestrebte berufliche Weiterkommen: „Wenn Sie hier bei der Arbeit inhaltliche Fehler machen, ist das egal; meistens merkt das keiner. Wenn Sie aber auf dem Flur vor dem Gang zum Mittagessen die Kollegen in der falschen Reihenfolge grüßen, kann das verheerende Folgen für ihre Karriere haben." Ich habe den Tipp beherzigt und gemäß den Besoldungsgruppen gegrüßt. Trotzdem wäre es mit der von mir angestrebten Beförderung - und nur deshalb habe ich mich auf das zweifelhafte Abenteuer SenJust eingelassen - beinahe

schief gegangen. Ich hatte dort Anfang 1989 den ganz überraschenden politischen Wechsel von schwarzgelb zu rotgrün
(Walter Momper mit dem roten Schal) miterlebt, dachte aber
naiv, dass mich als unabhängigen Richter dieser Umstand in
meinem beruflichen Werdegang auch bei SenJust nicht tan-
gieren würde. Ob nun Rupert Scholz von der CDU oder Jutta
Limbach von der SPD Senator(in) war bzw. Alexander von
Stahl von der FDP oder Wolfgang Schomburg von der SPD
Staatssekretär, war für mich doch eigentlich völlig bedeutungs-
los. Aber da hatte ich mich geirrt; die Genossen von der SPD
wollten im Ministerium linientreue Mitarbeiter haben. Und so
schickten sie sich bald an, auch mich (wie vor mir in meiner
Abteilung schon drei andere Kollegen) „abzusägen", mich ohne
Beförderung nach Moabit zurückzuschicken und durch einen
„Genossen" zu ersetzen. Weder von meinem Abteilungsleiter,
noch von der Personalchefin bekam ich in dieser für mich
schwierigen Situation eine Unterstützung. Letztlich konnte ich
mich erfolgreich wehren; ich bin nicht vorzeitig weggejagt worden und habe meine Beförderung doch noch erreichen können.
Ich habe mir nach diesen Erfahrungen geschworen, bis an das
Ende meiner Tage bei einer Wahl nie wieder ein Kreuz bei der
SPD zu machen. Bei der im Herbst 2021 anstehenden Wahl
zum Berliner Abgeordnetenhaus wird mir das angesichts der
akademischen Unlauterkeit der Spitzenkandidatin dieser Partei
und ihres betrügerisch in Erscheinung getretenen Ehemannes
nicht schwerfallen.

Trotz aller Ärgernisse war es aber doch auch eine interessante
Zeit im Ministerium. Ich habe Einblick in viele Bereiche wie auch
den der Gesetzgebung bekommen, die einem nur in der Recht-
sprechung tätigen Richter ansonsten fremd bleiben. Ich habe auch
Einblick in die Niederungen der Politik nehmen können und
feststellen müssen, dass es in diesem Bereich im Wesentlichen nur
um zwei Dinge geht: Machterlangung und Machterhalt.

So war ich froh, als ich im Frühjahr 1991 als Vorsitzender einer Großen Strafkammer nach Moabit zurückkehren konnte. Ich bin mal gefragt worden, was denn nun der Unterschied zwischen der Arbeit im Ministerium und im Gericht ist. Diesen Unterschied kann ich anschaulich in zwei kurzen Sätzen erklären. Im Ministerium habe ich Vermerke geschrieben, die für viele Menschen unwichtig waren; im Gericht habe ich Urteile gefällt, die für wenige Menschen wichtig waren.

Eingangs dieses Kapitels habe ich schon erwähnt, dass ich über meine langjährige Tätigkeit in Moabit bereits zwei Bücher geschrieben habe und darin die spannendsten meiner Verfahren geschildert habe. Es ist mir aber ein Bedürfnis, über einen Strafprozess, in dem es nicht wirklich um bedeutsame Straftaten ging, zu erzählen, weil dieser mir Spaß gemacht hat, soweit man das bei einem Strafverfahren sagen darf. Es geht um Fußball und wer kann schon von sich behaupten, einen zweimaligen WM-Teilnehmer persönlich zu kennen und ihn sogar zu einer Geldstrafe verurteilt zu haben. Alles fing damit an, dass eine meiner Kolleginnen vom Amtsgericht null Ahnung vom Profifußball hatte. Sonst hätte sie nicht bei einem zwanzigjährigen Profifußballer, der bei einem Bundesligisten unter Vertrag stand, ein monatliches Nettogehalt von 6000,- € angenommen. Für so ein Trinkgeld zieht sich ein Profi nicht mal den linken Fußballschuh an! Die Ahnungslosigkeit der Kollegin zeigte sich auch darin, dass sie keinerlei Verständnis für die Berufsabläufe von Bundesligaspielern hatte, ein Trainingslager des Angeklagten ignorierte und ihn wegen der angeklagten Lappalien für einen Tag in Untersuchungshaft nahm, weil er wegen des Trainingslagers einen Gerichtstermin verpasst und sich nicht zuvor entschuldigt hatte. Das war unverhältnismäßig!

Letztlich waren sowohl der Angeklagte als auch die Staatsanwaltschaft über das von der Kollegin gefällte Urteil empört, der Angeklagte über das Urteil als solches (eine Geldstrafe und drei Monate Fahrverbot) und die Staatsanwaltschaft über die völlig unrealistischen Gehaltsvorstellungen der Kollegin und die daher viel zu niedrige Geldstrafe. Beide Seiten legten Berufung ein und so kam die Sache im Sommer 2007 in meine Kammer. Das war ja für mich ein gefundenes Fressen. Ich schrieb zunächst an die Geschäftsleitung des VfL Wolfsburg; dorthin nämlich war unser junger Fußballer gewechselt, nachdem er zuvor bei der alten Dame Hertha eine recht erfolgversprechende Karriere gestartet hatte. In Wolfsburg war seinerzeit der berüchtigte Trainer Felix Magath („Quälix") mit allumfassenden Kompetenzen ausgestattet. Ich forderte also die dortige Geschäftsleitung auf, mir differenziert mitzuteilen, über welches Einkommen unser Angeklagter verfüge; sollte ich innerhalb der von mir gesetzten Frist keine zufriedenstellende Antwort erhalten, würde ich ein Mitglied der Geschäftsleitung als Zeugen zum Berufungstermin laden. Ich hatte mich schon darauf gefreut, Felix Magath zu laden. Zu meiner Überraschung bekam ich tatsächlich umfassend Auskunft. Spätestens nach Lektüre dieses Schreibens wurde mir klar, dass ich unter finanziellen Gesichtspunkten den falschen Beruf gewählt hatte; allerdings hätten meine fußballerischen Fähigkeiten für eine Profikarriere bei weitem nicht ausgereicht. Ich studierte nun also den Bundesliga-Spielplan und bestimmte den Termin für die Berufungsverhandlung auf einen Montag im Herbst 2007, dies verbunden mit dem Hinweis, dass eine Verschiebung dieses unter Berücksichtigung der beruflichen Belange des Angeklagten festgesetzten Termins ausgeschlossen sei. Um 9 Uhr waren (fast) alle Beteiligten da und auch die Pressebank meines Saales war gut gefüllt, diesmal nicht mit den sonst anwesenden Gerichtsreportern, sondern mit Sportreportern von Presse und Fernsehen, die sich dieses Spektakel nicht entgehen lassen wollten. Wer nicht da war, war der Angeklagte. Ungefähr 10 Minuten nach 9 Uhr schlurfte er in den Saal und folgender Dialog entwickelte sich:

Vorsitzender: „was soll denn das, wir wollten vor 10 Minuten anfangen!"
   Angeklagter: „hab den Saal nicht gefunden"
   Vorsitzender: „ja und, ist das alles?"
   Angeklagter: „Tschuldigung"

Dann ging es schließlich los; die Tatvorwürfe waren Bagatellen. Einmal hatte der Angeklagte ein für den Straßenverkehr zugelassenes Kart gemietet, hatte damit in einer Kurve ein geparktes Fahrzeug gestreift und beschädigt, war aber weitergefahren. Bei anderer Gelegenheit hatte er am Tauentzien geparkt, um zu Mac Donalds zu gehen, und hatte beim Ausparken den vor ihm stehende PKW minimal gestreift, dessen Nummernschild verbogen und war dann weggefahren. Er konnte offensichtlich besser Fußball spielen als Autofahren. Schließlich hatte er ein rotes Überführungskennzeichen einige Tage zu lange benutzt, was auch eine Straftat darstellt. Unser aus einem mit Israel zutiefst verfeindeten Land des mittleren Ostens stammender Angeklagter nuschelte so sehr, dass ich ihn kaum verstand; insofern war alles so wie sonst auch meistens vor meiner Jugendkammer. Ich meinte zu ihm „sie müssen lauter reden, stellen sie sich vor, sie wollen eine Flanke von Marcelino (ein Ex-Herthaner, der inzwischen auch in Wolfsburg spielte), dann rufen sie auch lauter." Schließlich klappte die Verständigung besser, auch die mit den übrigen Verfahrensbeteiligten. In einer Verhandlungspause schlug ich dem Angeklagten, seinem Verteidiger und dem Staatsanwalt vor, den doch eher lächerlichen MacDonalds-Vorfall einzustellen; bzgl. der beiden übrigen Vorwürfe und des Fahrverbotes möge der Angeklagte seine Berufung auf die Frage der Höhe der Geldstrafe und die Dauer des Fahrverbotes beschränken, wobei ich signalisierte, dass bei letzterem ein Entgegenkommen des Gerichtes denkbar sei, dass aber die Geldstrafe mit Sicherheit deutlich erhöht würde. Alle Beteiligten waren mit der von mir vorgeschlagenen Vorgehensweise einverstanden, ohne dass wir diese nun (wie es heute gesetzlich vorgeschrieben ist) hätten protokollieren müssen. Wir gingen entsprechend vor und ich konnte schnell das Urteil verkünden. Das Fahrverbot wurde um einen Monat reduziert und die Geldstrafe um das Sechsfache erhöht. In der mündlichen Begründung des Urteils sprach ich den Angeklagten (bei den Weltmeisterschaften 2014 und 2018 war er für sein Geburtsland jeweils im Kader und 2014 sogar auch im Einsatz) direkt an und sagte: „die nächsten zwei Monate müssen sie mit dem Fahrrad zum Training fahren; vielleicht holt sie ja auch ihr Trainer mit dem Auto ab. Wegen der höheren Geldstrafe brauchen sie sich keine Sorgen zu machen. Mit der nächsten Siegprämie haben sie die schon wieder reingeholt."

Die meisten meiner Aussprüche konnte ich am nächsten Tag in der „BZ" und in der „Morgenpost" nachlesen. Die Staatsanwaltschaft und der Angeklagte waren mit meinem Urteil zufrieden; keine Seite hat Revision eingelegt.

Bis zu meiner Pensionierung im Frühjahr 2017 war ich dreiundzwanzig Jahre als Vorsitzender der Jugendstrafkammer 9 tätig; mit einem Profifußballer habe ich in dieser langen Zeit nur dieses eine Mal zu tun gehabt.

XVIII.

Gesas langer Kampf

Es ist der Herbst 2003, Robert hat vor wenigen Wochen sein Jura-Studium in Erlangen aufgenommen. Gesa, 51 Jahre alt, ertastet in ihrer rechten Brust einen Knoten. Die erschreckende Diagnose: Brustkrebs. Nun beginnt ein elfeinhalb Jahre während der Kampf, in dem Gesa tapfer gefochten, am Ende aber doch verloren hat. In diesem langen Kampf hatte Gesa viel Unterstützung von Freunden, musste aber auch völlig überflüssige zusätzliche schwere Beeinträchtigungen wie einen geradezu dilettantischen Kunstfehler hinnehmen; dazu später mehr. Ich glaube, die erste Operation fand Anfang oder Mitte Dezember 2003 im Urban-Krankenhaus statt, Operateur war Dr. W., ein eher smarter Typ, der neben seiner Krankenhaustätigkeit noch eine Praxis am Kurfürstendamm betrieb. Obwohl „brusterhaltend" operiert wurde, war die entstandene große Narbe doch auch eine psychische Beeinträchtigung für Gesa. Noch weitaus schlimmer und sowohl psychisch wie physisch äußerst belastend war die sich an die OP anschließende Chemotherapie mit allen sich aus der Zuführung von Gift ergebenden Nebenwirkungen. Die sich jeweils über mehrere Stunden erstreckenden Chemos wurden immer am Montagvormittag in der Praxis am Kurfürstendamm durchgeführt. Da der Montag mein Sitzungstag war, konnte ich Gesa nicht hinbringen; dies übernahm bei allen sechs Chemos unsere Freundin Renate Schmerl-Odenthal, genannt Nati, eine ehemalige Ärztin. Dafür war Gesa ihr sehr dankbar, ich bin es noch heute; wir sind weiterhin gut befreundet. Abholen konnte ich Gesa, denn das Ende meiner Sitzungen konnte ich selbst bestimmen. Zwei oder drei Tage nach der jeweiligen Chemo war Gesa extrem schlecht, sie musste sich oft übergeben und eine erhebliche Mattigkeit überkam sie. Gleichwohl bemühte sie sich, jeden Tag spazieren zu gehen, wobei unser schon erwähnter treuer Hund Tommy, der regelmäßig „Gassi" geführt werden musste, und oft auch ihre damalige Freundin Bärbel Lütke sie begleiteten.

Einschub: Ich merke, wie schwer es mir fällt, über diese Episode von Gesas und meinem Leben zu schreiben. Die Schilderung der amüsanten Begebenheiten geht mir viel leichter von der Hand. Ich habe aus dieser schwierigen Zeit einiges vergessen oder verdrängt und insbesondere auch die Masse der medizinischen Unterlagen schon vor längerer Zeit weggeworfen; sie waren beileibe keine aufhebenswerten Dokumente. Lediglich die Unterlagen über den Kunstfehler-Prozess standen mir noch zur Verfügung, desgleichen meine Rundbriefe zum Jahresende.

Eine der Folgen der Chemo, die Gesa bekam, war ein Haarausfall. Dieser begann nicht gleich nach dem ersten Durchgang, aber nach der zweiten Infusion, die drei Wochen später durchgeführt wurde, fing es an. Schon vor der ersten Chemo hatte sich Gesa bei dem Friseur der Familie Mildebrath, Herrn Holländer, ihre schönen langen blonden Haare abschneiden lassen; den Zopf habe ich noch heute, er liegt in meinem Vitrinenschrank. Ihre neue Kurzhaarfrisur sah auch ganz gut aus, wenngleich ihr klar war, dass es nur eine Freude von kurzer Dauer sein würde. Am 31. Januar 2004 waren wir bei unserer ehemaligen Nachbarin, Frau Riemann, zur Geburtstagsfeier eingeladen. Beim vorherigen Stylen und Richten der Frisur merkte Gesa, wie ihr Kamm schon voller Haarbüschel war. Nun wollte Gesa nicht wie ein Opferlamm warten, sondern ihr Schicksal auch diesbezüglich selbst in die Hand nehmen. Am nächsten Tag bat sie mich, ihr mit dem zuvor erworbenen

Haarschneider den Kopf vollständig zu rasieren. Das tat ich. Ich meine mich zu erinnern, dass wir gleich nach Beginn der Chemo gemeinsam mit Gesas Freundin aus Kinderzeiten, Carola Gambke, jetzt Wilcke, im Forum Steglitz eine ganz flotte Kurzhaarperücke gekauft hatten. Die sah an Gesa auch ganz gut aus, war aber eben doch nur ein Ersatz für eigene Haare. Kaum hatte Gesa die Strapazen der sechs Chemo-Durchgänge irgendwann im Frühjahr 2004 einigermaßen überstanden, musste sie sich der nächsten medizinischen Belastung, der Bestrahlung des operierten Bereiches, aussetzen. Ich konnte in dieser Zeit wie überhaupt während des ganzen Kampfes gegen diese, wie es immer heißt „heimtückische Krankheit" nicht viel tun, außer dass ich als Chauffeur fungierte und Gesa zu unzähligen Arztterminen begleitet und mitunter auch an den medizinischen Gesprächen teilgenommen habe. Nach der ersten Operation fanden in zunächst kurzen, später etwas größeren Abständen Kontrolluntersuchungen in der Praxis bei Dr. W. statt, die zunächst Anlass zu vorsichtigem Optimismus gaben. Gleichwohl war der körperliche und psychische Zustand von Gesa so, dass nach einer amtsärztlichen Untersuchung, der sie sich stellen musste, im Sommer 2005 die vorzeitige Pensionierung erfolgte und Gesa ihren geliebten Beruf als Lehrerin im Alter von 53 Jahren aufgeben musste; die Pension fiel dementsprechend dürftig aus, zumal Gesa seit Roberts Geburt auch nur eine halbe Stelle hatte und vorübergehend ganz ausgesetzt hatte. Der aufgrund der beanstandungsfreien Kontrolluntersuchungen langsam gewachsene Optimismus schien berechtigt, als Ende 2008 die für kritisch angesehene Grenze von fünf Jahren erreicht war, ohne dass sich Rezidive oder Metastasen gezeigt hätten. Gesa war auch wieder körperlich leistungsfähiger geworden. Ihr Ziel war es, im Mai 2009 an dem Avon-Frauenlauf in der Variante des Nordic Walking über zehn Kilometer teilzunehmen. Der inzwischen schon seit vielen Jahren stattfindende Avon-Frauenlauf hat sich zum Ziel gesetzt, bei der Bekämpfung von Brustkrebs zu helfen, indem jeweils ein Teil der Startgelder für die diesbezügliche Forschung zur Verfügung gestellt wird. Im März 2009 waren wir, wie wir es schon seit Jahren zu tun pflegten und wie ich es auch jetzt noch mit Gisela tue, über meinen Geburtstag in Ahrenshoop. Gesa hatte ihre Nordic Walking Stöcke mit und trainierte fleißig jeden Tag an den Stränden der Ostsee. In dieser Zeit hatte sie sich eine wirklich gute Kondition erarbeitet und ich hatte mitunter Mühe, ihrem Tempo zu folgen. Der Avon-Lauf im Mai 2009 bei strahlend schönem Wetter war dann wirklich ein voller Erfolg sowohl für die Organisatoren als auch für die vielen Teilnehmerinnen, fast alle in den von Avon zur Verfügung gestellten rosa Shirts. Gesa hatte ein Shirt mit einem aufgedruckten Foto von unserem Tommy an, das ich zuvor hatte anfertigen lassen und ihr zu diesem Zweck geschenkt hatte. Ihr Begleiter bei den vielen Spaziergängen sollte im Geiste mitlaufen. Tatsächlich war Gesa zusammen mit einer Freundin auf der Strecke im Tiergarten unterwegs; beide haben die 10 km durchgehalten und sogar eine ganz gute Zeit erreicht.

Der im Jahr 2009 erstarkte Optimismus von Gesa erhielt schon im Folgejahr einen deutlichen Dämpfer, als im Frühsommer bei einer Mammographie in der linken Brust ein „unklarer Befund" erhoben wurde. Der dort entdeckte Knoten wurde im Herbst 2010 im Martin-Luther-Krankenhaus, in das Dr. W. inzwischen gewechselt war, operativ entfernt wurde. Erfreulicherweise erwies sich dieser Knoten als ungefährliches Lipom; ob man das auch ohne belastende OP hätte herausfinden können, entzieht sich meiner Kenntnis. Nun war auch die zweite Brust von Gesa durch eine ziemlich große Narbe beeinträchtigt. Unser Lebensrhythmus war auch in der Folgezeit geprägt von den regelmäßigen Kontrolluntersuchungen, wobei es durchaus auch unbelastete Phasen gab und auch für Gesa Lebensqualität vorhanden war, freilich nicht durchgängig, denn die düsteren und belastenden Gedanken brachen sich doch immer wieder Bahn.

Im November 2011 fand erneut eine Kontrolluntersuchung in der Praxis Dr. W. statt, bei der nichts Auffälliges gefunden wurde. Dass die vollmundigen Versicherungen des Arztes, aufgrund der engmaschigen und sorgfältigen Kontrollen würde ein etwaiges Problem so früh entdeckt werden, dass es sodann unproblematisch gelöst werden könne, nicht viel wert waren, zeigte sich schon knapp zwei Monate später Anfang Januar 2012. Wiederum war es Gesa selbst, die in ihrer linken Brust durch Abtasten einen deutlich spürbaren Knoten feststellte. Dieser war bereits 2 cm groß, obwohl doch ärztlich versichert worden war, dass schon ein Knoten von 5 mm Größe bei den Kontrollen entdeckt würde, nun ja. Schon am 25. Januar 2012 operierte Dr. W. im Martin-Luther-Krankenhaus unter der Assistenz der Ärztin Dr. St.. Der Tumor wurde entfernt und aus der Achselhöhle wurden Lymphknoten entfernt, die zu Kontrollzwecken sogleich histologisch untersucht wurden; da die Lymphknoten nicht befallen waren, nähte die Assistenzärztin die Achselwunde zu; die Brustwunde hatte zuvor schon Dr. W. vernäht. Anders als die Brustwunde wollte die Achselwunde nicht gut verheilen. Es trat immer wieder ein Sekret aus, die Wunde beulte etwas aus und Gesa hatte ein Druckgefühl in der Wunde und diffuse Schmerzen. Bei mehreren Kontrollen im Krankenhaus konnten die untersuchenden Ärzte nichts feststellen. Zuletzt war Gesa am 24. Februar 2012 im Martin-Luther-Krankenhaus; ein erneuter Versuch, die nicht heilende Achselwunde zu punktieren, scheiterte. In der Nacht vom 25. auf den 26. Februar 2012, also einen Monat nach der OP, wollte Gesa bei uns zu Hause im Bad die Wunde erneut versorgen. Ich lag im Bett und hörte plötzlich, wie sie laut rief „ach du Scheiße". Sofort kam ich hinzu und musste völlig schockiert zur Kenntnis nehmen, dass sich Gesa soeben ein Tuch von etwa 25 x 7 cm Größe aus der Achselwunde gezogen hatte, dass die Assistenzärztin darin vergessen hatte. Einen dilettantischeren und tölpelhafteren Kunstfehler kann man sich ja wohl überhaupt nicht vorstellen! Die Ärztin konnte nicht einmal bis „eins" zählen! Es wurde überhaupt nur dieses eine Tuch bei der OP verwendet! Mir war sofort klar, dass diese Schlamperei rechtliche Schritte nach sich ziehen würde. Ich fotografierte das Tuch und „asservierte" es. Aber wichtiger war zunächst Gesas Gesundheit. Das diffuse Druckgefühl in der Achselwunde war verschwunden, gut nachvollziehbar. Die Heilung der Wunde konnte nun mit vierwöchiger Verzögerung beginnen, nahm allerdings einen Verlauf, der äußerst unschön war, denn es bildete sich ob des krassen Kunstfehlers eine trichterförmig nach innen gezogene Narbe.

Alle Verantwortlichen des Geschehens - mit ihrem Tun konfrontiert - gaben in ihrer Reaktion eine ganz schlechte Figur ab.

Dr. W. zu mir: „das Tuch können Sie als Andenken behalten .... ein Prozess ist für Ihre Frau zu belastend (das hätte ihm so gepasst) ... die Narbe sieht man ja nur, wenn Ihre Frau mit erhobenem Arm herumläuft" (dreist)

Dr. W. zu meiner Frau: „seien Sie freundlich zu Frau Dr. St., die ist so sensibel" (geradezu obszön)

Dr. St. zu Gesa: „ich habe schon gehört, was Ihnen passiert ist" (wie meine Angeklagten, denen auch immer nur was passiert ist, was sie tatsächlich selbst getan haben) .... „da war so viel Blut" (das kommt vor bei einer OP)

Der Verwaltungschef des Krankenhauses schien mir im Gespräch zunächst zugewandt, war dann aber offensichtlich an einer einvernehmlichen Lösung im Hinblick auf Schadensersatz/ Schmerzensgeld nicht wirklich interessiert. Entgegen seiner Zusicherung kam er nicht erneut auf uns zu.

Die ERGO-Versicherung und ihre subalterne Mitarbeiterin Frau G., die mich am Telefon nach Zahlung einer viel zu niedrigen Summe zu einem Verzicht auf weitere Forderungen überreden wollte („ganz ehrlich, Herr Schweckendieck"), sind für mich seither gestorben.

Es kam also zu einem Zivilverfahren vor dem Landgericht und wir wurden von unserer Anwältin Frau Elze, einer Fachanwältin für Medizinrecht, die ich auch aus Moabit kannte, gut vertreten. Den Abschluss dieses Zivilverfahrens im Februar 2016 hat meine Frau nicht mehr erlebt. Um die Angelegenheit nicht noch weiter zu verzögern, habe ich mich letztlich zu einem Vergleich bereit erklärt. Wichtig war mir - das war ich Gesa schuldig - die folgende, für einen Vergleich eher ungewöhnliche Passage, ohne die ich eine letztlich einvernehmliche Regelung nicht abgeschlossen hätte:

„Die Beklagten erklären, für den bei der Operation am 25. Januar 2012 der ehemaligen Klägerin begangenen ärztlichen Fehler (Belassen der Kompresse in der Wunde) die Verantwortung zu tragen."

Mit der Schilderung des Kunstfehlers und des sich anschließenden Zivilverfahrens habe ich zeitlich vorgegriffen. Nachdem die Achselwunde im Frühjahr 2012 endlich halbwegs verheilt war, musste sich Gesa erneut einer Bestrahlung unterziehen. Eine Chemo blieb ihr diesmal erspart, aber die Bestrahlung war extrem belastend. Ich will nur so viel sagen, dass im Bereich des Bestrahlungsfeldes nach einigen Durchgängen die Haut weggeätzt war und das blanke Fleisch zu sehen war. Ihr könnt Euch die Schmerzen vielleicht vorstellen. Trotz allem gab es in unserem, insbesondere Gesas Leben auch noch Lichtblicke. Unsere letzte weitgehend unbeschwerte Reise machten wir Anfang Mai 2013 zu unserem 31. Hochzeitstag und Gesas 61. Geburtstag nach Venedig. Wir hatten eine nette Ferienwohnung und haben die Woche in der malerischen Lagunenstadt sehr genossen. Wir trafen in Venedig Gesas Freundin aus Kindertagen, Carola, die mit ihrem Mann Klaus dort ebenfalls einige Tage Urlaub machte; gemeinsam besuchten wir auch ein schönes Konzert. Die Gesa dort plagenden Rückenschmerzen nahmen wir nicht so ernst; wir dachten, es würde sich um Bandscheibenprobleme handeln. Dem war leider nicht so. Eine nach der Reise durchgeführte Untersuchung ergab, dass nunmehr auch die Knochen sowie Lunge und Leber vom Krebs befallen waren. Gesa war mittlerweile nicht mehr bei Dr. W. in Behandlung (sehr gut nachvollziehbar nach der unsäglichen Schlamperei), sondern bei Dr. Ove Knigge (der heißt wirklich so) und seinen Kollegen im onkologischen Zentrum am U-Bahnhof Oskar-Helene-Heim. Zusätzlich konnte sich Gesa ärztlichen Rat bei ihrer Freundin Magda holen. Zunächst war nun eine Bestrahlung erforderlich, diesmal im Bereich der Lendenwirbelsäule, um den dortigen Bereich einigermaßen zu stabilisieren. Anschließend musste sich Gesa der zweiten Chemotherapie aussetzen, zum zweiten Mal verlor sie ihre inzwischen wieder gut nachgewachsenen Haare. Eine weitere und durchaus schlimme Nebenwirkung war neben dem wiederum auftretenden Unwohlsein ein mit starkem Kribbeln verbundenes Taubheitsgefühl und Händen und Füßen. Immerhin konnten die Metastasen in Lunge und Leber etwas zurückgedrängt werden.

Bei allen gesundheitlichen Rückschlägen gab es im Jahr 2014 doch auch drei Ereignisse, die Gesas Lebensmut und Kampfeswillen noch einmal einen Schub verliehen haben. Am 1. Oktober 2014 heiratete Robert seine langjährige Freundin Yasemin. Die Standesbeamtin im Standesamt Neukölln, das ganz idyllisch im ehemaligen Krankenhaus Neukölln untergebracht ist, hielt eine nette Ansprache; hinterher gab es eine kleine Feier in einer Rixdorfer Kneipe. Mit diesem Ereignis in einem engen, wenngleich nicht kausalen Zusammenhang stand die Geburt unserer Enkeltochter Layla Rebecca am 21. November 2014. Dieses Ereignis war für Gesa eine große Freude. Ich bin fest davon überzeugt, dass die Geburt und die dann auch realisierte Aussicht, ihre Enkeltochter in den Armen halten zu können, Gesas Leben um einige Monate verlängert hat. Zwischen diesen beiden familiären Begebenheiten fand am 19. Oktober 2014 noch ein sehr schönes von Gesa finanziertes Konzert in der Schlachtenseer Johanneskirche statt. Gesa hatte Ada Belidis, ihre Chorleiterin aus dem kirchlichen Frauenchor, gebeten, dieses Dankeskonzert zu organisieren, was ihr in beeindruckender Weise gelungen ist. Vielfältige Darbietungen gesanglicher und instrumentaler Art waren von Ada zu einer äußerst gelungenen Veranstaltung zusammengefügt worden. Die Kirche war so gut besucht, wie dies sonst nur am 24. Dezember der Fall ist. Klaus Wilcke, der schon erwähnte Ehemann von Gesas Freundin Carola, nahm das ganze Konzert in professioneller Art und Weise auf und ließ gemäß dem Wunsch von Gesa eine Anzahl von CDs brennen, die dann für viele Besucher ein schönes Andenken waren.

Im März 2015 fuhren wir - wie schon seit vielen Jahren - über meinen Geburtstag nach Ahrenshoop. Unsere Freunde Inge und Lutz begleiteten uns. Das Wetter war schön, unsere Laune war gut, wir hatten zu viert eine harmonische Zeit. Inge hat mir später ein gerahmtes Foto, auf dem Gesa und ich befreit lachend abgebildet sind, geschenkt; sie hat dem Foto die Unterschrift „Tage voller Hoffnung" hinzugefügt, es hängt jetzt bei mir in der Küche. Die Hoffnung erwies sich leider als trügerisch. Gesas Blutwerte gingen wieder in den Keller, eine dritte Chemotherapie wurde als der letzte Ausweg angesehen. Wieder verlor Gesa ihre Haare, zum dritten Mal. Ihr Körper war jetzt schon so geschwächt, dass sie die Chemo nicht mehr vertrug und diese mehr Schaden als Nutzen verursachte; sie musste abgebrochen werden. Gesa wusste, dass sie in absehbarer Zeit sterben würde. Es nötigt mir äußerste Hochachtung ab, wie sie mit dieser Situation umgegangen ist. Zu keinem Zeitpunkt hat sie gejammert oder lamentiert, weshalb sie schon so früh streben müsste und andere Menschen doch viel länger leben würden. Gesa hat über viele Jahre gekämpft, aber dann schließlich ihr Schicksal angenommen. Dabei hat ihr der Glaube geholfen; sie war der Überzeugung, dass es nach dem irdischen Leben auf irgendeine Weise weitergehen würde. Mit ihrer Haltung hat sie auch mir den Umgang mit ihrem nahen Tod erleichtert. Unsere Beziehung, die in den 36 Jahren ihrer Existenz so manche Krise durchlebt hat (dafür war auch - aber nicht ausschließlich - ich verantwortlich), ist in den schwierigen Jahren des Kampfes gegen die Krankheit intensiver geworden, so haben es sowohl Gesa als auch ich empfunden. In den letzten Tagen und Wochen haben wir noch viele Dinge, die uns und insbesondere Gesa wichtig erschienen, besprochen. So hat Gesa mich ermuntert, mein weiteres Leben nicht als verknöcherter und einsamer Junggeselle zu fristen, sondern erneut eine Partnerschaft mit einer netten Frau einzugehen, eine Aufforderung, der ich damals keine Relevanz beimessen konnte. Sie hatte allerdings ein bisschen die Sorge, ich würde auf eine durchtriebene Person reinfallen, die nur an meiner Pension interessiert sei. Und noch wenige Tage vor ihrem Tod hat Gesa darauf bestanden, mit mir in den Keller zu gehen, um mir den ordnungsgemäßen Gebrauch der Waschmaschine zu erläutern; meinen Hinweis, das würde ich schon irgendwie hinbekommen, ließ sie nicht gelten, „irgendwie" reiche nicht. Von diesen Erläuterungen, die ich in modifizierter Form in die Tat umsetze, profitiere ich noch heute.

Im Angesicht des nahenden Todes hat sich Gesa von ihr nahestehenden Menschen verabschiedet, sei es persönlich, sei es telefonisch. Am 5. Juli 2015 hat sie letztmalig zu einem nichtmedizinischen Termin das Haus verlassen; für etwa zwei Stunden waren wir bei einer Geburtstagsfeier bei Sabine Hanselmeier (Mutter einer Klassenkameradin von Robert; Chorschwester von Gesa; Schöffin bei mir) und ihrem Mann Winnie. Gesa hat es genossen.

Der dringlichste Wunsch von Gesa war es, zu Hause sterben zu dürfen und nicht in die Anonymität eines Krankenhauses abgeschoben zu werden. Diesen Wunsch konnten Robert und ich ihr erfüllen. In den letzten Tagen gab es durch einen Pflegedienst noch eine Unterstützung, die sich überwiegend darauf konzentrierte und zugleich beschränkte, Gesa Infusionen zuzuführen, zuletzt auch Morphium. Es gab zusätzlich eine engmaschige Betreuung durch Gesas Freundin und Ärztin Magda (mit Magda, ihrem Mann Alexander und dem Sohn Hanns bin ich auch heute noch befreundet), wie auch bis in die letzten Tage seitens der Physiotherapeutin Johanna Mühe, die regelmäßig zu Hausbesuchen kam und Gesa so etwas Erleichterung verschaffen konnte. Bis wenige Stunden vor ihrem Tod war Gesa ansprechbar und bei Bewusstsein, so konnte sie am Nachmittag des 20. Juli Robert noch begrüßen.

In der Nacht vom 20. auf den 21. Juli 2015 machte Gesa im Beisein von Robert und mir ihren letzten Atemzug. Dieses Todesdatum ist zu meiner Überzeugung kein Zufall. Der 20. Juli spielte für Gesa eine wichtige Rolle, weil ihr Großvater Oberst Siegfried Wagner in das Attentat auf Adolf Hitler involviert war und wenige Tage nach dem Anschlag von den Nationalsozialisten ermordet worden ist.

Am Mittwoch, dem 5. August 2015, fand in der Johanneskirche in Schlachtensee die Trauerfeier statt. Die Kirche war wieder so voll wie bei dem Konzert neun Monate zuvor. Den Trauergottesdienst gestaltete Pfarrer Hartmut Walsdorff, der Gesa und die ganze Familie Mildebrath seit Jahrzehnten gut kennt. Hartmut hat den Gottesdienst - so wie es Gesa gewollt hätte - sehr schön gestaltet und an viele nette Begebenheiten aus Gesas Leben erinnert. Es konnte und durfte dabei auch gelacht werden. Hinterher habe ich mich gefragt, ob mein Gefühl, dass es eine richtig schöne Feier in der Kirche gewesen sei, legitim gewesen ist. Diese Frage habe ich für mich bejaht. Andere Trauergäste haben ganz ähnliche Gefühle gehabt, wie sie mir später berichteten.

Die von Gesa gewünschte Seebestattung fand am 21. August 2015 vor der Steilküste von Ahrenshoop im ganz kleinen Kreis statt. Neben mir waren nur Robert, Yasemin und Layla sowie Gesas Schwester Verena anwesend. Bei herrlichem Sommerwetter führte der graubärtige Kapitän die Zeremonie in würdiger Weise durch.

Zum Abschluss diese ernsten Kapitels halte ich als Erkenntnis fest: Die Art und Weise, wie Gesa in den Tod gegangen ist, ist für mich beispielhaft; ich hoffe, dass ich zu gegebener Zeit auch die Kraft finde, so aufrecht meinem Schicksal zu begegnen.

XIX.

Ein Bauch wie ein Kissen

Es mag um Ostern 2014 herum gewesen sein, als Robert und Yasi, die bei uns zu Besuch weilten, nach oben in unser Schlafzimmer kamen, wo Gesa und ich Mittagsruhe hielten. Die beiden übergaben uns ein Briefchen. Darin kündigte ein nasciturus/eine nascitura ihr Kommen für den Spätherbst an. Unsere Freude, besonders die von Gesa, war groß. Es war ihr sehnlicher Wunsch, die Geburt und das Aufwachsen ihres ersten Enkelkindes zu erleben. Das schaffte sie, wenn auch das Miterleben des Aufwachsens nur für wenige Monate. Yasis Bauch wurde im Laufe der Zeit runder und runder, bei der Hochzeit der angehenden Eltern am 1. Oktober war er schon ziemlich ausgeprägt. Am 21. November 2014 in den ganz frühen Morgenstunden klingelte das Telefon, das wir ausnahmsweise auf den Nachttisch gelegt hatten. Ein gestresster, übermüdeter und glücklicher Robert verkündete uns die Geburt einer Tochter, die den Namen Layla Rebecca bekommen sollte. Wir freuten uns. Ich glaube, schon am nächsten oder übernächsten Tag konnten wir unser Enkelkind in der Wohnung von Robert und Yasi in der Innstraße in Neukölln in Augenschein nehmen; mittlerweile bleiben die Mütter nach der Entbindung ja nur recht kurz im Krankenhaus, eine begrüßenswerte Entwicklung, denn eine Geburt ist ja kein Fall einer Krankheit und in den heimischen vier Wänden ist es jedenfalls schöner als in einer Klinik. Soweit ich mich erinnere, war die andere Oma, Yasis Mutter, auch da. Die jungen Eltern waren - im Gegensatz zu manch anderen frischen Eltern - recht entspannt, was den Umgang mit ihrem neugeborenen Kind betraf. So hatten sie keinerlei Bedenken, dass auch ich den Winzling auf den Arm nahm. Ich selbst war ein bisschen unsicher, so ein Baby wirkt doch extrem zerbrechlich. Die nur scheinbare Zerbrechlichkeit änderte sich ziemlich schnell. Layla bekam in den ersten Monaten ausschließlich Muttermilch, die nicht nur preiswert ist und stets die richtige Temperatur hat, sondern ganz offensichtlich auch äußerst nahrhaft ist. Und so entwickelte sich unsere kleine Enkeltochter bald zu einem sehr wohlgenährten Mädchen, das mich an die Michelin-Werbefiguren erinnerte. Nicht nur an Armen und Beinen reihte sich eine dicke Wulst an die nächste, Gelenke waren kaum zu erkennen. Das hat sich aber (zum Glück!) verwachsen, Layla ist jetzt mit sechs Jahren zu einem großen, schlanken und sehr hübschen Mädchen herangewachsen. Gewöhnen musste ich mich an die Bezeichnung „Opa", die ich natürlich zunächst noch nicht aus Laylas Mund hörte, die dafür umso häufiger von Robert und Yasi benutzt wurde. Anfangs gefiel mir das nicht, es klang so alt, inzwischen habe ich mich nicht nur dran gewöhnt, sondern ich finde es auch niedlich, wenn Layla ihre Sätze mit „Du, Opa" beginnt. Die junge Familie besuchte uns regelmäßig, ich denke, so etwa einmal wöchentlich. Auch das erste Weihnachtsfest nach der Geburt verbrachten sie bei uns. Ich kann mich noch daran erinnern, wie Gesa - schon von der Erkrankung gezeichnet - auf dem Sofa lag, Layla auf ihrem Bauch, und beide friedlich schlummerten. Auch in der ersten Hälfte des Jahres 2015 gab es regelmäßige Besuche bei uns im Ilsensteinweg. Einige Fotos, auf denen Gesa ihre Enkeltochter auf dem Schoß hält, hängen gerahmt bei mir in der Küche. Ich freue mich, dass Layla, die natürlich keine eigene Erinnerung an ihre Großmutter haben kann, doch häufiger von ihr erzählt, dass sie jetzt wohl zusammen mit Sunny auf einer Wolke sitzt und darauf achtet, dass es uns auf der Erde gut geht. Es ist schön, dass Robert und Yasi ihr offensichtlich häufiger von der Oma erzählen.

Eines Tages meinte Robert zu mir, Layla könnte doch von Zeit zu Zeit bei mir übernachten, das sei doch für das Entstehen einer engeren Bindung zwischen Opa und Enkelin förderlich, und außerdem hätten dann er und Yasi auch mal etwas Zeit für sich. Zunächst blockierte ich diese Idee etwas, weil ich keine Neigung zum Windelwechseln hatte. Eigentlich komisch, denn seinerzeit bei Robert habe ich das sehr häufig gemacht, und das klappte auch gut. Eines Tages war es dann aber so weit. Ein Blick in meine jährlichen Rundbriefe hat mir verdeutlicht, dass wir mit diesen Übernachtungen so etwa im Sommer 2018 begonnen haben. Nicht ganz regelmäßig, aber doch ziemlich häufig brachte Robert freitags am frühen Abend Layla zu mir, und Sonnabend am späten Vormittag brachte ich sie wieder zu ihren Eltern nach Neukölln. Das klappte von Anfang an recht gut, ganz selten hat Layla in den ersten Wochen mal gesagt, sie wolle wieder zu ihren Eltern; ich konnte sie jeweils ohne Schwierigkeiten trösten. Aus meinem alten Ehebett hatte ich mittels Säge und Akkuschrauber für Layla ein Einzelbett gebaut, das wir in die kleine Mansarde neben meinem Schlafzimmer (darin befand sich inzwischen ein seniorengerechtes Boxspringbett) stellten; so hatte Layla ein eigenes Zimmer und ein eigenes Bett. Wir aßen gemeinsam zu Abend und widmeten uns dann der abendlichen Zahn-pflege. Anschließend las ich ihr aus einem der vielen bei uns noch vorhandenen Kinderbücher vor oder ich sollte ihr eine Geschichte erzählen, aber bitte eine „gefährliche", das heißt spannende Geschichte. Ich musste meine Phantasie anstren-gen, um das rechte Maß an Spannung zu finden. Mitunter spielten wir auch „ich seh, ich seh, was du nicht siehst". Die erste Hälfte der Nacht verbrachte Layla in der Regel in ihrem eigenen Bett, wobei in ihrem Zimmer stets eine kleine Lampe angeschaltet bleiben musste; irgendwann in der Nacht kam sie dann zu mir rüber, um die zweite Hälfte der Nacht bei mir in dem großen Bett zu schlafen. Es ist erstaunlich, wie ein kleiner Mensch sich in einem großen Bett so ausbreiten kann, dass ich entweder einen Arm ins Gesicht oder ein Bein auf den Bauch bekam und manchmal nur noch ganz am Rand überhaupt einen Platz zum Schlafen finden konnte. Aber gemütlich war es doch. Amüsant waren auch die Gespräche zwischen Enkelin und Großvater, die ich mir leider nicht alle gemerkt habe. In Erinnerung geblieben ist mir folgender Ausspruch, als Layla es sich beim Kuscheln auf meinem Bauch bequem machte: „Opa, dein Bauch ist wie ein Kissen!" Wie ein kleines Kissen, möchte ich an dieser Stelle betonen!

Nach dem Aufstehen und der Morgentoilette gehen wir stets gemeinsam zum Bäcker. Meistens kaufen wir drei verschiedene Brötchen, für jeden von uns eineinhalb; wenn es nach Layla ginge, könnten es für sie auch zwei sein, gerne auch sehr süße, was ich allerdings aus pädagogischen und ernährungstechnischen Gründen untersage. Meine Bestrebungen, Layla zum Obstessen zu bewegen (ich esse jeden Morgen eine Banane, einen Apfel, zwei kleine Tomaten, eine Mohrrübe und ein weiteres Stück Obst), sind unterschiedlich erfolgreich. Wenn ich ihr aus Obstteilen auf dem Frühstücksbrett ein Gesicht „schnitze", klappt es ganz gut. Wenn das Wetter es zulässt, gehen wir auch oft auf einen der nahegelegenen Spielplätze, entweder den vom WBV direkt hinter meinem Garten, oder auf den Dubrowplatz oder auch auf den Kirchspielplatz. Bis zum März 2020 hat uns dabei natürlich auch stets Sunny begleitet, deren größtes Hobby das Fangen des Frisbee aus der Luft war. Layla und Sunny verband auch eine gute Freundschaft, wenngleich Layla bei den äußerst stürmischen Begrüßungen durch Sunny manchmal etwas ängstlich war und sich auf Roberts Schultern flüchtete. Seit einiger Zeit versuche ich, Layla in die Geheimnisse des Tischtennisspiels einzuweisen. Wenngleich sie nicht eben ein Naturtalent ist, klappt das mittlerweile doch recht gut; Geduld zahlt sich aus. Wir zählen, wie oft wir den Ball hin und her spielen können. Anfangs sind wir nicht weiter als bis „drei" gekommen. Von Mal zu Mal stellen wir neue Rekorde auf. Inzwischen liegt der Rekord bei „125", das ist doch schon was! Eine andere sportliche Aktivität haben wir auch schon gemeinsam erlebt; zweimal war ich mit Layla in Sputendorf südlich von Berlin, wo wir für eine Stunde in einem Reitclub ein Pony mieten konnten, das ich dann im Schweiße meines Angesichts am Zügel durch die märkische Heide führte, nicht nur im Schritt, sondern auch im Trab. Layla machte auf dem Rücken des Ponies eine recht gute Figur; vielleicht wird sie ja, so wie einst recht intensiv ihr Opa und ihre Urgroßmutter und vorübergehend auch ihr Vater, zu einer Reiterin.

Witzig war eine Situation im Sommer 2020, als Robert mit Familie und mit mir bei Gisela in Fredersdorf zu Besuch war. Auf der Terrasse spielten wir irgendein Gesellschaftsspiel. Layla hatte - wohl wegen der Katzen, die Giselas damals 31-jähriger Sohn Florian ihr gezeigt hatte - einen Narren an eben diesem Florian gefressen und wollte bei diesem Spiel unbedingt auf dessen Schoß sitzen. Florian, zu diesem Zeitpunkt umgeben von jungen Frauen, die entweder schon schwanger waren oder es unbedingt werden wollten, hatte eigentlich nicht viel mit Kindern am Hut und wehrte sich (noch) standhaft gegen eine etwaige Vaterrolle. Gleichwohl nahm er es hin, dass Layla auf seinem Schoß saß. Infolge einer spontanen Eingebung, die eigentlich eher untypisch für Layla ist, gab sie ihm plötzlich einen Kuss auf die Wange. Ein geistesgegenwärtiger Teilnehmer der Runde hielt diesen Augenblick mit seinem Handy fest. Bemerkenswert ist Florians erstaunt-erschreckt-erfreuter Gesichtsausdruck.

Auffällig neben Laylas sehr guten sprachlichen Fähigkeiten ist ihre Musikalität, von wem auch immer sie die haben mag (Robert und ich scheiden aus, Yasi wohl auch, da bleibt nur

Gesa übrig). Deswegen soll Layla das Klavier, das ich Gesa zur Hochzeit geschenkt habe und das vorübergehend bei der Enkelin von Krimmi (zu ihr im Folgekapitel) steht, bekommen. Wenn irgendwann und hoffentlich noch in diesem Jahr das Chaos in der neuen Wohnung in der Laubestraße es gestattet, soll das Klavier dorthin geschafft werden.

In wenigen Wochen (ich schreibe diese Kapitel im Sommer 2021) kommt Layla zur Schule. Ich hoffe, dass die Corona-Beschränkungen sich für sie nicht oder nur wenig auswirken. Insbesondere für Schulanfänger ist der Präsenzunterricht alternativlos (um mal eine Formulierung unserer bald scheidenden Kanzlerin zu benutzen). Ich hoffe auch sehr, dass meine Befürchtungen hinsichtlich des Schulbesuches in dem jedenfalls von mir aufgrund meiner jahrzehntelangen beruflichen Erfahrungen als Problembezirk angesehenen Neukölln sich nicht bewahrheiten. Gewarnt habe ich jedenfalls!

Ich bin gespannt, wie lange Layla noch Spaß daran hat, ihren Opa zu besuchen und bei ihm zu übernachten; ich würde mich freuen, wenn das noch längere Zeit so geht und ich ihre weitere Entwicklung begleiten kann. Und wer weiß, vielleicht habe ich in absehbarer Zeit zwei Mädchen bei mir zu Besuch.

Damit bin ich schon ganz zwanglos beim zweiten Teil dieses Kapitels. Dieser zweite Teil begann, als Yasi eines Tages im Frühjahr 2019 zu mir sagte „Helmut, du musst dir deine Zigaretten jetzt selbst besorgen." Was hatte das denn zu bedeuten? Nun ja, ich bin ein Gelegenheitsraucher und rauche bevorzugt die Marke „geschlaucht"; das ist eine gute Methode, den Zigarettenkonsum niedrig zu halten, denn irgendwann wird es sonst peinlich. Wenn die junge Familie bei mir zu Besuch war oder umgekehrt ich bei Ihnen, habe ich gerne mit

Yasi zusammen auf der Terrasse oder dem Balkon eine ihrer Zigaretten geraucht. Mir war daher gleich klar, was dieser Ausspruch zu bedeuten hatte. Yasi war wieder schwanger. Wieder wuchs der Bauch, erst kaum wahrnehmbar, später deutlich, und am 11. November 2019 kam ein kleines Karnevalsmädchen auf die Welt, das den Namen Aylina erhielt. Schon am 12. November besuchte ich die nun vierköpfige Familie im Krankenhaus und hatte das kleine Mädchen auch auf dem Schoß. Die Entwicklungsschritte meiner zweiten Enkeltochter habe ich in den ersten Monaten bewusster wahrgenommen als bei Layla. Das lag bestimmt auch daran, dass seinerzeit Gesas gesundheitliche Situation immer problematischer wurde und ich mich darauf konzentriert habe. Es hat mich gefreut, dass das erste leichte Lächeln auf Aylinas Gesichtchen erschien, als ich sie auf dem Schoß hielt. Das ist sogar fotografisch festgehalten, das gerahmte Foto steht bei mir auf dem Sekretär. Auch Aylina wuchs dank der guten natürlichen Ernährung durch Yasi zu einem - wie Sabine Eglit es nach Betrachten eines Fotos ausdrückte - Baby rubensschen Ausmaßes heran; auch bei ihr wird sich das mit zunehmendem Alter verwachsen. Interessant ist, wie unterschiedlich die beiden Mädchen, die sich untereinander meistens gut verstehen, sind. Layla war eher vorsichtig und überlegte es sich sorgfältig, bevor sie eine ihr riskant erscheinende körperliche Aktivität in Angriff nahm. Ich habe in meiner Wohnung zu keinem Zeitpunkt irgendwelche kindgerechten Veränderungen wie etwa Steckdosensicherungen oder Weg- bzw. Hochstellen von zerbrechlichen Dingen vorgenommen. Layla hat nichts zerbrochen und sich auch nicht selbst verletzt. Mit Aylina musste Robert schon mehrfach in die erste Hilfe, etwa wegen Kopfplatzwunden, die dann auch schon mal genäht werden mussten. So ist Aylina in der Kita vor der mittäglichen Ruhe über ihre eigene Matratze gestolpert und hat sich die Stirn an einem dort stehenden Regal (das hat da eigentlich auch nichts verloren!) aufgeschlagen. Ich stelle jedenfalls jetzt vorsorglich eine filigrane Obstschale aus Porzellan, die vor Jahren die kanadische Veganerin Jill (die ging mir sowieso auf die Nerven) zerbrochen hatte und die ich von einer Porzellan-Ärztin hatte reparieren lassen, immer hoch, wenn Aylina kommt; bisher hat auch sie bei mir noch kein Unheil angerichtet. Sie ist ein eher handfester Typ, nicht so feingeistig wie Layla. Wenn sie ihren Willen nicht sofort durchsetzen kann, brüllt Aylina wie am Spieß, dicke Krokodilstränen kullern ihr über die Wangen. Sie kann aber auch von einer Sekunde auf die andere wieder lachen, wenn es einem gelingt, sie abzulenken, was gar nicht schwer ist. Aylina ist einfach ein witziger Typ. Ich bin gespannt, welche weitere Entwicklung sie nehmen wird.

Obwohl Robert kürzlich mal angedeutet hat, dass er auch ganz gerne einen Sohn hätte, damit er in seiner Familie nicht zu einer unterdrückten Minderheit gehört, besteht wohl keine Aussicht für mich auf einen Enkelsohn. Yasi hat recht unmissverständlich deutlich gemacht, dass ihr die zweifachen Geburtsstrapazen reichen und sie das nicht noch ein drittes mal durchmachen möchte; das kann ich (obwohl als Mann nicht eben ein Experte) auch verstehen.

XX.

Krimmi

Meine älteste Freundin ist jetzt (im Sommer 2021) 86 Jahre alt. Sie wohnt keine zehn Fußminuten von mir entfernt im Eiderstedter Weg. Eigentlich heißt die Freundin Irmhild, aber alle sagen „Krimmi" zu ihr. Wer diesen Namen erfunden hat, weiß ich nicht; möglicherweise war es ihr schon verstorbener Ehemann Bodo. Der Name hat jedenfalls nichts mit dem Schlager „ohne Krimi geht die Mimi nie ins Bett" von Bill Ramsey zu tun. Kennengelernt haben sich Gesa und Krimmi bei der Hausfrauengymnastikgruppe der Kirchengemeinde von Schlachtensee. Eines Tages fragte Krimmi, die ein schönes Haus mit einem sehr großen Garten bewohnt, ob Gesa Falläpfel für Apfelmus haben wolle; diese Frage bejahte Gesa. So haben wir - ich war als Obstträger vorgesehen - erstmals Krimmi besucht. Im Laufe der Zeit entwickelte sich aus diesem ersten Besuch eine zunehmend engere Beziehung. Krimmi hat das Herz auf dem rechten Fleck, sie ist humorvoll und witzig, gebildet und zugleich modern und altmodisch. Sie hat zu bestimmten Dingen und Menschen eine feste Meinung, von der sie abzubringen schwierig bis unmöglich ist. Sie beendet dann ihre Ausführungen häufig mit den Worten „davon ganz abgesehen, das ist meine Meinung." Wenn ich ihr von meinen Strafverfahren in Moabit erzählte, war ihr Standardkommentar „Rübe ab!". Nur etwas widerwillig ließ sie sich von mir davon überzeugen, dass ihr Vorschlag mit den geltenden Gesetzen nicht vereinbar und daher nicht umzusetzen sei.

Ihre positive Grundeinstellung zum Leben hat Krimmi trotz eines schweren Schicksalsschlages nicht verloren. Ihr jüngerer Sohn Torsten ist im Alter von 24 Jahren bei einem Skiurlaub mit Freunden verstorben. Zwei dieser Freunde klingelten eines Abends an der Tür und mussten den Eltern diese schreckliche Nachricht überbringen. Krimmi geht - anders als ihr Mann, der kaum in der Lage war, über seinen verstorbenen Sohn zu sprechen - mit diesem Schicksalsschlag offensiv um; sie erzählt häufig von Torsten und zeigt mir auch von Zeit zu Zeit Fotos oder andere Erinnerungsstücke von ihrem Sohn. Rührend ist, dass ihr älterer Sohn Alexander, der in Kleinmachnow wohnt, wirklich jeden Abend bei seiner Mutter anruft, um sich nach ihrem Befinden zu erkundigen. Auch den Tod ihres Mannes, der im Sommer 2013 in seinem geliebten Garten seine letzten Atemzüge tat, hat Krimmi mit bemerkenswerter Tapferkeit überstanden. Sie hat sich nicht zurückgezogen, sondern pflegt weiter die Kontakte zu ihren Freunden.

Aber ich will chronologisch erzählen. Nach dem ersten „Apfeltreffen" kam es zu häufigeren Kontakten. Bald sagten wir nicht mehr „Frau Müller" und „Frau/Herr Schweckendieck", sondern „Irmhild" bzw. schnell „Krimmi" und „Gesa/Helmut". Wir lernten dann auch Krimmis Mann Bodo kennen, einen sehr höflichen und zurückhaltenden Mann mit einem verschmitzten Humor. Mit ihm waren wir lange per „Sie", bevor er sich dann auch zu der formlosen Anrede durchringen konnte.

Krimmi ist am 30. Januar 1935 geboren. Als kleines Kind freute sie sich, dass immer zu ihrem Geburtstag geflaggt wurde; erst später bekam sie mit, dass das andere Gründe hatte. Ehepaar Müller pflegte viele gesellschaftliche Kontakte. Mehrfach waren wir zu größeren Feiern im jetzt nicht mehr existierenden nahegelegenen Hotel Schlachtensee eingeladen, wo dann auch die „Omega Jazz Band" spielte; beide Müllers waren große Jazz-Fans. Der Schlagzeuger dieser Band ist übrigens der Schwiegervater von Gesas Neffe Hannes (Berlin ist eben doch ein Dorf). Bodo Müller veranstaltete auch Skatturniere, an denen ich zweimal teilnahm, mit ganz gutem Erfolg, ich wurde jedes Mal zweiter.

Nach dem Tod von Krimmis Mann wurde unser Kontakt eher noch etwas intensiver. Dies blieb auch so, nachdem Gesa zwei Jahre nach Bodo im Sommer 2015 verstarb. So etwa alle zwei bis drei Wochen besuche ich seither Krimmi. Diese Besuche sind immer sehr nett, für mich bisweilen aber mit gewissen Nachwehen verbunden. Krimmi ist nämlich seit geschätzten 65 Jahren eine starke Raucherin. Und ich habe euch ja schon erzählt, dass meine Lieblingsmarke „geschlaucht" heißt. An einem solchen Abend rauche ich dann zwischen drei und fünf Zigaretten der bezeichneten Sorte. Da das aber die Kehle trocken macht, trinken wir auch regelmäßig alkoholische Getränke, die bei Krimmi nie vor 18 Uhr auf den Tisch kommen. Früher war das häufiger Sherry, jetzt schon seit Jahren eine gut schmeckende Mischung aus Wodka und Bitter Lemon. Den Abschluss unserer Treffen bildet immer der Genuss eines oder auch zweier Gläschen „Averna", die von uns eher als Medizin betrachtet werden. Mitunter spüre ich am Folgetag die Wirkungen der Mischung von Zigaretten und „Medizin" in Form von Kopfschmerzen, aber das ist ein hinzunehmender Kollateralschaden. Von Zeit zu Zeit bringe ich Krimmi mal eine Schachtel Zigaretten oder auch eine Flasche Sherry oder Wodka mit, um mein schlechtes Gewissen zu beruhigen.

In ihrem großen Haus findet Krimmi immer wieder interessante Objekte aus vergangenen Zeiten wie Briefe, Fotos, Urkunden, die anzusehen uns beiden Spaß macht. Manchmal wissen wir über irgendwelche Punkte nicht Bescheid. Dann holt Krimmi eines ihren vielen Nachschlagewerke und findet meistens eine Antwort. Bei solchen Gelegenheiten regt sie sich dann darüber auf, dass ihre Enkel mit Lexika kein bisschen Bescheid wissen, sondern immer nur auf so einem merkwürdigen Gerät rumwischen und -tippen. Dass sie darauf oft schneller eine Antwort finden, kann Krimmi in der Ablehnung solcher fragwürdigen Errungenschaften nicht bremsen. Dass in der Schule überhaupt keine Gedichte mehr gelernt werden und dass die Kinder zwar über komplizierte chemische Vorgänge in der Biologie Bescheid wissen, aber eine Buche nicht von einer Linde unterscheiden können, regt Krimmi ebenfalls mächtig auf.

Krimmis Humor habe ich schon erwähnt. Zwei Beispiele mögen dies untermauern. Ihr Bruder (der in dem leider inzwischen völlig verwahrlosten Elternhaus der Familie in der Nähe des U-Bahnhofs Onkel-Toms-Hütte wohnt und ein schrecklicher Messi ist) war im Krankenhaus und sollte operiert werden. Krimmi telefonierte mit einem Stationsarzt und bat diesen, sie nach erfolgter OP zurückzurufen. Dieser fragte sie nach ihrer Telefonnummer. Krimmi gab sie ihm und meinte „es ist schon ziemlich lange her, dass ein junger Mann mich nach meiner Telefonnummer gefragt hat. Wie alt sind sie denn eigentlich?" Darauf entgegnete der Arzt etwas verdutzt „einunddreißig". Und noch ein weiteres Beispiel mit medizinischem Hintergrund: Krimmi wollte sich im Impfzentrum Messehallen gegen Corona impfen lassen. Sie zog extra ein Top mit kurzen Ärmeln an und hatte mit ihrer Freundin Susanne (die ich auch gut kenne) vorher geübt, wie sie den Ärmel erforderlichenfalls hochschieben könnte. Der junge Arzt (einer mit Migrationshintergrund, so was freut Krimmi immer ganz besonders) meinte zu ihr „ich kann sie nicht impfen, sie haben ja gar keine Muskeln am Arm." Das stimmt, Krimmi isst wie ein Spatz und wiegt nur so etwa 50 kg. Der Arzt weiter: „Lassen sie mal ihre Hose runter, dann impfe ich sie in den Oberschenkel." Krimmi tat wie geheißen und berichtete mir später „Helmut, das ist schon ein komisches Gefühl, wenn dich ein fremder Mann gänzlich unerwartet auffordert, die Hose runterzulassen."

Als ich Krimmi irgendwann im Frühsommer 2017 erzählte, ich hätte eine Frau kennengelernt und die fände ich nett, vielleicht würde sich daraus eine engere Verbindung entwickeln, warnte mich die skeptische Krimmi zunächst mit den Worten "Helmut, lass dir Zeit, nur nichts überstürzen!" Dieser Warnung zum Trotz entwickelte sich tatsächlich peu a peu eine Beziehung zwischen Gisela und mir (mehr dazu im abschließenden Kapitel). Eines Tages lernten sich Krimmi und Gisela bei einer Einladung bei unseren gemeinsamen Bekannten Dieter und Li kennen. Entgegen der Wochen zuvor geäußerten Skepsis war es so etwas wie „Liebe auf den ersten Blick" zwischen Krimmi und Gisela. Beide verstanden sich auf Anhieb gut und wir sind in der Zwischenzeit schon häufig zu unterschiedlichen Anlässen zusammen gekommen. Zweimal haben wir bereits Sylvester gemeinsam verbracht.

Dass Krimmi beileibe nicht nur in der Vergangenheit lebt, sondern durchaus Bezug zur Jugend hat (ich selbst kann mich zu dieser Spezies wohl nicht mehr zählen), zeigt sich auch daran, dass ihr 21-jähriger Enkel Fabian seit einigen Monaten die im Obergeschoss ihrer Villa befindliche Wohnung bewohnt. Dass seine Freundin da mit eingezogen ist, passt Krimmi zwar nicht so ganz und auch zu anderen Themen muss sich der Enkel von Zeit zu Zeit mal einiges anhören, aber insgesamt funktioniert dieses Zusammenleben gut. Auch für Krimmi ist es beruhigend, dass sie nun nicht mehr ganz allein in dem großen Haus lebt. Angst hat Krimmi aber nie gehabt und auf den Mund gefallen ist sie schon gar nicht. Vor Monaten bekam sie einen Anruf (eine inzwischen bekannte Masche von Kriminellen) „hier ist die Polizei, Kriminalhauptkommissar Kaschunke, eine Einbrecherbande ist in Ihrer Gegend unterwegs, bitte packen sie ihren Schmuck zusammen, zu ihrer eigenen Sicherheit kommt in einer Stunde ein Kollege und nimmt den Schmuck vorübergehen in Verwahrung." Daraufhin äußerte Krimmi „der braucht nicht zu kommen, bei mir ist nichts zu holen, ich habe keinen Schmuck." Sodann legte sie auf. Danach rief sie gleich ihren Sohn und dann die echte Polizei an, die noch in derselben Nacht vorbeikam (zuvor hatten sie am Telefon eine „Parole" vereinbart) und sie ob ihrer Geistesgegenwart lobte.

Ich freue mich, wenn meine Freundschaft mit Krimmi noch möglichst lange Bestand hat.

XXI.

Ein besonderes Telefongespräch

Dass ich es ausgerechnet dem Verteidiger von Erich Honecker, der zugleich einer meiner „Lieblingsverteidiger" war, zu verdanken habe, dass ich dieses Abschlusskapitel schreiben kann, hätte ich nicht gedacht. Und das kam so: im Dezember 2016, wenige Monate vor meiner zum 31. März 2017 anstehenden Pensionierung, war in meiner Strafkammer 9 ein Verfahren gegen mehrere junge Männer (alle mit einem arabischem Migrationshintergrund, also ganz typisch für eine Berliner Jugendkammer) wegen verschiedener Gewaltdelikte anhängig. Gegen einen dieser Angeklagten, der von dem oben erwähnten Anwalt verteidigt wurde, war bei der Jugendabteilung 397 des Amtsgerichts Tiergarten ein weiteres Verfahren anhängig. Rechtsanwalt Nikolas Becker wollte nun, dass alle (der Obrigkeit bekannt gewordenen) Schandtaten seines Mandanten in einem Verfahren abgeurteilt würden und regte mir gegenüber an, die Strafkammer 9 möge dieses Verfahren vom Amtsgericht übernehmen. Dazu war ich mit der Maßgabe bereit, dass sein Mandant vor der Übernahme auch insoweit ein Geständnis ablegen würde, weil ich eine Aufblähung meines Verfahrens vermeiden wollte. So geschah es dann auch und der Übernahme stand nichts mehr im Wege. In diesem Zusammenhang gab es Ende Dezember 2016 ein Telefongespräch zwischen mir und der Vorsitzenden der Abteilung 397, einer Richterin am Amtsgericht Hampel, die mir vom Namen her, nicht aber persönlich bekannt war. Die dienstlichen Aspekte dieses Gespräches waren schnell erledigt. Erstaunlich und mir bis heute nicht wirklich erklärlich ist der Umstand, dass sich das Telefongespräch zwischen zwei einander nicht persönlich bekannten Kollegen plötzlich über einen längeren Zeitraum von vielleicht 10 bis 15 Minuten auf private Themen erstreckte; es kam zur Sprache, dass unsere Ehepartner vor wenigen Jahren verstorben sind, ob sich eine Teilzeitarbeit als Richter lohnen würde, dass meine Pensionierung mit großen Schritten näher rücken würde, ich aber nicht nur „Opa" sein wolle. Ob der mir von meiner Mutter vertraute unverkennbar norddeutsche Tonfall meiner Gesprächspartnerin dabei eine Rolle spielte, vermag ich nicht zu sagen. Das Telefonat hat jedenfalls dazu geführt, dass ich einige Tage nach diesem Gespräch die Kollegin in ihrem Dienstzimmer (innerhalb des großen Gebäudekomplexes in Moabit nur ein Stockwerk über meinem Zimmer) aufsuchen und sie persönlich kennenlernen wollte, sie allerdings nicht antraf; Richter verweilen eher selten in ihren Dienstzimmern. Später hörte ich, dass es umgekehrt ebenfalls vergebliche Versuche gegeben hatte. Irgendwann zu Beginn des Jahres 2017 telefonierten wir ein zweites Mal und meinten, wir könnten uns ja mal persönlich treffen; kurz entschlossen meinte die Kollegin Hampel, sie würde dann gleich mal runterkommen. Ich war etwas verdattert, zumal ich in fünf Minuten in meinen Sitzungssaal musste; deswegen war ich wohl bei dem nun folgenden ganz kurzen Gespräch nicht wirklich auf meine Gesprächspartnerin konzentriert und in Gedanken schon bei meiner Sitzung; das hat die Kollegin Hampel aber offensichtlich (und zum Glück) nicht abgeschreckt.

Die letzten zweieinhalb Monate meiner Dienstzeit verstrichen, ich nahm meinen Resturlaub, verabschiedete mich per Mail von den Kollegen vom Landgericht und der Staatsanwaltschaft und von den Jugendrichtern des Amtsgerichtes und „genoss" meine letzte Sitzung und die Verkündung meines letzten Urteils am 30. März 2017, dem vorletzten Tag meiner aktiven Richterlaufbahn. Von einer größeren Anzahl von Kolleginnen und Kollegen bekam ich auf meine Verabschiedungsmail nette

Antworten; ein bisschen hatte ich auch auf eine Antwort der Kollegin Hampel gehofft, vergeblich. Umso größer war meine Überraschung, als ich etwa Mitte April einen dickeren Brief, Absender „Die Präsidentin des Landgerichts", bekam. Das konnte eigentlich nichts Gutes verheißen, denn umfangreiche Schreiben bedeuten in der Regel, dass der Bundesgerichtshof ein Urteil der Kammer aufgehoben hat; mir war gar nicht bewusst, dass eine Revisionsentscheidung des BGH noch ausstand. Nachdem ich mehrere Umschläge (ähnlich wie bei so einer russischen Puppe) entfernt hatte, trat schließlich der wahre Absender der Sendung zu Tage: Gisela Hampel! Das war ja eine freudige Überraschung. Neben netten Abschiedsworten war dem Päckchen ein kleines Büchlein beigefügt. Ich sah mich nun veranlasst, mich per Mail zu bedanken und zu fragen, ob wir uns mal zu einem Spaziergang treffen könnten. Durch den Austausch weiterer Mails brachten wir wechselseitig in Erfahrung, dass wir Haustiere als Wohnungsgenossen haben (die Kollegin mehrere Katzen, ich meine Sunny - eine möglicherweise etwas problematische Konstellation). Ferner erfuhr ich, dass Frau Hampel in Fredersdorf wohnt; ich hatte nicht den Hauch einer Ahnung, wo das liegt und fand mit Hilfe eines Autoatlasses raus, dass es in der Brandenburgischen Pampa östlich von Berlin und gleichsam kurz vor Polen liegt. Jedenfalls verabredeten wir uns für den Nachmittag des 15. Mai 2017 am S-Bahnhof Nikolassee zu einem Spaziergang mit anschließendem Kaffeetrinken bei mir. Vorsorglich hatten wir beide noch vor diesem Ersttreffen sorgfältig ausgesuchte Fotos per Mail ausgetauscht, damit ein Erkennen gewährleistet wäre. Ich fuhr nun also mit Sunny zum S-Bahnhof und betrat die Fußgängerunterführung. Aus einer Entfernung von vielleicht 20 bis 30 m sah ich die Kollegin auf mich zukommen. Infolge einer spontanen Eingebung machte ich Sunny von der Leine los. Sie stürzte sofort auf Gisela los und begrüßte sie so stürmisch, dass ein Passant noch meinte „da freut sich aber jemand, dass Frauchen wieder da ist!" Vielleicht haben Tiere einen siebenten Sinn. Wir beide begrüßten uns jedenfalls weniger stürmisch, ich geleitete Frau Hampel zu meinem Auto und wir fuhren zum Parkplatz zwischen Schlachtensee und Krumme Lanke, um zu dem Spaziergang (so dachte ich jedenfalls) zu starten. Jetzt geschah etwas, was etwas peinlich, gleichwohl aber unumgänglich war. Ich hatte nicht geahnt, dass die Kollegin so eine Art Leistungssportlerin war und die leichte Steigung auf dem Weg zum Höhenufer des Schlachtensee mit einem derartigen Höllentempo in Angriff nahm, dass ich schon nach 100 m völlig außer Atem war, nicht mehr mithalten konnte und sie bitten musste, etwas Tempo rauszunehmen. Im Vorgriff der weiteren Entwicklung kann ich sagen, dass meine Kondition jetzt besser ist und ich zumindest bei dieser doch eher bescheidenen Steigung gut mithalten kann. Nach dem „Spaziergang" fuhren wir zu mir in den Ilsensteinweg. Ich hatte in der (wohl berechtigten, wie sich später rausstellen sollte) Annahme, dass das gut ankommen und auch seriös wirken würde, einen Käsekuchen gebacken. Teile davon verspeisten wir und tranken dazu Kaffee (der Genuss von letzterem in größeren Mengen ist das einzige mir bekannte Laster von Gisela). Anschließend gab es eine Flasche Poire (das ist französischer „Äppelwoi" aus Birnen, ein Geschenk meiner Kollegin Susanne Pfefferkorn), der kaum Alkohol enthält. Beim Genuss dieses Getränkes entschloss ich mich, der Kollegin das „Du" anzubieten; sie nahm den Vorschlag wohlwollend entgegen und auch an. Von Stund an waren wir daher nicht mehr „Frau Hampel und Herr Schweckendieck", sondern „Gisela und Helmut". Am frühen Abend brachte ich Gisela, eine überzeugte Nutzerin des ÖPNV, wieder nach Nikolassee.

Unser zweites Treffen fand am 31. Mai statt. In der Zwischenzeit hatte ich mit Studiosus eine Reise ins Baltikum gemacht, von der ich Gisela von Zeit zu Zeit per SMS berichtete. An besagtem 31. Mai holte ich sie in Moabit vom Dienst ab und wir fuhren gemeinsam zu ihr nach Fredersdorf. Dort lernte ich ihr Haus (man kann drum rum gehen, was Gisela wichtig findet) mit dem großen Grundstück, ihre drei Katzen und als erstes weiteres Familienmitglied ihre damals 16-jährige Stiefenkeltochter Nicole kennen. Wir machten einen Spaziergang am Straussee, unterhielten uns über von uns beiden als wichtig erachtete recht private Themen und verbrachten einen sehr angenehmen Nachmittag und Abend. Die Verabschiedung gestaltete sich in einer Weise, dass sich daraus bei uns beiden durchaus ein Interesse an einem dritten Rendezvous in nicht allzu ferner Zukunft ergab. Dieses dritte Rendezvous gab es dann am Pfingstmontag, dem 5. Juni 2017. Von da an war klar, dass sich zwischen uns beiden eine längerfristige Beziehung entwickeln würde. Und ich kann euch sagen, das Entstehen einer derartigen Beziehung ist im Alter von 65 Jahren ähnlich aufregend wie mit 16 oder mit 26 Jahren, vielleicht spielt im Seniorenalter ein klein wenig mehr Gelassenheit eine Rolle, aber wirklich nur ein klein wenig.

Wir hatten ja beide schon ein facettenreiches Leben mit Höhen und Tiefen hinter uns und wir erzählten uns viel aus der Vergangenheit; so lernten wir uns auf Gegenseitigkeit gut kennen. Dabei kamen Details zur Sprache, die so ungewöhnlich sind, dass ich mich weigere, insoweit an Zufall zu glauben. Es fängt damit an, dass Gisela am 27. November Geburtstag hat, dem Tag, an dem auch meine Mutter Geburtstag hat. Unsere beiden Väter sind an einem 2. Juni verstorben, im Jahr unseres Kennenlernens lag der Tod meines Vater 48 Jahre, der von Giselas Vater 24 Jahre zurück. Gisela ist in Rendsburg am Nordostsee-Kanal aufgewachsen. Als junges Mädchen suchte sie einmal die dortige Amtsärztin auf. Und wer war diese Amtsärztin? Meine Tante, die ältere Schwester meiner Mutter, Frau

Dr. Ilse Harms! Damit nicht genug der Gemeinsamkeiten. Als wir beide studierten (zu unterschiedlichen Zeiten und an unterschiedlichen Orten), besuchten wir beide dieselben Repetitoren (die Herren Tychsen, Schwemer und Thomas) und lachten über dieselben Witze („Der kleine Brüll schreit nach Brot und bittet seinen Vater, Drittwiderspruchsklage einzureichen."). Ich habe ja schon die norddeutsche Ausdrucksweise von Gisela erwähnt, die besonders am Telefon deutlich wird. Viele ihrer Ausdrucksweisen („Wurzeln" für „Mohrrüben" oder „Modder" für „Eierpampe" oder - ganz frisch - „der Lütte" für das ersehnte Enkelkind) benutze ich zwar nicht, aber ich verstehe sie und sie sind mir durch die Ausdrucksweise meiner aus Pommern stammenden Mutter ganz vertraut.

In den nun schon mehr als vier Jahren unserer Verbindung haben wir viele schöne gemeinsame Reisen unternommen. Die erste dieser Reisen führte uns Mitte Juni 2017 (das ging ziemlich schnell!) für ein verlängertes Wochenende nach Kiel zur „Kieler Woche". Dort lernte ich Fabian, den damals in Kiel Geologie studierenden jüngsten Sohn von Gisela, kennen. Später machte ich in Fredersdorf die Bekanntschaft von Florian, dem mittleren Sohn, der Berufssoldat ist und im Jahr 2018 über sechs Monate in Afghanistan Dienst tun musste, was seine Mutter sehr belastet hat. Er wohnt zusammen mit seiner Freundin Melli in der Wohnung im Obergeschoss von Giselas Haus. Zuletzt wurde mir Gloria vorgestellt, die älteste Tochter, und zwar beim Kaffeetrinken im Wirtshaus Moorlake an der Havel. Gloria ist als inzwischen promovierte Kunsthistorikerin derzeit Chefin des Feininger-Museums in Quedlinburg. Verheiratet ist sie mit Rainer Stamm, der Leiter des Landesmuseums in Oldenburg ist und den meine Schwester (die das Dom-Museum im benachbarten Bremen aufgebaut und viele Jahre geleitet hat) als Berufskollegen kennt, noch so ein merkwürdiger Zufall. Gloria und Rainer sind im Januar 2021 Eltern des von Gisela heiß ersehnten ersten eigenen Enkelkindes Felix Leonard alias der glückliche Löwe geworden. Von meinem ersten Treffen mit Giselas Mutter und deren überraschend entstandener Zuneigung zu Sunny habe ich bereits in Kapitel XVI erzählt. An der Feier zu ihrem 90. und zugleich letzten Geburtstag Anfang Juni 2018 durfte ich teilnehmen. Giselas im Frühjahr 2014 verstorbenen Ehemann, der in Moabit als Staatsanwalt tätig war und im Jahr 2006 pensioniert worden ist, kenne ich aus seiner aktiven Dienstzeit flüchtig.

Spektakulär war meine Einführung in die Großfamilie Behnke/Hampel. Giselas Schwägerin, die Frau ihres jüngeren Bruders Hagen, feierte ihren 50. Geburtstag und hatte für Mitte September 2017 Freunde und Familie, darunter auch Gisela, zu einem Brunch in ein Restaurant in der Nähe ihres Wohnortes Jever eingeladen. Gisela sagte zu und teilte mit, sie würde in männlicher Begleitung erscheinen, was die Familie zwar erstaunte, was aber widerspruchslos hingenommen wurde. Wir reisten am Vortag an, übernachteten in einem eher einfachen Gasthof in Schortens (muss man nicht kennen, weder den Ort noch den Gasthof) und wollten uns dann am nächsten Vormittag ganz entspannt auf den Weg machen. Ich meinte zu Gisela, bei einem Brunch komme es nicht auf die Minute an, man könne zwischen 10 Uhr (genannter Einladungszeitpunkt) und 11 Uhr erscheinen. Kurz nach 10 Uhr kam ein aufgeregter Anruf von Florian, wo wir denn blieben, alle Gäste seien schon da und nun würde nur noch auf uns gewartet. Als wir dann schließlich erschienen, war eine Vielzahl von Augenpaaren erwartungsvoll und teilweise wohl auch etwas skeptisch auf uns, insbesondere auf mich, gerichtet. Endlich konnte Anja ihre Begrüßungsrede halten. Es scheint so, dass ich trotz dieses Fauxpas den familiären Aufnahmetest bestanden habe.

Aber ich wollte ja ein bisschen von den Reisen erzählen. Zu Giselas Geburtstag am 27. November 2017 waren wir für eine Woche in Venedig, der Serenissima; wir hatten dort eine sehr harmonische Zeit. Ein Jahr später, kurz nach Giselas 60. Geburtstag (ich glaube, ich darf das im Verhältnis zu mir doch eher jugendliche Alter verraten), waren wir in Paris, neben Venedig auch eine Stadt der Liebe. Unglaublich, dass wenige Monate nach unserem Besuch dort Notre Dame abgebrannt ist. Ich kann und will nun nicht alle unsere Reisen im Einzelnen aufzählen. Nur so viel, dass Gisela und ich die Tradition der Reisen über meinen Geburtstag nach Ahrenshoop fortgesetzt haben, dass wir schon mehrfach in der sehr netten Pension in Riedlhütte im Bayrischen Wald waren, in der ich als achtjähriger Junge mit meinem Vater schon Urlaub gemacht hatte. Die letzte gemeinsame Reise mit Sunny führte uns Anfang Dezember 2019 nach Sylt. Sunny war da noch dermaßen dynamisch und fit, dass es nicht im Ansatz vorstellbar war, dass wir sie nur drei Monate später einschläfern lassen mussten. Auf dieser Syltreise lernte ich auch die dort in der Hotellerie tätige jüngere der beiden Stieftöchter von Gisela kennen. Zu der älteren Stieftochter, die im Alter von 27 Jahren ein Kind bekam, mit dem aber nichts zu tun haben wollte und es ihrer Stiefmutter Gisela „aufdrückte", besteht kein Kontakt. Gisela kümmerte sich dann achtzehn Jahre lang um Nicole, was nach ihren Erzählungen nicht immer einfach war.

Höhepunkt unserer Reisetätigkeit zwar zweifellos die über vierwöchige Tour im Spätsommer 2019 nach Canada und in die USA, über die ich am Ende von Kapitel XIII schon berichtet habe. Gut, dass wir diese Reise noch vor Corona unternommen haben!

Jetzt ist es an der Zeit, über Giselas sportliche Aktivitäten zu berichten, deren Auswirkungen ich ja bereits bei unserem ersten Treffen zu spüren bekam. Es ist kaum vorstellbar, dass sie in der Schule schlecht in Sport war und nur wegen ihres Eifers („sie war stets bemüht") eine „vier" bekam. Ich hatte fast immer eine „eins", Sport war das einzige Fach, das mir Spaß gemacht hat. Zum (teilweise exzessiven) Sport ist Gisela erst jenseits der Lebensmitte gekommen. Sie geht (wenn ich sie nicht von Zeit zu Zeit davon abhalte) fünfmal die Woche ins Fitness-Studio und macht da richtig harte Kurse mit, zwischendurch und am Wochenende läuft sie schon mal locker 15 km (zweimal um den Schlachtensee und, weil das nicht genug ist, noch einmal um die Krumme Lanke). Im Jahr unseres Kennenlernens absolvierte sie einen Triathlon, das Radfahren auf einem geliehenen Rennrad, dessen Schaltung Gisela allerdings nicht betätigen konnte, so dass sie die bergige Strecke mit nur einem Gang bewältigen musste; aber Aufgeben ist für Gisela nie eine Option. Sie absolvierte einen Halbmarathon mit Start und Ziel in der Steglitzer Schloßstraße und nahm mehrfach am Avon-Lauf und an anderen Volksläufen teil; und sie ist nicht mal richtig kaputt hinterher! Ich habe mir ja früher manchmal eine sportliche Partnerin gewünscht, was sich bei Gesa nicht so recht realisieren ließ; immerhin haben wir einige Zeit gemeinsam Tennis gespielt, was durchaus Spaß machte. Aber dass es nun so gekommen ist, dass ich nur noch staunen und nicht ansatzweise mithalten kann, hätte ich auch nicht gedacht. Als Robert Gisela im Sommer 2017 kennenlernte, fielen ihm zuerst ihre muskulösen Oberarme auf. Keine Angst, Gisela sieht beileibe nicht wie eine Gewichtheberin aus, sie hat vielmehr eine schlanke und fast mädchenhafte Figur (was ich durchaus schätze) und erfreulicherweise keine der in ihrer Altersgruppe sonst häufig anzutreffenden „Winkelemente" an den Unterseiten der Oberarme. Im Spätsommer 2020 unternahmen wir eine organisierte Wanderreise in die Sächsische Schweiz. Wir waren ein kleine Gruppe von zwölf Teilnehmern, alle so in etwa in unserem Alter und durchaus sportlich. Zum gemeinsamen Abendessen brezelten sich die tagsüber sportlich gekleideten Frauen etwas auf. Eines Abends kamen wir als letzte an den gemeinsamen Tisch. Gisela hatte ein ziemlich kurzes figurbetontes blaues Kleid an, das eine Menge Bein zeigte und allgemeines Aufsehen erregte. Unsere Mitreisende Tatjana, die temperamentvolle aus dem Ural stammende russische Ärztin, meinte in ihrem nett klingenden deutsch „ nu, Gisela, bist du sechzig Jahre alt, hast aber Beine wie vierzig". Ein bisschen hat Gisela diesen Auftritt genossen, und ich auch!

Weil ich ja bei einer so sportlichen Freundin wenigstens halbwegs mithalten muss, gehe ich jetzt schon seit mehreren Jahren dreimal wöchentlich ins Fitness-Studio, um angesichts meiner kaputten Kniegelenke die Beinmuskulatur zu kräftigen. Das gelingt mir auch so einigermaßen, denn sonst würde ich unsere vielen Wanderungen im Harz, im Bayrischen Wald, in den Rocky Mountains, in der Sächsischen Schweiz und auch im Grunewald und rund um Fredersdorf gar nicht durchstehen. Meine Freunde bemerken diese gewisse Steigerung meiner Fitness durchaus; Robert drückt sich insoweit drastisch aus: „Papa, du jammerst gar nicht mehr so viel wie früher!" Eine Sportart gibt es glücklicherweise, in der ich die Nase vorn habe. Wir spielen nämlich bei mir im Keller regelmäßig Tischtennis. Als wir vor gut vier Jahren damit anfingen, hatte Gisela von dieser Sportart nahezu gar keine Ahnung. Es ging zunächst darum, den Ball möglichst häufig hin und her zu bringen, dabei spielten wir oft „Alpen-Tischtennis", also ganz hohe Bälle, soweit die Raumhöhe dies zuließ. Aber Gisela ist ehrgeizig, sie übte immer weiter und ärgerte sich, wenn sie bei meinen „Schnippelbällen" immer wieder daneben schlug. Und dieser Ehrgeiz und ihre Hartnäckigkeit zahlten sich aus. Sie ist im Laufe der Zeit viel besser geworden, die Bälle fliegen jetzt schon flach und manchmal ziemlich scharf hin und her, ich muss mich bisweilen schon richtig anstrengen und kann jedenfalls nicht mehr mit der linken Hand spielen, was in der Anfangszeit noch locker möglich war. Ich habe vor, im Herbst wieder das schon traditionelle Tischtennis-Turnier mit dem Mildebrath-Clan, das 2020 coronabedingt ausfallen musste, zu veranstalten; ich bin gespannt, wie sich Gisela da schlagen wird.

Giselas von mir initiierter zweiter Versuch (der erste erfolgte im Alter von achtzehn Jahren), am Skifahren Freude zu empfinden, scheiterte in Obertauern im Januar 2018 an ihrer schon vorgeschädigten Schulter und insbesondere an einem verantwortungslosen Skilehrer, der blutige Anfänger ohne jede Einweisung sogleich mit dem Schlepplift fahren ließ, was nicht gut gehen konnte und nicht gut gegangen ist.

Gisela hat mich nicht nur zu mehr sportlichen Aktivitäten animiert, sondern mich auch ein wenig aus meiner Technik-Muffel-Ecke herausgeholt. So schenkte sie mir vor einiger Zeit eine Art von Uhr, die aber nicht nur die Zeit anzeigt, sondern auch die Zahl der am Tag gelaufenen Schritte, die verbrauchten Kalorien und weitere Daten. Vorgegebenes Ziel sind 10.000 Schritte pro Tag, das entspricht in etwa 7,5 km. Bei mir ist es so, dass ich diese Zahl nur an den Wochenenden, die ich mit Gisela verbringe, erreiche, um mich dann während der Woche von diesen Strapazen bei durchschnittlich 3000 bis 4000 Schritten am Tag zu erholen. Für Gisela sind die Wochenenden eine Art von erholsamem Nichtstun, während sie in der Woche wahrscheinlich mindestens 20.000 Schritte pro Tag absolviert.

In den Monaten und inzwischen schon Jahren unserer Beziehung hat Gisela nach und nach meine Freunde und Bekannten kennengelernt. Das war für sie bestimmt nicht ganz einfach, sich immer wieder auf zunächst fremde Menschen einzustellen. Ihr ist das sehr gut gelungen. Das liegt daran, dass Gisela überhaupt keine Angeberin ist, nicht auf den Putz haut, nicht renommieren will, sondern sich auf den jeweiligen Gesprächspartner einstellt, ihm Fragen stellt und bei den Antworten auch wirklich zuhört. Alle meine Freunde und Bekannten, die überwiegend Gesa jahrelang kannten und daher vielleicht zunächst etwas skeptisch waren, haben Gisela als Menschen und als meine neue Partnerin schnell akzeptiert; wir werden ganz selbstverständlich gemeinsam eingeladen. Nur meine Schwester tat sich zunächst schwer damit, eine neue Frau an meiner Seite zu wissen. So recht habe ich nicht herausfinden könne, woran das lag, zumal sie durchaus kein besonders inniges Verhältnis zu Gesa hatte; vielleicht hatte sie moralische Vorbehalte. Diese sind aber inzwischen ausgeräumt, zur Goldenen Hochzeit von Ingrid und ihrem Mann Roland im März 2019 waren wir beide eingeladen und es war ein harmonisches Fest.

Gisela ist vielseitig interessiert und auch offen für neue Dinge. So ist sie schon zweimal mit mir zu der „alten Dame Hertha" ins Olympiastadion mitgekommen; sie war durchaus engagiert bei der Sache und wundert sich über mich, wenn ich bei Fußballübertragungen im Fernsehen ganz entspannt auf dem Sofa liege, während sie angespannt mitfiebert. Wir waren auch schon bei „Alba" zum Basketball und bei den „Berlin Volleys". Die Füchse und die Eisbären stehen noch aus. Umgekehrt, wenn auch nicht ganz so angespannt mitfiebernd, habe ich Gisela schon mehrfach in die Oper begleitet, zu „Hänsel und Gretel" (entspricht meinem Niveau), zu „La Boheme" und auch zum „Barbier von Sevilla"; letztere Oper hat mir am besten gefallen. Wir sorgen also, wie ihr seht, gegenseitig für die Erweiterung unseres Bildungshorizontes. Die gemeinsamen Besuche im Kammermusiksaal der Philharmonie zum „Literarischen Salon", einer Mischung aus von Schauspielern vorgetragenen Lesungen zu einer bestimmten Thematik und dazu passenden kurzen Musikstücken, macht uns beiden viel Spaß. Diese Abonnement-Veranstaltungen habe ich schon mit Gesa besucht.

Erfreulich ist, dass Gisela ihr jahrzehntelang vernachlässigtes Hobby der Ornithologie wieder entdeckt hat. Diesem Hobby geht sie nicht nur in der ländlichen Umgebung von Fredersdorf, sondern häufig auch bei mir im grünen Schlachtensee, mitunter auch auf unseren Reisen, nach. Sie hat ihre Kenntnisse und Fähigkeiten auf diesem Sektor in den letzten Jahren deutlich erweitert, nicht nur, was die Belehrung meiner Person hinsichtlich des Klopfens von (nervösen) Spechten und die Identifizierung eines weiblichen Girlitz (sieht aus wie ein Kanarienvogel) betrifft.

Während ich ein Mensch bin, der sich größere und auch kleinere Anschaffungen lange überlegt (der Kauf eines neuen Autos hat bei mir einen Vorlauf von zwei bis drei Jahren) und den Kauf dann auch häufig als nicht erforderlich verwirft, ist Gisela eine Freundin von spontanen Entscheidungen. Plötzlich kommt ihr der Gedanke, sie würde irgendetwas mehr oder weniger dringend benötigen, schon sucht sie im Internet, hat die Gabe, dort attraktive Sonderangebote zu finden, und - zack - sogleich ist die Sache bestellt und in drei Tagen von Amazon geliefert. Eine dieser für mich typischen ausführlichen Überlegungsphasen wollte ich auch hinsichtlich eines neuen Bettes einleiten. Das alte Bett war in die Jahre gekommen und hatte nicht nur seine beste, sondern auch seine mittelmäßige Zeit schon hinter sich. In irgendeinem Möbelhaus-Katalog sahen wir eines Tages Werbung für ein seniorengerechtes Boxspring-Bett zu einem günstigen dreistelligen Preis. Gisela meinte, wir könnten doch mal hinfahren und kucken. Gesagt, getan. Das in der Werbung angepriesene Teil war ein Schrottbett, das konnte man vergessen. Aber wo wir nun schon mal da waren, sahen wir uns andere Boxspringbetten an. Und nach zwei Stunden war ich plötzlich 3500,- € los, hatte dafür aber ein anständiges Bett (das letzte in meinem Leben!) gekauft, dessen solide Qualität sich mittlerweile schon längere Zeit bewährt hat. Dieser Spontankauf soll und wird für mich aber ein einmaliger Sonderfall bleiben!

Ich komme zum Ende meines Buches, das ziemlich dick geworden ist und dessen Schreiben mir viel Spaß gemacht hat. Ich hoffe, es kann die Leser ein wenig unterhalten. Da meine Ausführungen ja jedenfalls überwiegend eher amüsant sind, möchte ich das Buch auch mit einer ursprünglich mal lustig gemeinten Story beenden:

In meiner jetzt gut vier Jahre währenden Beziehung mit Gisela bin ich mehr zu Fuß unterwegs gewesen als in allen fünfundsechzig Jahren meines Lebens zuvor. Mit jedem weiteren Monat unserer Verbindung wird dieser Spruch weniger witzig, sondern immer mehr Realität. Ich wünsche mir, dass Gisela und ich diese Tendenz gemeinsam noch möglichst lange fortsetzen können!